中国资产证券化的发展历程与推进思路

The Past and the Future of Securitization in China

宋强　著

南开大学出版社

天　津

图书在版编目(CIP)数据

中国资产证券化的发展历程与推进思路 / 宋强著.
—天津:南开大学出版社,2015.9
　ISBN 978-7-310-04839-7

　Ⅰ.①中… Ⅱ.①宋… Ⅲ.①资产证券化－研究－中
国 Ⅳ.①F832.51

中国版本图书馆 CIP 数据核字(2015)第 138866 号

南开大学出版社出版发行
出版人:孙克强
地址:天津市南开区卫津路 94 号　　邮政编码:300071
营销部电话:(022)23508339　23500755
营销部传真:(022)23508542　　邮购部电话:(022)23502200

*

北京楠海印刷厂印刷
全国各地新华书店经销

*

2015 年 9 月第 1 版　　2015 年 9 月第 1 次印刷
230×170 毫米　16 开本　21.25 印张　280 千字
定价:40.00 元

如遇图书印装质量问题,请与本社营销部联系调换,电话:(022)23507125

序

　　资产证券化作为一项重要的金融创新，已成为欧美资本市场中重要的融资工具，即便经历了次贷危机的冲击，资产证券化仍是金融业发展的主流趋势之一。

　　我国资产证券化起步较晚，20 世纪 90 年代初步引入资产证券化理念，直到 2005 年才开始正式试点，其间受次贷危机影响而一度停止，在资产规模、发展速度等方面与发达国家相差甚远，不过这也说明资产证券化在我国具有广阔的发展空间。与十年前相比，我国推行资产证券化的主客观条件更为成熟。现实经济中存在中小企业融资难、地方政府债务庞大、银行业信贷风险积聚等问题，而资产证券化具备降低融资成本、分散投资风险等功能，加快探索和试验不失为解决这些问题的可行途径。在此背景下，监管层于 2012 年重启信贷资产证券化并批准了 500 亿元的试点额度，2013 年进一步将试点额度规模提升到 3000 亿元。尽管如此，与美国近年来常态化的 2 万亿美元证券化产品的发行规模相比，我国资产证券化水平仍与经济总量不相匹配。

　　当前阻碍我国资产证券化发展的障碍是什么？资产证券化发展的着力点在哪里？解答这些问题对于推进我国资产证券化进程具有重要意义。宋强博士对上述问题做了有新意的探讨。

　　作者回顾了我国资产证券化在实践操作和监管法规方面的发展历程，总结了我国资产证券化的特征和不足，指出推动资产证券化有助于实现人民币国际化和利率自由化，有助于银行业资产负债表的重整与强化，有助于金融业整体成长和经营效率的提高，并从法律条例、会计制度、税收规定、市场建设、监管体系五个方面剖析了资产证券化目前面临的问题。

作者认为，推动我国金融资产证券化的三类较好的标的资产是住房贷款、学生助学贷款以及中小企业贷款。住房、教育是关系民生的重要领域，中小企业是创造就业的主力军，通过资产证券化盘活银行和企业的存量资产，可以提高银行为广大居民提供住房贷款、为贫困学生提高助学贷款的积极性，可以为融资约束较高的民营企业开拓新的融资渠道，激活民营经济活力。围绕发展住房贷款、学生助学贷款以及中小企业贷款这三个领域的资产证券化，作者借鉴最发达的美国资本市场的经验，探讨了美国相对应的各个市场的发展现状、制度形成背景、制度演进过程，并非常详细地介绍了三类证券化产品的流程、特性、定价等内容，为我国在此方面的发展提供了可值参考的的操作模板。此外，资产证券化作为次贷危机的推手，其风险防范不可忽视。作者从美国公共部门和私人部分两个方面总结了美国次贷危机的经验和教训，为我国发挥资产证券化积极作用的同时抵御其不利影响提供了有益参考。

宋强博士具有在国内外金融领域工作的丰富经验，同时他注重理论的探索，结合了自身在实践积累和长期的思考，大胆地提出了自己的思路。他在南开大学攻读博士学位期间，锲而不舍，勇于探索，将自己的一些思考和见解与教师和博士生们交流，并将这些思考和探索系统整理，部分成果已在国内学术期刊上发表，而本书的出版更对于完善我国资产证券化市场建设具有很高的参考价值。

周立群

2015 年 7 月于南开园

前　言

我国自从 1992 年开始推动金融资产证券化，一时风起云涌，直到 2005 年左右停滞下来，相比于先进的金融与资本市场，我国的金融资产证券化可以说还只是处于发展的初级阶段，规模与复杂精巧的程度都远远不够。但是今天我国面对的大环境已经有了巨大的改变，主观与客观条件均已比十年前成熟，推行金融资产证券化的需求其实更加迫切，推行金融资产证券化对于我国的经济和金融发展至少有两大方面的积极意义。

第一个积极的意义，就是金融资产证券化可以成为人民币国际化和我国利率自由化的巨大推力。首先，随着我国的经济发展，国际贸易地位逐年强化，至 2014 年中累积的外汇储备早已接近 4 万亿美元，而且在可见的将来应该还会继续增加，未来人民币在国际贸易的地位势必更加强固，人民币成为"硬货币"（hard currency）的国际化不可避免。当人民币在境外广泛流通时，除了必然被作为交易媒介之外，势必有很庞大的数量被短期或长期"储蓄"起来，美元与欧元都是非常好的范例。但是人民币本身并不能够为储蓄者或投资人提供利息或收益，因此必须要发展出足够的金融工具给人民币的持有人，良好的资产证券化金融商品在这一方面必定能扮演极为重要的角色。其次，2013 年中国的经济规模已经位居世界第二位，然而作为中国经济发展血脉的金融体系远远落后于实体产业的发展，一个比较落后的金融体系势必会拖累到未来中国的整体发展速度，所以金融自由化也成为"十二五"的重要目标之一，其中利率自由化更是金融自由化的重要课题。利率代表了资金的价格，自由化的利率是市场经济最重要的具体指标之一，一个运作良好的利率市场会让资金的分配更有效率，引导资金在经济体系中得到更有效的运用。同样的，一个运作良好、大规模的金融资产证券化形成的高品质债券市场，必定能够协助我们推行利率自由化，为中国做出更有效率的资金价格发现和资源配置。

第二个积极的意义，就是推动我国银行业资产负债表的重整与强化，并给予整体金融服务业一个重大的成长契机。改革开放以来，中国社会、经济发展突飞猛进，但是社会主义市场经济的体制还未完善，与实体经济配套的金融在快速发展的同时凸显出了一些比较重大的问题，表现在金融架构中的最具体现象就是我国的金融体系是以银行为主导，银行体系是我国金融服务体系的核心，担负了融通整体经济的主要责任。与此同时，中国的银行业又受到了严格的存贷比与风险资本的监管，为了能够维持优良的（纸面上的）运营指标，银行利用了目前的法规空隙，创造出中国所独有的"银信合作"，把信贷资产转到了（资产负债）表外，经由信托业者包装后出售给了一般的大众，让他们在不知情的状况下来承担信贷风险。表面上，近年来银行业和信托业间合作模式频现创新，规模更屡创新高，已经达到了数万亿元的规模；但是究其根底，这除了代表国内的民众对于投资理财产品确有强大需求之外，现行的这类银信合作其实是一个不规范的、零售形式的资产证券化，它真正的作用就是使银行规避了监管，对投资人/消费者保护基本上付之阙如，对我国银行业的稳健经营形成了巨大的潜在威胁，给未来经济与社会的稳定播下一颗不稳定的种子，不容有识者的忽视。我们应该推动正规的金融资产证券化，发挥统合监管的力量消灭各种乱象，将银行业的经营导入正轨，并提供整体金融服务业的发展契机。

我国独特的社会与经济发展的历史，使得银行在金融服务业中成为主流，资本市场不发达、其他融资市场及融资工具缺乏，这个现象的副作用就是导致其他金融服务行业还处在比较边缘化的状态：例如信托业经由"银信合作"成为银行业的附庸，无法完全发挥信托业该有的功能；我国的固定收益市场、衍生性金融工具市场也都还比较不发达，证券业的业务与产品种类比较局限；保险业缺乏长期资产来做良好的资产负债管理，而外币的长期资产会让保险公司暴露于外汇风险，使得作为社会安全网重要组成部分的保险业成长受到一定的制约；最后，固定收益市场的不发达也使投资工具缺乏，专业的证券基金投资业的成长也受到了制约，大众缺乏投资管道，社会上的闲置资金难以经由资本市场再投入循环得到更有效率的运用。金融资产证券化的发展需要各个金融服务行业的协力参与：银行业提供基础资产；征信业提供借款人的信用资料；信托业提供发行的信托、保管、各种专业管理、服务机制；证券业提供一级（承销）及二级（交易）市场；信评业提供确实的信用评级；保险业及证券投资基金业为资产证券化产品提供吸纳的管道。金融服务业各个行业的参与不但会促进行业本身的成长，创造众多的就业机会，更重要的是为中国的经济及金融体系创造出更健康的条件，作为人民币国际化与利率自由化的先锋。

笔者认为，要加速推动我国的金融资产证券化，应该从深入了解外国最先进的制度着手，吸取先进市场的经验，才能让我国的金融资产证券化于未来实现"蛙跳式"的成长，迎头赶上。因此，本书写作的角度是从宏观面切入，首先论证我国现时推动金融资产证券化的迫切性，并指出我国最值得推动金融资产证券化的三个领域，即住房贷款、学生助学贷款以及（中小）企业贷款，再在后续的章节中逐一探讨美国相对的各个市场、制度的形成背景及制度演进过程、产品的特性，目的就是要汲取外国金融资产证券化成功与失败的经验，作为我国推动金融资产证券化的参考，最后在"结论与建议"一章中，对于我国未来加速推动金融资产证券化提出具体的建议与做法。

综合来说，本书的主要创新有以下三点：

第一，论证了我国推动金融资产证券化对于人民币国际化及利率自由化的成功有关键性的影响，更有助于我国银行业资产负债表的重整与强化，为整体金融服务业的成长提供了契机。本书提议，由对于我国社会具有重大意义与影响的住房贷款、学生贷款、中小企业贷款三大市场着手推动金融资产证券化，并且对我国加速推动金融资产证券化提出具体的政策建议与做法。

第二，对于世界最先进的美国资产证券化市场的发展进程做了深入的梳理，从历史源头开始详细分析了美国联邦政府的参与和干预、政策演变、政府机构和政府资助企业的设立、资产证券化市场的演变、市场规模、产品特性等，并总结了美国在金融资产证券化整体成功与失败的经验，作为我国未来加速推动金融资产证券化的参考。

第三，针对财务金融理论与市场实务操作科学结合的需要，具体提出：①房贷一级市场的对冲避险机制及各种相关特异型期权的评价与运算法；②组建多档发行房贷支持债券的一个基于混合整数规划的大型最适化数学模型。以上述两组模型为基础，未来可以更快速发展适合我国国情的资产证券化的一级和二级市场。

目　录

第一章 绪 论

第一节 中国资产证券化发展历程

1.1.1 发展历程

中国资产证券化的实践始于 1992 年，在这二十多年的发展过程中，资产证券化市场规模不断扩大、活力也逐渐增强，市场规范性、专业性日益提高完善，但是与欧美等发达资本市场上证券化水平相比，我国的资产证券化发展还很滞后，有非常大的提升空间。任何事物的进步都需要汲取过去的经验教训，资产证券化的发展自不例外，所以梳理中国资产证券化发展历程就显得尤其重要。

纵观中国资产证券化历程，由两条道路交织而成：一是企业和金融机构的资产证券化实践；二是金融监管当局对资产证券化的监督引导。按照时间顺序，下面用表 1.1 和表 1.2 来描述上述两条发展历程：

表 1.1 企业和金融机构的资产证券化实践

时间	发行主体（证券化资产所有者和受委托发行机构）	产品名称	标的资产	金额
1992 年	三亚市开发建设总公司	三亚地产投资券	三亚市丹州小区 800 亩土地	2 亿美元
1996 年	珠海市高速公路有限公司	珠海高速公路资产担保债券	当地机动车管理费及外地过境机动车所缴纳的过路费	2 亿美元

续表

时间	发行主体（证券化资产所有者和受委托发行机构）	产品名称	标的资产	金额
1997 年	广深高速公路控股有限公司	广深高速公路资产担保债券	高速公路所收费用	6 亿美元
2000 年	中国国际海运集装箱集团股份有限公司	集团应收账款商业票据	中集集团应收账款	8000 万美元
2002 年	中国远洋运输总公司、中国工商银行[1]	应收运费支持证券	集装箱船未来应收运费	6 亿美元
2003 年	信达资产管理公司、德意志银行	不良资产支持证券	建筑工程不良资产	债权余额 25.5 亿元人民币
2003 年	华融资产管理公司、中信信托有限责任公司[2]	不良资产处置信托项目	不良债权资产	132.5 亿元人民币
2004 年	工行宁波分行、瑞士信贷第一波士顿	不良资产证券化项目	不良债权资产	26 亿元人民币
2005 年	中诚信托投资有限责任公司、国家开发银行	开元信贷资产支持证券	信贷资产	41.77 亿元人民币
2005 年	中国建设银行[3]	建元个人住房抵押贷款证券化信托	个人住房抵押贷款	30.17 亿元人民币
2006 年	中国东方资产管理公司、中诚信托投资有限责任公司	东元 2006-1 重整资产证券化试点项目	东方公司收购的原建行辽宁地区可疑类贷款	10.5 亿元人民币
2006 年	信达资产管理公司、中金公司	凤凰 2006-1 资产证券化信托优先级资产支持证券	信达公司收购的中国银行广东省分行可疑类贷款	48 亿元人民币
2006 年	国家开发银行[3]	国家开发银行 2006 年第一期信贷资产证券化信托	优质公司贷款	57.3 亿元人民币
2007 年	国家开发银行、平安信托投资有限责任公司	国家开发银行 2007 年第一期信贷资产证券化信托	银行信贷	80 亿元人民币

续表

时间	发行主体（证券化资产所有者和受委托发行机构）	产品名称	标的资产	金额
2007 年	浦发银行	浦发 2007 年第一期信贷资产支持证券	银行信贷	43.8 亿元人民币
2007 年	工商银行	中国工商银行 2007 年工元一期信贷资产支持证券	银行信贷	40.21 亿元人民币
2008 年	中信银行	中信银行信贷支持支持证券	对公贷款	40.77 亿元人民币
2008 年	中国工商银行	建元 2008-1 重整资产证券化信托、通元 2008 年第一期个人汽车抵押贷款证券化信托	商业银行不良资产和汽车金融公司车贷	80.11 亿元人民币
2008 年	上汽通用汽车	通元 2008 年第一期个人汽车抵押贷款证券化信托资产支持证券	个人汽车抵押贷款	19.93 亿元人民币
2008 年	招商银行	招元 2008 年第一期信贷资产证券化信托	银行信贷	
2012 年	国开行	信贷资产支持证券	银行信贷	101.6 亿元人民币
2012 年	交通银行	交银 2012 年第一期信贷资产证券化	交行优质企业贷款	30.3 亿元人民币

注：1. 中国工商银行并未参与中国远洋运输总公司最初的资产证券化过程，只是为中远安排融资置换其境外 ABS 和 CP 项目融资；

2. 华（融）中（信）不良资产信托项目借鉴资产证券化交易原理及模式，但并非严格意义上的资产证券化，被称为"准资产证券化"；

3. 建行和国开行成为国内首批获准发行资产支持证券的机构。

资料来源：作者整理自中国资产证券化网、中国资产证券化论坛、各相关银行网站。

1.1.2 资产证券化监管

表 1.2　资产证券化监管

法规条例名称	颁布机构	颁布时间	主要内容或实际意义
《中华人民共和国公路法》	全国人民代表大会常务委员会	1997 年	开发、经营公路的公司可以依照法律、行政法规的规定发行股票、公司债券筹集资金
《特种金融债券托管回购办法》	中国人民银行	1997 年 7 月	规定由部分非银行金融机构发行的特种金融债券，均需办理资产抵押手续，并委托中央国债登记结算公司负责相关事项。这在某种程度上使不良资产支持债券的发行成为可能
《信托投资公司管理办法》	中国人民银行	2001 年 1 月	加强对信托投资公司的监督管理，规范信托投资公司的经营行为，促进信托投资公司的健康发展
《信托法》	全国人民代表大会常务委员会	2001 年 1 月	调整信托关系，规范信托行为，保护信托当事人的合法权益，促进信托事业健康发展
《信托投资公司资金信托管理暂行办法》	中国人民银行	2002 年 6 月	以上三部针对信托的法律为我国资产证券化采取 SPT 模式提供了法律依据
《2002 年货币政策执行报告》	中国人民银行	2003 年 2 月	报告中提出"积极推进住房贷款证券化"
《证券公司客户资产管理业务试行办法》	中国证券监督管理委员会	2003 年 9 月	证券系统可依据其中的专项资产管理计划开展企业资产证券化
《国务院关于推进资本市场改革开放和稳定发展的若干意见》	国务院	2004 年 2 月	其中第四条"健全资本市场体系，丰富证券投资品种"中提出，加大风险较低的固定收益类证券产品的开发力度，为投资者提供储蓄替代型证券投资品种，积极探索并开发资产证券化品种
《全国银行间债券市场债券交易流通审核规则》	中国人民银行	2004 年 12 月	为资产证券化产品流通扫清障碍
《信贷资产证券化试点管理办法》	中国人民银行、中国银行业监督管理委员会	2005 年 4 月	规范信贷资产证券化试点工作，保护投资人及相关当事人的合法权益，提高信贷资产流动性，丰富证券品种

续表

法规条例名称	颁布机构	颁布时间	主要内容或实际意义
《建设部关于个人住房抵押贷款证券化涉及的抵押权变更登记有关问题的试行通知》	建设部	2005 年 5 月	配合做好个人住房抵押贷款证券化试点工作
《信贷资产证券化试点会计处理规定》	财政部	2005 年 6 月	对资产证券化相关机构的会计处理进行了全面规范
《资产支持证券信息披露规则》	中国人民银行	2005 年 6 月	规范资产支持证券在银行间债券市场的登记、托管、交易和结算等行为
《中国人民银行公告》〔2005〕15 号	中国人民银行	2005 年 6 月	就资产支持证券在银行间市场的登记、托管、交易和结算等事项明确了相关规定
《资产支持证券交易操作规则》	全国银行间同业拆借中心	2005 年 8 月	对资产支持证券交易提供报价、交易、行情和信息服务做出相关规定
《资产支持证券发行登记与托管结算业务操作规则》	中央国债登记结算有限责任公司	2005 年 8 月	规范了资产支持证券的发行、登记、托管、结算以及兑付行为
《金融机构信贷资产证券化试点监督管理办法》	中国银行业监督管理委员会	2005 年 11 月	促进金融机构审慎开展信贷资产证券化业务，有效管理和控制信贷资产证券化业务中的相关风险，保护投资人及相关当事人的合法权益
《关于信贷资产证券化有关税收政策问题的通知》	国家税务总局	2006 年 2 月	对证券化过程中各个环节的税收问题做出了规定
《关于证券投资基金投资资产支持证券有关事项的通知》	中国证券监督管理委员会	2006 年 5 月	规范证券投资基金投资于资产支持证券的行为，保护基金份额持有人的利益
《信托公司管理办法》、《信托公司集合资金信托计划管理办法》	中国银行业监督管理委员会	2007 年 3 月	废除了《信托投资公司资金信托管理暂行办法》，为资产证券化 SPT 模式运作提供进一步的法律完善

续表

法规条例名称	颁布机构	颁布时间	主要内容或实际意义
《信贷资产证券化基础资产池信息披露有关事项公告》	中国人民银行	2007 年 8 月	进一步规范基础资产池信息披露的内容和标准
《证券市场资信评级业务管理暂行办法》	证监会	2007 年 9 月	为我国企业资产证券化的顺利开展提供了有力保障
《关于进一步加强信贷资产证券化业务管理工作的通知》	银监会	2008 年 2 月	再次强调"真实出售"、"经济实质",要求实现全面风险控制
《商业银行资产证券化风险暴露监管资本计量指引》	银监会	2009 年 12 月	规范商业银行资产证券化风险暴露的监管资本计量,加强资产证券化业务的风险管理
《关于进一步扩大信贷资产证券化试点有关事项的通知》	银监会、财政部	2012 年 5 月	鼓励探索采取多元化信用评级方式,支持对资产支持证券采用投资者付费模式进行信用评级
《银行间债券市场非金融企业资产支持票据指引》	中国银行间市场交易商协会	2012 年 8 月	推动金融市场发展,拓宽非金融企业融资渠道,规范非金融企业在银行间债券市场发行资产支持票据的行为,保护投资者合法权益

资料来源:作者整理;赵静. 资产支持证券的监管制度研究,2010;各相关职能部门网站。

第二节　我国资产证券化的特征和不足

1.2.1 资产证券化的特征

表 1.1 和表 1.2 从实践和法律层面对我国资产证券化进程中的代表性进展做了归纳总结。通过梳理,可以看出我国资产证券化的如下特征:

第一,证券化标的资产种类开始增加,参与主体不断多元化。具体而言,从以公司资产或收费类基础设施资产为主过渡到以银行信贷为主,而且银行信贷资产也经历了从不良资产到优质资产的转变。在这一过程中,政府、工商企业、资产管理公司及银行不断加入进来,这一系列转变的发生自有其客观的原因,也就是资产证券化的一个很重要的功能是为资产拥有者提供流动性,从而解决其融资方面的困难。我国资本市场不发达的现实一方面导致居民投资渠道狭窄,大部分储蓄以银行存款形式保有,所以银行在资金表面上充裕的情况下①资产证券化动力不足;另一方面,企业及政府存在融资难问题,而资产证券化正好可以帮助企业和政府以较低成本融资。资产证券化实践的最初阶段,金融资产并没有成为标的资产,当然这也与其牵涉范围较大有关;之后我国成立的四大资产管理公司为解决从国有银行收购的不良资产的安置问题,借鉴韩国经验,采取了资产证券化的方式。2004 年之前的资产证券化大多是为了解决具体问题而采取的操作,故而实践案例零星分散,不具有系统性;但 2005 年之后,为了促进我国金融业发展和完善资本市场,监管部门开始有意培植我国证券化市场,并且为了保证其尽快健康有序地发展起来,引导银行以优良资产为标的资产试点运行。

第二,证券化的发行模式由离岸向在岸转变。最先选择离岸模式主要基于两方面的考虑:首先,我国与资产证券化相配套的市场、人才及法律都不完善,所以必须借助国外在此方面有丰富经验的机构来完成;其次,资产证券化作为一种新型的金融创新工具,是否会对我国还处在发展期的金融系统造成不利冲击还并不明确,所以基于保障金融安全的考虑,离岸模式可有效减少风险。虽然 2005 年之前资产证券化以离岸模式为主,但我国金融机构也积极参与其中,经过一番学习探索之后,监管部门开始制定法律法规,为资产证券化在岸运营提供良好环境,例如为了使所发行的证券能够在二级市场流通,以《管理办法》规定特定目

---

① 事实上银行业在资本充足率以及存贷比上受到很严格的监管,因而采取了其他非正规的方式("银信合作")来因应。

的信托所发行的资产支持证券在全国银行间债券市场发行与交易，这也就是以"行政命令"（而非其他大多数国家或地区以法律明定金融资产证券化的产品为债券）的方式规定了所发行的资产支持证券的性质是债券。有了可以流通的二级市场，资产证券化的发行规模才能迅速扩大。

1.2.2 资产证券化的不足

虽然经过二十多年的发展，我国资产证券化水平有了长足进步，但是以欧美成熟资本市场为参照，则仍存在很多不足，这些不足大体而言可以分两方面：一是市场本身因经验、人才缺乏导致的发展缓慢；二是配套制度不到位，未能充分支持市场的健康有序发展。

1. 市场方面的不足

首先，我国资产证券化规模在整个固定收益证券市场上份额较低。根据表 1.1，我国资产证券化仍处于试点阶段，只限于部分实力雄厚的金融机构在部分地区进行个案操作。受美国次贷危机影响，国内资产证券化产品发行的环境自然也受到相当的冲击，商业银行的发行与运作兴趣锐减，2009 年至 2011 年并未发行任何相关证券化产品。

其次，我国资产证券化基础资产种类比较单一。我们看到国外先进地区证券化所涉及的基础资产种类广泛，包括房地产抵押贷款、银行信贷、信用卡贷款、学生贷款、汽车贷款等资产，但是经过了多年的发展之后，我国目前常用的基础资产是银行信贷和房地产抵押贷款，其他类型的信贷资产都鲜有涉及。另外，并非任意资产都可以作为基础资产，它需要满足一定的条件，如具有可预见的、稳定的现金流，质量和信用等级能够被准确评估等。我国最初阶段的资产证券化很大程度上是为了处理国有银行的不良资产，所以基础资产质量普遍不高，制约了此类资产的证券化运作。不过观察近期重启的资产证券化，多以优质信贷为基础资产；从短期看，银行放弃一部分优质资产有损自身收益，但这样可以加快推动资产证券化发展成熟，而资产证券化对银行进行风险管理、资产配置都是有效的手段，所以长期看对银行的发展是有益的。

最后，我国资产证券化缺乏有效的二级市场。一级市场是发行市场，二级市场是流通市场，一级市场的发行、定价需要以二级市场的流动性为参考；但是我国二级市场统一性弱、缺乏价格发现功能，从而资产证券化产品的流动性较低，大大降低了其对投资者的吸引力。

2. 制度方面的不足

首先，我国关于资产证券化的法律法规还不完善。我国目前出台的一系列法律法规存在较大局限性，或与已有法律法规不协调或在许多方面存在立法空白，具体表现在我国目前的法律对机构投资者进入资产担保证券市场设置了较高门槛，从而限制了资产证券化市场的规模和活跃度；再者，我国对"特殊发行实体"（special purpose vehicle，SPV）的法人资格没有法律定位，从而以 SPV 形式进行资产证券化受到很大的限制，也没有建立一个全国统一的防御欺诈信托登记机构或系统，这导致了各种投资风险。

其次，我国在资产证券化会计制度方面没有明确规定。资产证券化在运作过程中需要对其业务进行核算监督，包括出售或融资的确定、合并问题和剩余权益如何投资、SPV 是否需要和证券化发起人合并报表的问题，以及证券化资产的定价、资产证券发行的会计处理问题等，我国在这些方面都有待完善。

最后，我国目前的税收制度对资产证券化发展不利。按照我国目前的税法规定，资产证券化财产转让视为"真实出售"做表外处理，发起人就要缴纳营业税和印花税，融资成本将大大提高；发起人在真实出售中如有收益，则又涉及所得税的缴纳；SPV 等其他机构同样面临高额税负和双重征税现象。多重的税负不仅缩小发起人盈利空间，也会降低资产支持证券对投资者的吸引力。

第三节 我国资产证券化发展状况：以三大市场为例

资产证券化按基础资产可细分为不同市场，通过对特定市场的分析，我们能更好地把握我国证券化市场的走向，从而为其健康快速发展指明方向。笔者长期观察世界最先进的美国金融资产证券化市场，认为住房抵押贷款市场、学生助学贷款市场及中小企业贷款市场这三个市场最具经济意义与社会重要性，能为我国金融资产证券化提供借鉴，在后续章节中将对其加以详细论述。本节将以这三个典型市场为重点，简要探析我国资产证券化目前的状况，包括这三个信贷市场证券化的必要性和可行性、运作模式和现实困难等三个方面。

1.3.1 住房抵押贷款市场

1.3.1.1 住房抵押贷款证券化必要性和可行性分析

住房抵押贷款（在我国称为"个人购置商品房抵押贷款"）是资产证券化的主要基础资产，在国外发展迅速。其必要性在于住房一直是备受关注的民生问题，资产化可以促进房贷市场的进一步发展，在做好风险控制的前提下使更多人拥有自有住房，对解放消费力与社会的稳定具有重要意义。我国房贷证券化与国外相比不仅起步晚，实践案例也很少，但是所幸我国住房抵押贷款近年来增长迅速（图1.1），贷款规模的扩大为证券化提供了基础。

1.3.1.2 住房抵押贷款证券化运作模式分析

1. 国际上主要有三种代表性证券化融资模式

住房贷款对金融体系稳定性的意义在 2008 年的金融危机中已得到充分体现，所以本节将着重分析我国房贷证券化应选择何种运作模式能更好地防范风险。目前国际上代表性的证券化融资模式有三种：美国模

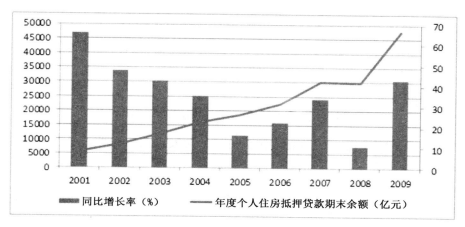

图 1.1 近年来我国个人住房抵押贷款期末余额

资料来源：中国人民银行、国家统计局网站。

式（也称"表外"模式）、德国模式（也称"表内"模式）以及澳大利亚模式（也称"准表外"模式）。下面对这三种模式的融资流程、特点及风险进行对比分析：

表 1.3 证券化融资模式对比分析

融资模式	融资流程	特点	风险
德国模式	住房抵押贷款资产仍留在商业银行资产负债表内	政府干预少；银行承担较大风险，依赖信用增级机制	对发起人而言没有实现真正的风险隔离
美国模式	银行将房贷资产组合出售给 SPV，由 SPV 发行债券	政府干预较多；需要发展成熟的金融市场和完善的法律体系	实现了真实出售和破产隔离，比较有效地保护了投资者权益
澳大利亚模式	由银行出资建立 SPV，再将资产剥离出去	证券化由商业银行本身推动；商业银行与 SPV 属母行与子公司关系	虽表现为表外运作，但并未实现完全的风险隔离，因子公司业绩会对母行造成影响

资料来源：作者整理；宣信能、王信.金融创新与金融稳定：欧美资产证券化模式的比较分析，2009；张玉喜.资产证券化的发展：主要类型、趋势及启示，2009。

2. 我国住房抵押贷款证券化应优先选择美国模式

通过对三种运作模式的对比分析，再结合我国国情，可以发现我国住房抵押贷款证券化运作应该采取的模式是美国（表外）模式，并且需要政府有力度较大的参与。

首先，我国金融体系目前实行的是分业经营和监管，在金融管制较严的情况下，政府比较多的干预会对证券化发展带来一些好处。我国还未有实力雄厚、资信度高的信用评级机构，若证券化过程有政府参与其中，实际隐含了政府的担保，可以增强投资者信心。投资者和政府之间是委托代理关系，政府在获取交易信息方面比投资者更有优势，故而可以代表投资者参与证券化过程，提高投资者决策所依赖信息的真实度和透明度。

其次，在我国目前金融体系由银行主导的情况下，投资者相对于银行处于劣势地位。表外模式将会使抵押贷款资产得以"真实出售"，从而真正实现了"破产隔离"（bankruptcy remote）；当银行出现运转困难时，出售的证券化资产不能用来偿还债务，切实保护了投资者的利益。

最后，表外模式有助于提高银行资本充足率和帮助银行转移风险，从这个角度银行应该会更青睐表外模式；相对在表内模式下，住房抵押贷款仍是银行的资产，需要占用相应额度的资本。再者，近年来房贷余额占银行信贷比一直在增加，银行面临的风险也随之积累，政府对房价的打压如果使地产泡沫破裂，将对银行系统造成巨大冲击，所以借助资产化分散风险的好处是很明显的。

3. 我国住房贷款证券化适于选择信托型特殊发行实体

如前所述，我国住房贷款证券化可优先考虑表外模式，接下来要考虑的就是设立何种形式的特殊发行实体。目前，特殊发行实体主要有信托型、公司型和有限合伙型，表 1.4 是对这三种类型的对比分析：

表 1.4　三种 SPV 的异同和实践条件

SPV 分类	相同点	差异	实践条件
信托型	发起人将资产出售给 SPV	所有权完全属于 SPV，一般针对某特定发起人建立	我国信托业正蓬勃发展，相关的法律也较完善
公司型		可购买多位互不关联的发起人的资产，形成规模效益；若由母公司成立 SPV，证券化资产没有实现完全独立	当前的法律环境并不足以杜绝母子公司之间互相承担连带债务的可能性
有限合伙型		由若干合伙人成立，为合伙人服务	需要至少一个普通合伙人承担无限连带责任，我国尚无支持的法律条文

资料来源：作者整理；石巧荣. 基于 SPV 制度看次贷危机后金融信用制度的重建，2010；李浩. 从资产证券化模式的角度看次贷危机的深层次原因，2009.

根据上面的对比分析，特别是从法律视角，不难看出我国适合设立信托型 SPV。根据《公司法》，公司型 SPV 需要满足一定的资本要求[①]，但是 SPV 本质上是为了实现破产隔离，可以说是一个"空壳公司"（shell company），对人员、场所、运营资本要求很低，不能满足法律要求的一般正常公司的资本限额；同样，有限合伙型 SPV 设立也缺少法律支持[②]；但是《信托法》为建立信托型 SPV 提供了法律依据。根据《信托法》第 15、16、17 条规定，委托人和受托人破产都不波及受托人持有的信托财产，这些规定使信托财产具有完全的独立性，因此设立信托型 SPV 方式可以充分地保证基础资产与委托人的其他资产、受托人的固有资产之间的分离，充分满足了资产证券化对"破产隔离"的要求，切实保护了投资者的利益。

1.3.1.3　住房抵押贷款证券化建议

通过以上分析，本书认为我国住房抵押贷款证券化应设立信托型

---

① 按照我国《公司法》第 159 条规定，公司债券的发行主体必须是"两个以上的国有企业或者其他两个以上的国有投资主体设立的有限责任公司"，而且发行证券要求"有限责任公司的净资产额不低于人民币 6000 万"。

② 我国 1997 年颁布的《合伙企业法》只规定了无限合伙的形式，对有限合伙的形式未做规定。

SPV，采用表外融资模式，但是为了使以上模式能顺利运作，还需尽快完善相关配套制度。

首先，应该尽快建立和完善资产证券化的相关法律制度，积极推动个人住房抵押贷款二级市场的发展，加快我国住房抵押贷款证券化工作开展。目前我国尚且只有建设银行发行了房贷支持债券，且其流动性不大，不利于住房抵押贷款的风险分散。对现行的法律条文、行政程序、会计规则和税务法规等一系列配套措施进行进一步明确的规范，加快实现住房抵押贷款证券化全面稳步推广。

其次，应该加强我国信用环境的建设，引导规范征信市场的发展，培育公正客观的信用中介机构。由于我国的征信市场还处于初级阶段，信用制度还不完善，所以有必要由政府引导规范和行业自律，以保证评估的公正和客观，政府对征信市场的发展加以支持以加快这一市场的良性发展。

最后，要发挥政府在住房抵押贷款证券化中的作用。在我国住房抵押贷款证券化的初期，结合我国的政府信用度高的特点，利用政府信用为住房抵押贷款证券化作担保，建立和完善政府的担保制度，让政府积极扶持住房抵押贷款证券化让其更快更好的发展。

1.3.2 学生助学贷款市场

国家助学贷款是我国政府利用金融手段完善普通高校资助政策体系，加大对普通高校贫困家庭学生资助力度所采取的一项措施，本质上是一种消费信贷。我国高校从 1995 年开始收费制度改革后，大学生人均学费开始急剧上涨，改革前人均收费 400 元左右，改革后人均高达 5,000元左右，部分高校收费甚至超过了每年 10,000 元，高额的学费支出使许多贫困家庭的学生无法继续深造，为促进高等教育公平，我国于 1999年启动助学贷款制度，并在推进过程中做了调整和改进。尽管我国助学贷款发放规模不断扩大，受益人数逐渐增加，但是我们必须承认，商业银行一方面要响应国家有关部门的鼓励政策，另一方面却要面临助学贷款潜在违约风险偏高、成本投入多、收益低的不争事实，因此，商业银行对各类助学贷款产品积极性不高，而大量贫困学生也因此未能受惠于助学贷款政策。所以借助资本市场运用金融工具和技术筹集教育资金是教育产业发展的新渠道，而助学贷款证券化就是一种有效的手段，具体而言就是特设信托机构或机制集中商业银行发放的助学贷款，将贷款者定期偿还给银行的现金流（即本利和）进行组合后，作为标的发行资产支持债券来融资的金融创新过程。

1.3.2.1 助学贷款证券化的必要性和可行性

我们在此简要讨论学生助学贷款的必要性和可行性：

1. 必要性分析

首先，对贫困学生而言，助学贷款使他们有机会继续学业进一步深造，从而有利于为未来个人发展积累人力资本。从生命周期理论看，是个人通过跨期资源配置平滑消费最大化整个生命周期效用的行为。

其次，对商业银行而言，可以提升其发放贷款的积极性。由于我国还未建立完整的全国性个人信用体系，银行能够掌握到的申贷学生的信息非常有限，导致违约情况下的追讨困难，所以商业银行基于规避风险的考虑对学生申请助学贷款设置了较高门槛。重点大学学生较非"985"、"211"院校学生更易获得贷款；有些银行贷款手续繁琐，要求繁多，包括要达到一定成绩、必须为入学新生等。而证券化作为一种有效的转移风险的工具，可以大大减少银行承担的风险，从而使其降低申贷门槛，提高发放助学贷款的积极性和主动性。

最后，对政府而言，助学贷款证券化是实施科教兴国战略和人才战略的需要，尤其对发展农村经济大有裨益。经济发展，人才是关键，农村经济发展落后一大原因就是人才匮乏，同时贫困学生中农村学生比重又大，如果没有充足的资金支援，来自农村的贫困学生通过教育实现社会流动的机会很小，至于学有所成回报故里更是无从谈起。为结束农村经济落后与教育落后间的恶性循环，通过证券化使助学贷款能惠及更多贫困学子就非常必要。

2. 可行性分析

首先，助学贷款符合作为证券化的基础资产的一系列条件：助学贷款可以产生稳定可预测现金流；因我国地域广阔，申请贷款的学生在地域上较分散，并在毕业后进入不同的领域工作，可以充分分散银行面对的风险；需要申请助学贷款的学生在总量上较多，从而可以充分利用银行的专业性，形成规模效应；证券化资产发行中关键的一步是信用增级，助学贷款因受国家支持和担保，较其他基础资产更容易实现信用增级。

其次，助学贷款证券化较此前的国家倡导银行自愿模式更有利于银行，更利于银行的产品多元化与交叉行销：银行可以以助学贷款为契机进一步获得学校的银行卡、校园卡等业务，扩大自己的市场占有率；发放助学贷款的银行容易在学生间树立良好的形象和信誉，更切实的是建立了借贷关系，有利于培植未来客户。借助证券化这种创新金融手段，银行可以获得更多的好处：助学贷款的偿还需要学生毕业工作后逐渐进行，时间跨度较大，证券化可以增强助学贷款资产的流动性；证券化使得原先由银行独自承担的风险变为由最终投资者共同承担。我国商业银行正面临由主要依靠存贷差的单一经营模式向多元业务经营模式转变的阶段，证券化涉及的一系列业务正好契合银行的转型需要。

最后，助学贷款支持证券会为广大投资者提供了新的相对低风险高收益的投资途径。我国资本市场发展滞后，投资者投资范围有限，多半将资金放入银行，在当前利率管制和通胀的情况下实际得到的可能是负利率；而我国股市表现更不如人意，投资风险较大。因为助学贷款是一项带有公益性质的项目，具有社会外部性，所以政府若能合理减免证券持有者的（部分或全部）利息所得税和交易费用，则与现有的其他投资工具相比而言，证券化产品的吸引力更大，有潜力吸收大量的投资需求。

1.3.2.2　助学贷款证券化运作思路

1. 参与主体

我国目前还未开展助学贷款证券化，所以对具体运作流程的设计可借鉴已开展此项业务的欧美国家经验。为保证助学贷款证券化在实际操作中能顺利展开，需要理清其运作思路。

首先是证券化过程包括的主体：①借款人，具体而言是指因为有求学的财务需求而来申贷的学生，他们是偿付基础资产现金流的原始提供者；②发起人，包括两层：一是以银行为代表的金融机构，他们为贫困学生提供贷款，创造基础资产；一是专门从事资产证券化的机构即特殊发行实体（SPV），它们购买银行的基础资产，组建资产池，根据助学贷款的性质，将基础资产进行结构性重组、划分等级，然后发行资产支持证券进行融资；③市场投资者，包括个体投资者和机构投资，如基金公司、保险公司等，他们将获得基础资产未来的现金流。除此之外，还有一些机构参与资产证券化过程：一是为现金流支付提供保障的信用保险机构；二是为证券进行评级的信用评估公司。对于助学贷款比较特别的一点是，因为借款人学生以学校为单位组成一个团体，与住房贷款、汽车贷款等个体贷款有差异，所以学校在证券化过程中实际也扮演了很重要的征信的角色，为学生未来本金及利息的支付打下一个比较好的基础。

2. 具体流程

首先，需资助学生以未来工作产生的现金流为担保向银行提出贷款申请，银行根据学生申请情况、学费、生活费等情况为学生提供贷款，由此形成基础资产。目前我国向学生提供贷款的金融机构只有商业银行，如果得到监管部门的许可以证券化方式运作，那么愿意为在校学生提供贷款的金融机构可能可以扩展到保险公司，他们都有可能成为基础资产的潜在创造者；并且很多大型公司都有助学慈善活动，这些助学的措施应该并入对于学生财务协助的整体考量。

其次，各金融机构将助学贷款资产出售给 SPV。SPV 作为专门进行资产证券化的机构，需要根据现金流预测情况设计满足各类投资者的产品，并进行信用增级和评级，最终将支持债券推向市场，完成最终资金供给者和需求者的连接。

最后，服务机构（通常是原来承做放款的金融机构）将到期归还的本金和利息支付给 SPV，转由其支付投资者。为了防止学生违约，政府部门应该设立专门的信用保险公司或投保机制（如特定的保险基金），一旦发生逾期未还的情况，则由保险基金或保险公司赔偿投资者损失。

1.3.2.3 助学贷款证券化的建议

1. 扩大基础资产的规模、提高基础资产的质量

首先，对助学贷款的最高限额不必采取一刀切的做法，可根据申贷学生学历、家庭状况、个人在校表现等情况灵活设置，整体考量。譬如本科生虽然学费低于研究生，但研究生有项目津贴等收入，所以对本科生的最高限额可适当提高；尤其是对在校表现突出的贫困学生，如果能增加资助力度，使其将更多的时间资源用于积累人力资本，在未来较早获得较高收入的可能性会加大，那么资产支持证券因借款人还贷能力不足而导致的违约风险会因而下降。

其次，适当延长助学贷款还款期限。根据我国目前的助学贷款规定，助学贷款最迟于毕业后一年开始偿还，本息原则上应在毕业后四年内偿还完毕。鉴于以下两点原因，这一个规定有改进的空间：一是我国大学生近年来就业形势不容乐观，再加之毕业后生活成本陡升，事业起步期很难有足够的收入来完全偿还贷款，会增加证券的违约风险；二是从经济学的角度看，助学贷款的目的就是帮助学生更好地在整个生命周期内分配资源。如果一个毕业大学生为了如期偿还贷款而选择短期能给自己带来足够收入的工作，而放弃短期虽不能满足还贷需要但长期却对自己事业发展有利的工作，助学贷款的最初目的就被歪曲了。因为学生个人贷款数额较小，相对于企业贷款偿还难度小得多，所以只要给予学生充足合适的期限，还贷并无问题。

最后，政府应采取政策提高金融机构和投资者的积极性。一方面，政府通过税收政策减少发行人的成本，提高投资者的收益，比如在证券发行交易过程中，减免资产转让的相关税费，对助学贷款支持证券的审批优先考虑，减免投资者的利息收入所得税等。另外，为使证券化参与者的收益得到有效保障，应尽快出台证券化方面的专门法律，使得各方权利义务以法律条文的形式确定下来，从而使得证券化有法可依，有章可循。

另一方面，政府要减少金融机构和投资者面临的风险。助学贷款是无担保贷款，存在较大风险，制约了自身的发展，有两点可以在一定程度上缓解这一问题：

第一，建立健全的个人征信系统，这是违约发生前的防范机制。根据信息经济学和博弈论，如果社会网络间信息传递缓慢或流通闭塞，那么在一次性的博弈中，参与人会倾向于做出损人利己的行为。在助学贷款的例子中，申贷学生如果不必为违约承担责任，那么他就有很大的机率不偿还贷款；但是，如果建立全国性的个人信用征询系统，违约者的不诚信行为就会成为之后跟他进行经济交往的个人或团体决定是否跟他进行博弈的依据。申贷学生除和银行进行助学贷款的业务往来外，也可能今后会进行其他方面的经济交往，相当于是进行的多重博弈，所以申贷学生从长远利益考虑，应该会选择履行合约；即使申贷学生不再和特定银行打交道，但是只要他依旧需要信用服务，就必须尽可能按时履约，从而树立自己诚信的名誉，使之后的信用交易顺利进行。

第二，建立助学贷款违约基金或者保险机制，这是在道德风险发生后采取的补救措施，用以补偿学生违约行为给投资者带来的损失。至于保险基金的资金来源，除原始资金可从中央和各级政府的财政收入和教育经费中划拨外，助学贷款的利息有部分（相当于保险费）可以作为充实保险基金或保险公司的资金来源。

1.3.3 中小企业贷款证券化

因缺乏担保品和追贷困难等因素，助学贷款供给不足，其公益性质没有充分发挥，我们上面简单分析了如何利用证券化解决这一问题，其实我国中小企业贷款也面临类似的困境，接下来我们研究证券化是否为其提供了一条可行的解决路径。

1.3.3.1 中小企业贷款证券化必要性和可行性分析

中小企业已经成为我国经济发展的重要推动力，在促进增长、增加就业以及推动技术创新和产业升级方面都发挥着不可替代的作用，但是为我国经济发展做出突出贡献的中小企业却一直被融资难的问题所困扰，究其原因有两方面：一是中小企业由于成立时间短、规模小、自有资本较少，抵御风险能力较差；二是制度方面的原因，与我国金融体系不健全有关。我国金融系统以国有商业银行为主导，这些银行的信贷大多流向了国有企业和地方政府；同时，我国资本市场进入门槛较高，中小企业无法通过股权融资。

在申贷处于劣势和上市条件不够的情况下，我国中小企业只好转向地下融资，但需要背负沉重的利息负担，制约了我国中小企业的发展。因我国尚处于经济繁荣期，民间资金供给充足，融资难的问题暂时被掩盖；但如大小金融危机一旦爆发，人们信心下挫对放贷持谨慎态度，流动性急剧紧缩，不少中小企业就会因资金链断裂面临倒闭的危险，这个现象在近年内已经发生数次，规模也不小，对我国的经济发展造成相当的扰乱与阻碍。要想转变中小企业融资难困境，根本之处是从制度层面入手，逐步开放金融业的竞争，降低目前金融业属于寡头垄断的现状，并逐步消减地下金融，但是目前的制度转变是一个缓慢的过程，同时需要开发其他的融资手段，因此证券化就为我们提供了一个可供利用的选择。

理论上，以对中小企业的债权为基础发行证券可以成为其重要融资来源，但本质上也可能多是一种信用借贷关系，所以对制约中小企业从银行和股市融资的自身缺陷是否也会影响其证券化的可行性需要做一番探究。中小企业虽然在资产规模和资产结构方面与大企业存在差距，但是通过信用增级，应该还是可以达到资产证券化融资要求的条件，所以对中小企业债权的资产证券化顺利进行的最关键一环就是信用增级。

　　1.3.3.2　中小企业资产证券化运作分析

　　在助学贷款资产证券化运作思路部分，本书已经为其设计了一套运作流程，中小企业资产证券化流程类似，不再赘述，而将重点放在信用升级一环。

　　1. 信用增级包括内部增级与外部增级两种，可以单独运用，也可以同时使用

　　（1）（证券化）内部增级。内部增级的方式主要有建立优先/次级档、超额抵押以及利差账户三种：①建立优先/次级档就是将证券按偿还顺序或偿还比例分成不同风险等级，偿还次序在前和比例较高者风险较低。中小企业因财务体系不健全，信息透明度低，投资者掌握的信息程度差异较大，可根据自己的信息拥有程度和风险厌恶水平选择不同档次的证券，当然这也要仰赖良好的信用评级制度；②所谓的"超额抵押"（over-collateralization）就是在资产池内投入超过证券化发行面额的基础资产，超额基础资产的本金与利息收入为证券化提供了更大的信用保障；当然这个做法取决于基础资产的品质，而基础资产的品质又仰赖于良好的信用评级制度，评级的对象包含了基础资产与证券化发行的债券两者；③资产池在每一个时期内所能产生的现金流通常会大于息票支付、服务费以及预期损失之和，多余部分进入利差/准备金账户，如果资产出现损失或回笼现金流下降，由此准备金账户中的资金确保资产支持证券的本息支付；通过交易中的额外利差，利差账户的金额会累积上升至由评级机构确定的预先决定的水平为止。利差账户加上超额抵押账户为投资者在出现债务偿还危机前设置了两道信用保护的屏障。

（2）外部增级。由发行实体外的机构为证券化的资产实现预期的现金流提供担保，如果现金流不足，担保机构启动担保予以补足，具体包括：①由保险公司为资产证券化做担保，在资产现金流偿付本息出现问题时代为偿还，其实这与保险公司购买证券化发行的债券的实质是类似的；②通过发起人或其股东为投资者本息的获得提供担保；③由金融机构（如银行）提供担保，这也类似于银行对于一揽子分散的中小企业融资提供担保，与银行一般所从事的保证业务相同，当损失发生时弥补某一指定金额。

2. 我国企业债权或资产证券化信用增级实践

到目前为止，我国企业债权或资产的证券化实践中，中小企业的参与率很低。以下是对我国企业资产或债券证券化信用增级模式探索的一个总结，可以为中小企业提供一些借鉴：

表 1.5　企业资产证券化信用增级模式一览表

时间	项目	内部增级	外部增级
1996 年	广东珠海高速公路以高速公路收费和交通工具注册费为支撑发行债券	分为高级债券和次级债券；建立还款储备；为次级债券建立还款基金	地方政府担保
2004 年4 月	中国工商银行宁波分行信贷证券化	受益权产品设计了 A、B、C 三级不同优先级别，并采用了现金储备账户、B 级受益权回购承诺等安排	中国工商银行担保
2005 年8 月	中国联通 CDMA 网络租赁费收益计划	—	中国工商银行对来自 CDMA 网络租赁费的等于基础资产预期收益金额（21 亿元）的资产划入收益计划账户提供连带责任保证

续表

时间	项目	内部增级	外部增级
2005 年 12 月	莞深高速收益专项资产管理计划	—	中国工商银行对三期 2 亿元的支付提供了无条件不可撤销连带责任担保，若在每个权益登记日之前 2 日，划入专项计划专用账户的金额不足 2 亿元，担保银行应在该日下午 16 点以前将所缺款项划付至专项计划账户
2006 年 3 月	中国网通应收款资产支持收益凭证	—	中国工商银行承诺为网通集团于划款日将来自应收款的资金划入中国网通专项资产管理计划账户提供连带责任保证
2006 年 5 月	远东租赁资产支持收益专项资产管理计划	对基础资产的现金流进行优先和次级分层，次级受益凭证作为对优先级受益凭证的保障，在优先级受益凭证全部本金和收益偿付完毕后才能进行分配	中国石化集团（远东租赁大股东）提供担保，并出具单方面保函，为优先级受益凭证偿付提供不可撤销的连带责任担保
2006 年 5 月	澜电收益专项资产管理计划	发行 0.2 亿元的次级受益凭证，为云南华能澜沧江水电有限公司持有而且不能转让，它的收益要在优先级产品的本息全部得到偿付后才能享受	中国农业银行根据担保合同提供全额不可撤销的连带责任担保
2006 年 6 月	浦东建设 BT 项目/资产支持收益专项资产管理计划	—	上海浦东发展银行依据担保合同，为专项计划专用账户按期足额收到或在约定日期存款余额达到约定的款项提供无条件的不可撤销的保证担保

时间	项目	内部增级	外部增级
2006 年 7 月	南京城建污水处理收益专项资产管理计划	—	上海浦东发展银行南京分行为专项计划专用账户从污水处理费账户收到合约约为 8 亿元的资金提供无条件的不可撤销的保证担保
2006 年 8 月	南通天电销售资产收益专项资产管理计划	—	中国工商银行依据担保合同,为专项计划提供无条件的不可撤销的独立的保证担保
2006 年 8 月	江苏吴中集团 BT 项目回购款专项资产管理计划	分为优先级、次级受益凭证,存续期内在当期应支付的优先级受益凭证本金及预期收益未全部分配前,不得进行次级受益凭证分配	中信银行未回购主体自专项计划成立之日起,每一 BT 协议划款日累计划入专项计划账户的优先级受益凭证相对应的预期支付金额及相关费用,提供无条件的不可撤销的连带责任保证担保

资料来源:作者整理;陶涛. 我国企业资产证券化信用增级模式研究,2008;陈霄. 城市土地资产证券化中的信用增级问题研究,2010.

从以上我国企业资产证券化信用增级实践中可看出,中小企业信贷的证券化也较为缺乏,而且外部增级的途径单一,对于银行机构过度依赖。中小企业整体风险较高,已经较难获得银行的融资,而这正是中小企业需要特别注意的重点所在,因而更需要加强证券化的财务工程技术,用内部增级来组建证券化以提高投资者购买意愿。

1.3.3.3 资产证券化建议

中小企业本身资产或债权证券化的难点在于提高基础资产质量和增加信用评级,本书就这两点提供以下建议:

第一,选择合适的可用于资产证券化的资产是建立资产池的基础。中小企业可证券化的资产需要达到一定的数量,而部分中小企业的资产较难满足高同质性、高稳定性、高套利性与低风险性的要求;另外,部分中小企业的资产规模有限，也较难建立资产池。所以就单一中小企业而言，需要通过改善经营，提高质量；而对中小企业整体而言，可以通过同类企业组成发起人联盟，将资产进行跨企业、跨行业组合，优化资产池结构。但是真正比较可行的方式，仍然是中小企业先透过银行融资，银行有较强的能力做出比较好的信贷判断。然后将对中小企业的债权予以证券化。

第二，积极运用内部信用增级方式，拓宽外部信用增级的途径。运用内部信用增级方式能有效降低对外部信用增级的依赖，并要求承销的金融机构在产品设计能力方面有所提高，积极应用产品分层，探索信用置换等内部信用增级手段；另外，除银行担保外，还应积极探索以保险公司、担保公司、财务公司或大型集团公司等高信用等级机构作为担保方，增强证券化发行的体质。

第四节 研究思路

我国自从 1992 年开始推动金融资产证券化，一时风起云涌直到 2005 年左右停滞下来，然而今天我国相对于 2005 年时面对的大环境已经有了巨大的改变，主观与客观条件均已比 2005 年成熟，推行金融资产证券化的需求应该更加迫切。在我国多年推进金融资产证券化的同时，实在也不乏经济、金融学者们对于金融资产证券化做了很多高质量的研究（见本书第二章的文献探讨），然而由于金融资产证券化在我国还处于发展的初期，因此研究的方向多集中于金融资产证券化中学术面以及技术面（如会计、外国法规等）比较微观的探讨，一般专家学者的建言也对个别问题比较有针对性，虽然语多中肯，但对于外国的经验如何落实到我国或我国究竟应该如何整体再推动资产证券化较少着墨。笔者认为，要重新推动我国的金融资产证券化，应该彻底了解外国的制度，吸取外国先进的经验，才能让我国的金融资产证券化于未来有"蛙跳式"的成长。因此本书写作的角度是从宏观面切入，首先辨认出我国最值得推动金融资产证券化的三个市场：住房贷款、学生助学贷款以及（中小）企业贷款，然后在后续的章节中逐一探讨美国相对的各个市场、制度的形成背景及制度演进过程，汲取世界最先进的美国金融资产证券化的经验，以作为我国推动金融资产证券化的参考。以下是本书各章的简短说明：

第一章"绪论"。本章首先对于我国的金融资产证券化做一个回顾，并对我国目前金融资产证券化的不足做简要的探讨；其次，本章辨认出我国值得推动的三种金融资产，并对这三种资产的证券化做一些综合性的说明。

第二章"文献综述"。本章重点在于对我国国内学者过去在金融资产证券化的研究做检视与回顾；由于金融资产证券化在国外已经属于比较成熟的产业，因此外国文献方面比较偏重对 21 世纪金融海啸/次贷危机之后出版的实情描述和检讨。

第三章"从金融创新到资产证券化"。金融资产证券化是从 1970 年以来整体金融创新的一部分，若要充分了解金融资产证券化，应该对于自 20 世纪 70 年代以来的金融创新的过程先有所了解，所以本章对于自 20 世纪 70 年代以来的金融创新——从学术到实务上的应用做了比较完整但简要的回顾。

第四章"政府参与的住房抵押贷款证券化"。美国金融资产证券化起源于 20 世纪 30 年代大萧条后政府对于住房贷款市场的积极参与，这也是美国住房贷款证券化成功经验的重要部分，因此本章检视美国政府在大萧条后设立各机构来重建住房贷款市场的过程，包括重要立法以及各个相关机构（如联邦住房署、联邦退伍军人署、政府国民抵押贷款协会（吉妮美）、联邦国民抵押贷款协会（房利美）、联邦住房贷款抵押公司（房地美）、联邦住房放款银行系统等）的职能介绍。

第五章"最基础的房贷支持转手债券"。美国的房贷支持转手债券市场规模超越了美国的国债，可以说是世界上最大、最成功的债券市场。本章分为两节：第一节介绍三个最重要的"政府资助企业"所担保或发行的房贷支持转手债券，并且阐述房贷支持转手债券市场中的一些最重要的观念与市场规模；由于长期、固定利率的住房贷款是美国市场的主流，第二节介绍这类贷款的一级市场中最重要的避险机制，包括了期货、远期交易、简单与两种复杂、特异的期权，并且提供了运用"二项式"法（binomial method）的评价模型。

第六章"多档次房贷支持债券"。时至 20 世纪 80 年代，财务工程有了很大的进展，房地美以最基本的住房贷款作为基础资产，率先发行了多档次房贷支持债券；由于多档次发行的债券将原来可长达 30 年的现金流切割成不同的新债券，出售给适合的投资人，更符合投资人的风险需求，因此之后这个市场迅速成长，成为房贷市场的主流之一，直到今天。本章分为两节，第一节介绍多档次房贷支持债券市场规模，并讨论各种常见的多档次债券的形态与性质；在第二节中，笔者提供了一个大型的数学优化模型（mathematical optimization model），揭示了多档次房贷支持债券组建背后的数学原理，解开了华尔街实务上秘而不宣的迷思。

第七章"学生助学贷款证券化"。学生助学贷款与住房贷款最大的不同在于，前者是无担保的准消费者贷款，而且在学生就学期间多半采用"负摊还"的方式把利息滚入本金；再者，美国政府也积极介入学生贷款市场，对于学生贷款的需求是采取一个"全面"（holistic）的评估方法，也就是把学生所有的财务来源加以整合检视，以决定学生的贷款需求，确保想求学的学生都可以得到适当的资助。本章分为两节，第一节阐述美国学生贷款计划的沿革、贷款与补助的种类、市场规模等；第二节讨论学生贷款证券化的特色。

第八章"企业债权证券化"。企业债权的证券化是住房贷款证券化之外的另一个多彩多姿、变化创新的市场，因此本章多用图表来解释各种类型的证券化。本章也分为两节：第一节是衍生性产品及企业债权证券化的诞生，阐述近代金融机构转移信贷风险的三个主要阶段，并罗列说明主要的信用衍生性金融产品（如完全收益交换、信用违约交换）及最具有代表性的各种企业债券证券化的模式，包括了最著名的 BISTRO 等；第二节是企业债权证券化的市场、要素与常用的框架种类，本节分析了企业债权证券化的市场规模，并对企业债权证券化的各个要素加以比较详细的讨论，整理列出了主要的企业债权证券化框架。

第九章"结论与建议"。本章与前面各章的内容互相呼应，共分为三节：第一节是美国次贷危机的经验与教训，本节综合了大时代的背景、美国公部门的问题以及美国私部门的问题，仔细分析了美国 2007 年次贷危机形成的背景与原因，作为我国金融资产证券化的参考；第二节是我国推动金融资产证券化的必要性，从人民币国际化与利率自由化谈起，再及于解除银行流动性及资本压力、"银信合作"地上化，并推动保险业与证券基金投资业的成长；第三节是对于我国金融资产证券化的具体建议，包括了金融资产证券化法规的订立、监管机构的确定、开始建立一个有标准化产品的大型、活络的市场，以及三个产品市场切入点与组织，本节也都提出了非常具体的建议，并且提出了一些其他对于我国金融发展的观察与建言。

第二章　文献综述

　　资产证券化是 20 世纪 70 年代以来金融领域的一项重要创新成果。一般而言，资产证券化是指将一组流动性较差但在一定阶段具有某种相对稳定收益的资产（基础资产，underlying assets）经过一系列组合，通过一定的结构安排，在大多情况下是成立一个特殊目的的载体（special purpose entity，SPT）、或称特殊目的实体或特殊发行实体（special purpose vehicle，SPV），分离和重组资产的收益和风险要素，保持资产组合在可预见的未来有相对稳定的现金流，并将预期现金流的收益权转变为可在金融市场流动的证券的技术和过程。

　　自从诞生以来，资产证券化在全球快速发展，资产证券化种类和资产规模不断扩大，资产证券化的结构不断深化、品种不断创新，资产证券化的地域疆界也在不断扩展①。目前国际资产证券化的发展格局从全球资产证券化市场的地域结构来看呈现出美国、欧洲、日本和澳大利亚以及除日本之外的亚洲国家四大梯队，显然我国目前正处于第四梯队之列。

　　本章主要立足于我国资产证券化实践历程，对我国近年来资产证券化相关问题的文献进行梳理和总结，整理了我国学者专家对于开展资产证券化比较具体的建议：首先，从资产证券化的基本功能入手，结合我国国情，指出资产证券化对我国经济发展和经济改革具有重大意义，为

---

① 胥宗乾，张骏超. 债市创新资产证券化担重任[EB/OL]. 中国证券报，2012 年 8 月 9 日刊。

我国开展资产证券化提供理论及现实依据；其次，指出现阶段我国资产证券化在法律环境、会计制度、监管体系和市场建设等方面存在的问题和缺陷。随着我国资产证券化进程的进一步发展，当其发展至较成熟阶段后可能会面临新的挑战，我们从微观、中观和宏观三个层面分析资产证券化在次贷危机中扮演的角色，为应对这些挑战找到了一些有益的启示；最后，立足我国国情，指出我国资产证券化的发展策略应重点解决发展模式选择、市场完善和监管强化问题。

文献检视的结构安排如下：第一节明确资产证券化对我国经济社会的意义；第二节简要介绍我国资产证券化的发展进程，重点指出目前我国资产证券化存在的问题；第三节从对国外资产证券化和次贷危机的关系的讨论中得到对我国资产证券化的有益启示；第四节讨论我国顺利开展资产证券化应采取的措施；第五节则是对于国外文献的梳理。

第一节　我国资产证券化的意义

一般而言，资产证券化能对参与各方带来好处：从发起人的角度看，资产证券化增加资产的流动性，提高资本使用效率，提升了资产负债管理能力，优化财务状况，在实现低成本融资的同时增加了收入来源；从投资者角度来看，资产证券化提供了多样化的投资品种，可以帮助投资者扩大投资规模；从整个金融市场大环境来看，资产证券化提供了新的投资途径，提高了资本配置的有效性，并且有助于金融系统安全性的提升。结合我国的现实情况，资产证券化对微观市场主体、经济发展与金融改革均具有重要的意义。

2.1.1　资产证券化对市场主体的意义

首先，资产证券化有利于扩展企业的融资手段，为企业融资提供便利，这主要体现在三个方面：第一，资产证券化能提高企业的资产流动性。企业可以适当运用资产证券化手段对企业资产进行结构性调整，将沉淀的资金盘活，将呆滞的资产变现，既可解决企业资金短缺的难题，又能提高企业资本运作的效率；第二，资产证券化能降低企业的融资成本，使用信用增级技术意味着投资者的风险取决于可预测现金收入而不是企业自身的整体资产状况，从而使企业能以更高的信用等级节省融资成本；第三，资产证券化减少了企业的融资障碍[①]。企业可以根据需要灵活调整融资规模及期限，特别是对由于规模小、效益不稳定等原因在我国融资体系中处于劣势的中小或民营企业，宋建明（2000）认为我国台湾地区的经验可为我国加强中小企业融资的借镜[②]；资产证券化在缓解其融资难的问题上也可以进一步发挥重要作用，巴曙松、栾雪剑（2009）以微型农村企业为例，研究其小额信贷可获得性问题，通过比较分析其他国家验证可行的小额信贷资金获得方式，提出了用小额信贷资产证券化的方法可以解决资金来源的问题[③]。

其次，资产证券化有利于改善地方政府融资平台经营状况。地方政府融资的困境，在于其有限的财政收入无法负担基础设施等工程项目建设的重任，因而不得不借助于地方政府融资平台筹集建设资金。基础设施建设通常具有建设资金周转时间长、占用数额大等问题，容易造成地方政府融资平台资产负债表的期限错配和风险积聚，但是如果将地方融资平台公司拥有的港口、码头、电厂、收费的高等级公路等可给平台公司带来稳定可靠持续的现金流的优良经营性资产证券化，则上述期限错配和风险积聚问题可大为缓解。孟繁瑜（2010）通过分析我国首例市政资产证券化项目（重庆市政资产证券化项目），指出公共不动产证券化可

① 王保岳. 美国次贷危机引发的对中国资产证券化的冷思考[J]. 首都经贸大学学报，2008（3）：30～34；傅穹，潘为. 非金融机构贷款人自身融资问题研究[J]. 经济体制改革，2012（3）：130～134.
② 宋建明. 台湾中小企业融资研究[D]. 北京大学博士学位论文，2000年.
③ 巴曙松，栾雪剑. 农村小额信贷可获得性问题分析与对策[J]. 经济学家，2009（4）：37～43.

以作为城市建设融资新模式，这种模式既绕过了政府不能发债的法律障碍，又借用了政府信用提高担保水平，具有良好的发展前景[①]。

最后，资产证券化有利于银行业和证券业的发展壮大。王家强（2010）指出：对银行而言，一方面信贷资产证券化是商业银行资产组合管理的重要手段；另一方面，信贷资产证券化是商业银行实现收入多元化的重要策略，特别是长期随着利率市场化的推进，未来银行业利差将收窄，必须注重开拓资产证券化等中间业务[②]。不仅如此，信贷资产证券化还是商业银行适应监管要求、提高风险管理水平的重要工具。另外，银行通过对自身中长期贷款进行证券化，可将部分风险性资产配置转移至资本市场，将风险分散到其他具有流动性、能够承担风险的数量众多的投资者身上，从而加强了自身资产负债的管理。赵蕊（2011）讨论了资产证券化对证券公司的意义：具体而言，在融资方面，资产证券化帮助证券公司分流对银行信贷的融资需求；在风险转移方面，证券公司可以为不同风险偏好的投资者提供相应的投资产品[③]。

完整的资产证券化过程需要金融业多个领域的协调合作，资产证券化将风险再分配，使得交易各方通过自己的专业优势都获得了好处，促进了分工协作形成规模经济，应该是一个增进效率的帕累托改进。

2.1.2 资产证券化对经济发展和金融改革的意义

我国目前处于经济发展方式转型期，资产证券化作为一种创新型融资方式，在加快城镇化、实现产业升级、发展社会主义新农村等诸多方面，都大有用武之地[④]，一些和资产证券化表面上毫无联系的领域，只

---

① 孟繁瑜. 公共不动产证券化：城市建设融资新模式[J]. 财经科学，2010（9）：25～32.
② 王家强. 资产证券化是信贷转让的发展方向[J]. 中国金融，2010（1）：51～52.
③ 赵蕊. 表内资产表外化，信贷资产证券化重新起航[J]. 银行家，2011（8）：91～93.
④ 周景彤，陈敬波. 充分发挥金融业对城镇化的支持作用[J]. 中国金融，2010（4）：37～38；肖莎，白水秀. 金融支持社会主义新农村建设的资产证券化对策研究[J]. 首都经济贸易大学学报，2010（1）：75～79；张漫雪. 循环经济发展中金融支持的国际实践与实现途径[J]. 商业时代，2011（26）：53～54.

要在深入思考的前提下勇于创新,就可以充分运用资产证券化为其服务,对于经济发展有正面促进的意义。目前一些学者已就资产证券化在特定领域的应用展开了设想,如冼雪琳(2010)讨论了在文化产业中开展资产证券化的可能性;文化产业具有高资本密集特性,资本融通的有效性已成为其发展的瓶颈,如果把知识产权包括品牌声誉等难以计量的无形资产看作文化类企业的核心优质资产,以此为基础发行证券,是有可能缓解资金瓶颈制约的[1]。王军、韩小安(2011)则以低碳能源为例,指出实现小水电的跨越式发展是缓解我国"电荒困局"的重要途径,而资产证券化为实现这一目标提供了高效的融资渠道[2]。

另一方面,资产证券化有助于平抑高涨的通胀压力。资本的逐利本性决定了在整体股市、楼市不景气,企业生存压力大的经济环境下,游资就会炒作生活、生产资料等社会必需品以追求利润,从而为治理通胀增加难度。从这个角度看,资产证券化产品的推出将吸收部分游资,将会减小压制通胀的难度。不仅如此,资产证券会在银行间证券市场上市也为央行公开市场操作增加了一个选择,即央行可以通过买卖资产证券来管理流动性,并传导其政策意图,美国联邦储备理事会近年来执行的"量化宽松"(quantitative ease,QE)政策就是一个比较贴切的范例。

其次,资产证券化有助于推动我国金融体制改革。我国金融体系目前存在的缺陷主要有四:一是融资方式畸形发展,间接融资与直接融资严重失衡;二是各种交易制度也不能满足日益增长的金融服务需求;三是缺乏具有深度的债券市场,导致市场基准利率无法形成,金融产品不能准确定价;四是我国金融市场提供的投资渠道有限,但是资产证券化的发展将有效弥补这些缺陷。

对于前两者,孔小伟(2010)指出作为一种结构性融资方式,资产

① 冼雪琳. 我国文化产业引入资产支持证券模式的难点与对策[J]. 开放导报,2010(4):63~69.
② 王军,韩小安. 小水电资产证券化的两种实现模式[J]. 经济纵横,2011(9):79~82.

证券化可连接间接融资和直接融资，沟通货币市场和资本市场，促进各种融资方式均衡发展，有利于市场风险的平衡分布；再者，资产证券化的发展也将培植机构投资者，完善市场交易系统，为风险金融产品提供需求基础和交易机制，不断促进各种体系和制度的建设[①]。

对于资产证券化如何推动利率市场化进程，提高金融市场的定价效率，李佳（2012）指出，首先资产证券化促进存贷款利率市场化，进而推进银行业的利率市场化；其次，资产证券化有利于完善债券市场的收益率曲线；再次，资产证券化可以促进资金的跨市场流动，有助于形成统一的资金价格；最后，资产证券化使市场投融资渠道多样化，分流市场储蓄资金[②]。目前我国大众投资方式以股票、债券、基金投资为主体，金融产品的选择范围不够广泛，而资产证券化得到的相关衍生产品的推出将丰富金融产品市场，特别是固定收益类金融产品市场产品品种，这些衍生证券中信用评级较高的那部分势将为投资者提供储蓄的替代工具，从而对我国金融市场结构优化起到一定程度的作用。

第二节　我国资产证券化存在的问题

中国资产证券化的起步较晚，但在监管当局的大力推进和金融机构的积极参与下，中国资产证券化经历了从无到有、快速发展和不断突破的过程。1992年海南"地产投资券"项目开始了证券化的尝试；1996～2002年，又间断性地发展了几起离岸证券化的案例，中国建设银行和中国工商银行也在2000年相继获准实行住房抵押贷款证券化的试点，但由于诸多原因而一直没有得以实施；2003年和2004年分别有少量"准"

---

① 孔小伟. 资产证券化与中国的金融发展[J]. 南方金融，2010（1）：60～62.
② 李佳. 资产证券化在系统性风险形成和传导中的作用[J]. 金融理论与实践，2012（4）：5～9.

证券化的案例；到 2005 年 3 月国家开发银行和中国建设银行获准作为试点单位，分别进行信贷资产证券化和住房抵押贷款证券化的试点，这也标志着中国本土证券化的试点正式开始。近期，我国因受次贷危机波及而停滞的信贷资产证券化重新开启，首轮额度为人民币 500 亿元。[①]因此，刘长才、宋志涛（2010）将中国的资产证券化发展历程分为探索阶段（1992—2000）、标准证券化准备阶段（2000—2004）和正规证券化阶段（2005 年至今）[②]。

从证券化准备阶段开始，国家为逐步推进资产证券化进程制定了一系列法律政策：2001 年 4 月 28 日，《中华人民共和国信托法》正式通过，该法律规定在委托人将特定资产设定为信托财产后，该特定资产可以与委托人和受托人的固有资产实现风险隔离，这就为我国开展资产证券化业务提供了基础的法律依据；2003 年中国人民银行在《2002 年货币政策执行报告》中，首次提出"积极推进住房贷款证券化"；2004 年起，政府推动资产证券化发展的迹象逐渐显现，该年政府发布了《国务院关于推进资本市场改革开放和稳定发展的若干意见》，其中提到"积极探索并开发资产证券化品种"；2004 年 12 月 25 日央行公布实施了《全国银行间债券市场债券交易流通审核规则》，为资产证券化产品的流通铺平了道路[③]。

2005 年是我国资产证券化的破冰之年，银行系统的信贷资产证券化和证券公司非信贷资产证券化（即企业资产证券化）均取得了进展。从 2005 年 4 月 21 日中国人民银行和银监会联合公布的《信贷资产证券化试点管理办法》到 2005 年 11 月 11 日银监会发布的《金融机构信贷资产证券化试点监督管理办法》，期间的一系列法律法规从市场准入、风险管

---

① 周鹏峰. 500 亿资产证券化产品分配初定国开行独占鳌头[EB/OL].上海证券报，2012 年 7 月 14 日，第 6 版.

② 刘长才，宋志涛. 基于政策供给的我国资产证券化演进路径分析[J].商业时代，2010（20）：56～57.

③ 钟吉鹏，许光建. 完善我国资产证券化制度的几点思考[J].价格理论与实践，2009（1）：65～66.

理和资本要求三个方面对金融机构参与资产证券化业务制定了监管标准，也为我国资产证券化深入发展奠定了制度基础。2006 年 2 月 15 日财政部公布了我国新的《企业会计准则》，使得资产证券化的会计处理更加规范，这进一步促进了中国的资产证券化进程。2006 年 2 月 20 日财政部、国家税务总局联合发布了《关于信贷资产证券化有关税收政策问题的通知》，对信贷资产证券化产品的印花税、营业税和所得税进行了规范。至此，一个比较完整的信贷资产证券化法律框架初步形成了。

总体而言，经过了近二十年的发展，我国资产证券化仍旧停留在零散、小规模的水平；资产证券化之所以进程缓慢，是因为我国资产证券化存在一系列制约因素。既有文献指出，我国资产证券化在法律环境、会计制度、税收规定、市场建设和监管体系等方面均存在问题[①]。

2.2.1 资产证券化法律问题

目前，我国的资产证券化活动才刚刚起步，国家相关部门的政策、法规也陆续出台，但由于资产证券化参与的主体众多，交易行为涉及诸多法律关系，且运作过程极其复杂，国内法律制度对这一新兴金融产品的规制还存在诸多不完善之处。王艳萍（2007）、何韵（2010）专门研究了资产证券化在我国面临的法律问题[②][③]，这些问题包括：

（1）设立特殊目的机构（SPV）的法律缺位。SPV 实质就是在金融资产证券化的过程中，以经营资产证券化为目的而特别设立的组织。在现有法律制度下设立信托型 SPV 面临法律障碍，我国于 2001 年颁布的《信托法》并未承认受托人对受托财产的法定所有权，这与强调与发起人破产隔离的 SPV 设立的初衷相违背。

（2）"真实销售"的法律缺位。真实销售是资产证券化的关键，它

---

① 此外还存在中介服务、定价机制等相对次要的问题.
② 王艳萍. 资产证券化在中国面临的法律问题分析[J]. 金融与经济，2007（10）：46～48.
③ 何韵. 中国资产证券化问题研究[D]. 西南财经大学博士学位论文，2010.

要求原始权益人必须拥有资产所有权，或者资产所属关系明确。在资产证券化结构中，SPV 要拥有资产池完整的控制权，就必须要求原始权益人拥有基础资产的所有权，或者资产所属关系明确，但是目前相关法律框架并不完善，尤其是在不少企业刻意逃废金融债权、地方政府行政干预重重的状况下，SPV 不可能做到真正地买断原始权益人的资产。

（3）转让的法律缺位。资产证券化不仅涉及到现有债权的转让，还包括数量众多的将来债权的让与。将来债权的可让与性是民法中的难点，也是资产证券化中不能回避的法律问题，但立法上并未明确承认将来债权的转让，制度的不明确给实践操作带来了很多困难。

（4）资产转移与破产隔离法律不健全。资产证券之所以能吸引投资者的优势之一即在于由"破产隔离"而产生的信用级别的提高，保证了持有资产证券的投资人的收益安全性。基础资产从发起人手中移转到 SPV 能否达到破产隔离的效果，仍需要有真实销售和破产隔离的法律与技术要求，而当前我国《公司法》、《破产法》对破产隔离问题还未做深入规定。

（5）信用增级的法律障碍。信用增级是指在资产证券化中被用以保护投资者的技术，这些技术或单独、或组合地用来提高资产证券的信用级别，并在实质上为投资者的利益提供保护。目前我国《担保法》对采用超额抵押和政府担保方式进行信用增级有着较大的制约[①]，给我国政府提供信用担保设置了法律上的限制，将导致我国无法建立有效的外部信用增级机制，从而制约了资产证券化在我国的发展；我国《破产法》也没有关于担保物权的详细规定，导致超额担保无法实现对资产证券的内部增级。

---

① 我国《担保法》第 8 条规定："国家机关不得为保证人，但经国务院批准为使用外国政府或者国际经营组织贷款进行转贷的除外。"

2.2.2 资产证券化会计制度问题

2005 年我国第一支规范的信贷资产证券化业务在境内正式开展[①]，此后，财政部、国家税务总局、银监会、证监会等机构出台了一系列政策法规，力图使资产证券化做到有章可循、规范运作，为资产证券化的发展提供了空间。

对资产证券化而言，基本的会计处理问题有三个：第一，发起人对证券化基础资产的会计处理；第二，发起人与 SPV 会计报表的合并问题；第三，证券化损益的确认。具体来说，陶莹（2009）指出，当前我国资产证券化会计制度存在如下缺陷：第一，以"风险报酬"、"控制权"、"后续涉入"的综合标准作为基础资产转移的确认标准存在操作上的困难，而且按照这一方法确认的各项目的经济含义还不够清晰；第二，虽然明确运用公允价值计量的原则，但缺少使用公允价值的具体指导，如缺失应用估价技术的具体操作方法，可能会加大对公允价值的人为操作，降低会计信息可靠性；第三，我国目前会计准则只是针对一般经济实体的合并范围和合并标准做出了相关规定，而特殊目的实体（SPV）的合并标准从未涉及，使得大多数 SPV 能绕过现行合并框架下的合并要求，加大了发起人运用 SPV 隐藏债务的可能性；第四，我国目前还没有专门、系统地规定资产证券化会计信息应如何披露[②]。

2.2.3 资产证券化税收规定问题

资产证券化实践中一个不可避免需要面对的问题，是如何对资产证券化各个环节进行征税；税收处理规定主要需解决避免重复征税、征税环节的确定，以及征税收入的属性等问题。明确资产证券化在其所涉及

---

① 2005 年 12 月 15 日，国家开发银行和建设银行发行了"建元 2005-1 个人住房抵押贷款资产支持证券"。

② 陶莹. 资产证券化会计问题研究[D]. 华东交通大学硕士学位论文，2009.

的环节中是否需要承担以及承担多少税收负担，对资产证券化产品的价值评估至关重要，也是资产证券化有序发展的必要前提。另外，由于证券化产品可能涉及多个地区和不同分行的贷款资产，因此在税务问题上还出现了地区法规、部门法规与中央法规的竞合问题。就目前我国来讲，资产证券化的发展还处于起步阶段，缺乏实践经验，因此在税务制度等方面尚难以对资产证券化形成支持，目前我国在资产证券化业务中存在的主要问题是明显的重复征税[①]：

（1）信托活动税收制度和信托制度不衔接导致重复征税。目前推荐SPV 的组织形式是信托形式，但我国的信托法律制度在税制主体框架建立时尚未明确，这就存在信托活动税收制度与信托制度的脱节。在资产证券化操作中，由于信托中受益权证代表的是受益人（投资人）对信托财产的受益权，而受托人只是进行财产的管理或处分，因此对于资产在未来产生的可预见的现金流，受托人必须按信托文件的要求将其分配给受益人。从这个流程来看，合理的税收安排应该是只有受益人要对其受益所得缴纳税收，而非发行人、SPV 和投资者同时都要为证券化收益缴纳所得税。

（2）我国不存在专门的资产证券化的法律，同时税法中也没有针对资产证券化的特别规定，这导致了对于结构复杂的资产证券化业务的税收处理来说存在着重复征税的问题。具体而言，对于发起人来说，资产销售的收益要交纳所得税，而资产销售的损失却无法被确认；对于 SPV 而言，要为证券化操作中的收入，如发行证券收入、权益偿付环节收到债务人支付的现金流等支付所得税；而对于投资者，仍要对其证券投资收益交纳所得税。这种多重征税的问题违反税收中性的原则，不利于证券化操作的开展。

---

① 何韵．中国资产证券化问题研究[D]．西南财经大学博士学位论文，2010．

2.2.4 资产证券化市场建设问题

我国资产证券化一级市场供求不活跃，二级市场流动性欠缺。就发行机构（供给方）而言，袁增霆（2011）指出目前市场上证券化产品的基础资产多为优质资产，若银行面对的是贷款有效需求不足与资金供应相对过剩的矛盾，那么对作为其主要利润来源的优质贷款类的资产会有较强的惜售心理，因而证券化动力不足[①]。此外，目前我国可供证券化的资产还没有形成规模优势，如我国房地产抵押贷款、银行应收款、信用卡应收款市场还未完全形成，规模有限，能够产生未来稳定现金流的资产数量还比较少，这导致了一级市场供给方不够活跃。

就证券化产品投资者（需求方）而言，目前较为突出的问题是受限于投资人狭窄，一级市场销售不畅。史晨昱（2009）指出投资者有限的原因，一方面是由于我国机构投资者起步较晚，在资产规模有限的情况下，法律严格界定了机构投资者的准入资格，并对机构投资者的投资范围进行了较为保守的限制。如以目前现有的法规而言，国家对养老金、保险金投资方向的规定限制了它们对资产支持证券的投资；另一方面，资产证券化产品技术含量相对较高，投资证券化产品需要较高的定价能力，加之证券化市场规模小，不愿意花大力气开展投资研究，造成投资者处于观望状态[②]。

除一级市场销售不畅外，资产证券化的二级市场也存在流动性欠缺的问题；流动性是资产证券化系统的核心问题，而资产证券化流动性直观表现为资产支持证券的二级市场流动性。倪伟康（2011）提到对于资产支持证券而言，其流动性越好，市场空间就越大，资产证券化配置资源的能力就越强[③]。市场基础对于资产证券化流动性具有正向促进作用，

---

① 袁增霆. 资产证券化的方向与政策选择[J]. 中国金融，2011（24）：76~77.
② 史晨昱. 中国信贷资产证券化市场发展现状及展望[J]. 金融论坛，2009（4）：5~9.
③ 倪伟康. 资产证券化流动性的系统协同分析[J]. 上海金融，2011（3）：40~43.

市场基础越完善，越有利于资产证券化流动性的提高；但实际情况是我国资产支持证券市场总量较小、每种资产支持证券规模较小、金融中介断续报价等因素，导致了我国资产证券化市场缺乏流动性。流动性的缺失实际上不仅未能发挥资产证券化分散风险的功效，反而因为金融机构互持债券和投资者被迫持有到期的行为，导致了更多的风险积聚。

2.2.5　资产证券化监管体系问题

在监管实践方面，最突出的障碍是分业监管体系无法适应金融业的混业经营趋势①。随着金融创新的发展，金融机构间的界限越来越模糊。资产证券化的过程是一个综合业务的过程，涉及到银行、证券、保险、信托等业务，但是目前我国的金融监管还是分业进行的，无法胜任对其全面、有效的监管。秦建文、梁珍（2009）指出这种监管体制的弊端，在于一方面监管标准不一致，监管领域的重叠和空白同时存在，没有一个监管机构能够得到足够的法律授权来负责看管金融市场和金融体系的整体风险状况，风险监控无法全方位覆盖；另一方面，每一个监管者均只看见局部的情况，部分业务出问题可能因监管者未能掌握全局而无法得到适当遏制，进而传染和扩散②。不仅如此，因为受分业监管体制的限制，我国资产证券化被割裂为银行信贷资产证券化和企业资产证券化两块，证监会将企业资产证券化完全消化在证券行业内部来运行和管理，银行信贷的资产证券化只能在银行间市场发行和交易，造成与银行信贷资产证券化产品并不在统一的市场上交易的局面。

在监管立法方面，洪艳蓉（2011）指出，由于没有就资产证券化进行统一立法，而已经出台的资产证券化的相关规定的法律位阶不高、层级较低、适用范围较窄，其又与高位阶的法律存在冲突，一旦出现纠纷，

---

① 宋建明.金融控股公司理论与实践研究——发达国家与中国台湾地区经验借鉴[M].北京：人民出版社，2007年.
② 秦建文，梁珍.汲取美国金融危机的教训稳健推进中国金融创新[J].国际金融研究，2009（7）：43～50.

在大陆法系严格遵循成文法的法律理念和下位法服从上位法的《立法法》规定下，投资者将在司法实践中面临很大的风险，可能会得不到应有的法律救济[①]。

第三节　资产证券化和次贷危机：教训与启示

资产证券化在美国已发展数十年，基本形成了成熟的运作模式和发达的市场，但仍然不能免于次贷危机的爆发。虽然资产证券化本身并非次贷危机的深层原因，但次贷危机仍暴露了资产证券化进行到成熟阶段会出现的一系列问题；相比之下，我国的资产证券化仍在起步阶段，但是随着不断向前推进，引发次贷危机的问题可能也会成为影响我国金融稳定的因素，因此有必要探究清楚资产证券化在次贷危机中所起的作用并引以为戒。通过对相关文献的梳理，学者从微观、中观和宏观三个层面，寻找次贷危机对我国资产证券化的启示作用。

2.3.1　微观层面分析

首先，在一定的激励机制和市场环境下，资产证券化可能会扭曲各利益相关方的行为，进而为危机的滋生提供土壤。

对发起人而言，资产证券化在竞争环境下降低了其对逆向选择问题的重视程度。胡燕、胡利琴（2012）指出在高额利润和激烈的房贷竞争面前，信贷机构无限调低贷款标准，发放大量次级贷款。抵押贷款证券市场繁荣，吸引了许多场外潜在参与者，且以投机者居多，使得抵押贷款借款人违约风险攀升[②]。对评级机构而言，资产证券化加剧了道德风险问题；评级机构本应帮助投资者消除或弱化因证券化链条长、产品结

---

① 洪艳蓉. 重启资产证券化与我国的发展路径[J]. 证券市场导报，2011（9）：4～23.
② 胡燕，胡利琴. 资产证券化反思：宏观与微观视角[J]. 新金融，2012（4）：48～52.

构复杂导致信息不对称问题，但评级机构"发行人付费"经营模式激励了评级机构主动迎合"发行人"的滥发意愿，对客户的评级资产给予尽量高的评级。胡威（2012）研究了在现有激励机制下，评级机构普遍面临"囚徒困境"问题，评级机构的收益和投资者的收益不相关，故他们的占优策略是隐瞒证券化产品的真实情况，以免开罪发行人或作为承销人的投资银行而失去生意[①]。

其次，监管部门监管缺位和金融机构的监管套利对危机的萌芽、发展和最终爆发难辞其咎。张虹、陈凌白（2011）从三方面探讨了美国政府对抵押贷款证券化监管的失控与缺位：一是监管滞后，即金融监管创新没有跟上金融产品创新的步伐；二是重复与多头监管造成金融监管低效与监管真空；三是抵押贷款证券化法律体系设计不完善造成金融风险防范失效[②]。刘西、李健斌（2008）指出，原有"巴塞尔资本协议"对各项资产或业务所设定的风险权重值与实际的风险往往并不相称，从而为银行提供了"监管资本套利"的空间，使得银行为了追求利润，会在同一风险权值的各类资产中选择保留实际风险较高的资产，而将实际风险较低的资产实行证券化，使其脱离资产负债表，这促使银行追逐风险，增加了金融体系的不稳定性[③]。

2.3.2 中观层面分析

中观层面上，被扭曲的资产证券化会加剧系统性风险的形成、累积、传导和扩散及最终爆发。

（1）系统风险形成阶段的资产证券化。何晓行（2010）指出，资产证券化交易的风险转移功能使得金融机构为谋求市场份额纷纷降低放贷

[①] 胡威. 资产证券化的运行机理及其经济效应[J]. 浙江金融，2012（1）：62～72.
[②] 张虹，陈凌白. 美国住房抵押贷款证券化风险防范机制述评及启示[J]. 经济社会体制比较，2011（1）：204～209.
[③] 刘西，李健斌. 基于巴塞尔新资本协议的资产证券化风险计量[J]. 国际金融研究，2008（3）：59～65.

标准，大量劣质基础资产由此产生，这些劣质资产是系统性风险的直接源头所在[①]；此外，资产证券化交易运作方式的复杂性阻碍了信息披露功能的发挥，并增加了市场预期的难度。上述二者间接催发了系统性风险的产生[②]。

（2）系统风险积累阶段的资产证券化。王晓、李佳（2010）指出，证券化过程中的同质性增加了系统性风险积累的深度。首先是产品的同质性：证券化产品及其各种衍生品的基础资产均以住房贷款为主，同时由于证券化产品之间的相关系数较高，它们价格的涨跌几乎趋同于基础资产价格；再者是市场主体的一致性：市场中微观主体在规则制定、思维模式及认知模式中的同构型也反映在了系统性风险的积累过程，并且这种一致性会产生很强的放大作用，一方面催生价格泡沫，另一方面会加剧危机爆发后的恶性循环[③]。

（3）系统性风险传导和扩散阶段的资产证券化。信贷市场作为证券化基础资产市场发生违约，导致信贷资产相关的证券化资产减值，投资者为了避免损失向市场套现，这会减少资金供给与资产交易，导致整个市场出现流动性危机和紧缩。李佳、王晓（2011）采用计量经济理论中的 VAR 模型，对次贷危机中资产证券化对金融市场流动性的影响进行了实证分析。实证检验显示，MBS 市场上发生的抛售行为会对金融市场的流动性产生影响和冲击；此外，格兰杰检验和方差分解均证实资产支持票据市场和三月期美元银行间同业拆借利率市场之间存在相互影响，意味着流动性波动产生了传导和扩散[④]。

（4）系统风险爆发阶段的资产证券化。李佳（2012）指出，当经济出现负向冲击时（比如经济政策由宽松转为紧缩），房贷等基础资产的价

---

① 此即上文中金融机构对逆向选择问题的重视程度的降低。
② 何晓行. 金融市场系统风险与资产证券化的相关性[J]. 财经科学，2010（4）：10～16.
③ 王晓，李佳. 从美国次贷危机看资产证券化的基本功能[J]. 金融论坛，2010（1）：67～71.
④ 李佳，王晓. 次贷危机中资产证券化对金融市场流动性的影响[J]. 金融论坛，2011（1）：25～30.

格就会下降，各类证券化资产的评级会随之下调，价格也会降低，这时就会出现类似传统融资中所面临的"投资约束"，资产证券化扩充流动性和转移风险的基本功能也会丧失，已设计好的证券化产品将会失去销路，内生流动性扩张和资产价格上涨就会失去根基，整个市场将会出现下滑的趋势，从而引起系统性风险的爆发[①]。

2.3.3 宏观层面分析

宏观层面上，资产证券化会通过金融体系冲击实体经济的传输渠道来影响宏观经济。

（1）资产证券化直接影响基础资产价格。资产证券化起到了"放大器"的作用：在繁荣时期，资产证券化创造大量流动性并抬升资产价格；而一旦危机来临，资产价格下跌，并往往出现超调现象，因而加重了危机深度。肖崎（2010）指出，次贷危机时在房地产等基础资产价格下跌过程当中，由于财富效应和托宾效应的影响，市场中微观主体的消费和投资均呈现数倍下降，导致市场有效需求不足进而导致经济衰退[②]。同时，商业银行资产负债表受损，被迫启动"去杠杆化"过程，产生惜贷行为，信贷收缩笼罩市场，使企业融资成本快速攀升，进一步加重衰退程度[③]。

（2）资产证券化间接削弱货币政策效力。刘玄（2011）构建了一个金融体系债权债务结构模型，就资产证券化对货币政策工具的影响做了分析。在资产证券化普及后，银行可以利用出售贷款的方式，从资本市场不断获得新的资金，从而摆脱负债依赖存款的模式；在资金供给的渠道中，资本市场相对存款的重要性日增，这一变化导致存款准备金的作用范围明显缩小[④]。另一常用的货币政策工具是附买回协定（repurchase

---

① 李佳. 信贷资产证券化是利率市场化的前提和重要步骤[EB/OL]. 证券日报，2012.
② 肖崎. 金融体系的变革与系统性风险的累积[J]. 国际金融研究，2010（8）：53～58.
③ 这个现象在 20 世纪 30 年代大萧条时已经发生过.
④ 刘玄. 资产证券化条件下的货币政策有效性研究——基于次贷危机背景的分析[J]. 南方金融，2011（11）：11～16.

agreement, repo），对于公开市场操作政策的效果受到中央银行能够藉以实施的有价证券的种类和数量的影响，但是由于资产证券化产品目前并不在传统的公开市场操作对象之内，造成货币政策无法对资产证券化产品施加有效影响。实证方面，朱华培（2008）借助向量自回归模型，检验资产证券化发展前后时期有关经济变量对货币政策的反应程度是否出现较大变化，得到两个结论：一是货币政策对与资产证券化有关市场变量的影响力在减弱；二是资产证券化的融资渠道逐步取代传统信用借贷渠道的趋势在加强[①]。

综合三个层面的分析，对我国资产证券化发展总结有如下启示：首先，要对资产证券化带来的微观经济主体的行为扭曲做出及时矫正；其次，要保持审慎监管，消除监管套利空间；再次，要重视系统性风险累积情况，引导资产证券化降低而非增加系统性风险；最后，要灵活运用货币政策，警惕资产价格膨胀。

第四节　我国资产证券化的发展策略

通过对有关文献的梳理，我们分析了我国资产证券化过程中已经出现的问题和未来可能遇到的挑战。为促进我国资产证券化顺利发展，需要制定合理的发展策略来解决问题，应对挑战：

（1）完善有关资产证券化的立法和相关政策体系，加大税收支持力度，改善会计环境。[②] 立法方面，形式上可由立法机关对资产证券化进行专门立法，确立统一的发行、上市、交易规则，建立资产证券化专门统一的法律体系，这个特别法的内容上除对资产证券化进行了全面、系

[①] 朱华培. 资产证券化对美国货币政策信用传导渠道的影响[J]. 证券市场导报，2008（1）：28～34.

[②] 梁洪杰，王玉. 论金融资产证券化法律监管的必要性[J]. 河北经贸大学学报（综合版），2010（2）：47～51；柯元. 金融危机下我国实施资产证券化的思考[J]. 财会月刊，2009（12）：29～31.

统的规范以外，还要针对现行法律规定中与资产证券化相冲突的情况规定例外条款，通过这些例外条款来解决发展资产证券化的法律障碍问题；税收方面，明确证券化交易"税收中性化"的税赋原则；会计方面，修订完善相关会计规定，规范资产销售和表外处理的会计规则，并在随后的确认、会计报表合并、信息披露问题等方面以明确和指导。

（2）培育成熟活跃的资产证券化市场，首先应扩大市场参与者范围。胡燕、胡利琴（2012）指出，应扩大资产证券化产品合格发起人、合格投资者范围，鼓励中介机构参与。具体而言，应逐步放开对中小商业银行开展资产证券化业务的限制，以满足中小商业银行业务增长的目的；扩大合格投资者范围，允许保险公司及社保基金等机构、甚至一定范围的个人投资者投资资产证券化产品；再者，应加强银行业和证券业的沟通合作。赵悦、李红琨（2011）指出"银证合作"的首要问题是资金流动，这要求在二者之间建立多种资金流动渠道，促进商业银行和资本市场的资金互动，同时要设立风险控制机制，防止资本市场的风险无约束地、无过滤地传导到商业银行体系①。另外，银证合作的开展，客观上也要求在金融的组织架构上设计一道制度性防火墙，有效地过滤风险，衰减风险的传导过程。我国目前的金融组织结构已经难以适应提升金融综合能力这一目标，金融集团化的模式是银证合作改革的终极方向。

（3）加强中介机构和信用体系建设。整体而言，首先要借助法律来强化道德观念的约束，创建企业和个人信用体系，重视专业机构的建设，完善信用评价指标体系。资产证券化的运作机构 SPV、信用增级机构、信用评级机构、信托机构及承销机构等都是在资产证券化过程中有可能发生道德风险的环节，因此要建立公平、中立、透明的中介机构，从制度上规范其行为，避免为追求自身利益而导致制度的扭曲。同时，应明确受托人职责，提高准入门槛。

---

① 赵悦，李红琨. 论我国商业银行参与证券业务的现状及策略分析[J]. 开发研究，2011（1）：110～112.

王元璋和涂晓兵（2011）指出，从市场角度来说，要想避免在中国出现"次贷危机"，银监会应进一步加强受托人的地位；受托人是控制风险最核心的部分，美国"次贷危机"就是因为没有严格的受托人准入机制才酿成大祸。国内主管部门可出台相关法律，规定受托人必须符合哪些条件，以免"鱼龙混杂"[①]。具体而言，在各类中介之中，评级机构和特殊目的机构（SPV）起着举足轻重的作用。对于我国评级机构应采取的模式，洪艳蓉（2011）认为在我国证券市场市场化的运作机制还比较弱，市场的流动性、市场化的定价机制以及信息的披露机制都与发达国家存在很大差距的现实背景下，我国无法在短期内形成一个具有良好信誉的评级机构市场，所以应当考虑建立以监管特许权为基础的信用评级机构。对于 SPV 建立模式的选择，康书生、董捷（2010）指出，具有强大政府背景的 SPV 可以增强资产证券化市场的效率、培养机构投资者以及规范市场运行。我国可以考虑借鉴美国模式，由政府出面设立 SPV，这样可以进行有效的风险隔离，实现资产的真实销售，成功地开展住房抵押贷款证券化[②]。

（4）加强资产证券化参与机构的金融创新能力和风险控制能力。对于创新能力的培养，胡颖森（2010）指出一项金融创新之所以会被参与方迅速而广泛地接受，根本原因在于能给市场参与各方带来好处[③]。根据我国金融市场发展的实际情况，资产证券化可以从优质信贷资产开始，逐步扩展到不良贷款、企业应收账款、信用卡应收款等。

对资产证券化的风险控制需从风险的本源基础资产入手，因此应加强对基础资产的甄别和管理，并非任何一种资产都可以证券化，而是需要满足一定的条件[④]；同时，扩大证券化基础资产品种，也是分散风险

---

① 王元璋，涂晓兵. 试析我国资产证券化的发展及建议[J]. 当代财经，2011（3）：67～72.
② 康书生，董捷. 我国住房抵押贷款证券化风险防范研究[J]. 现代财经，2010（10）：9～12.
③ 胡颖森. 新形势下对我国资产证券化实践与发展的反思[J]. 武汉金融，2010（2）：66～68.
④ 需满足的条件参见：夏斌，葛经纬. 中国资产证券化发展策略探讨[J]. 征信，2011（5）：79～82.

的有力手段。其次，应选择合理的运作模式。现行的运作模式大致可以分为"发起—配售"的美国模式和表内双保险债券的欧洲模式，宣昌能、王信（2009）比较了这两种模式在各方面的差异[①]。再者，应建立风险内控机制，给市场参与者正确激励，同时防止风险传递，主要有两点：一是防范道德风险，邹海涛（2010）指出当前国内金融机构面临的竞争越来越激烈，金融机构创造利润的内部驱动也越来越强烈，但是在努力创造利润的过程中，应进一步加强内部控制制度建设，引入更全面和更丰富的风险管理技术和手段，提高自身的风险管理能力[②]；二是防范系统性风险，肖崎（2010）提到应通过建立宏观审慎监管体系和把影子银行体系纳入金融监管，来加强系统性风险的监管，通过降低信贷活动、资产价格以及整个经济的周期性波动，防止金融失衡和系统性金融风险的长期累积，维护金融体系的稳定。

（5）强化金融监管。首先就是要确立审慎的监管理念，张虹、陈凌白（2011）指出，金融监管的要义首先在于监管的稳健性与审慎原则，特别在当今金融创新不断，金融监管日益面临跨行业、跨产品、跨市场的背景下，注重防范金融体系的系统性风险，以客观与科学的态度对待金融产品创新，才能真正达到既推动金融业不断发展，又能有效化解和防范金融风险的目标；其次是建立统一、集中的金融监管体制。一方面，李欣（2010）认为为适应今后银行业混业经营的大趋势，我国监管体系应逐步开展资源整合和架构改造，要抓紧在"一行三会"之间建立完善部际监管联动协调机制，明确责任主体，全面控制市场风险，共同维护金融市场的整体稳定[③]；另一方面，监管不仅要规范市场、防范和化解风险，还要创建新的市场体制，清除由制度带来的障碍，这就需要在监管体制构建和制度创新之间进行协调和平衡，可以设立对资产证券化进

① 宣昌能，王信. 金融创新与金融稳定：欧美资产证券化模式的比较分析[J]. 金融研究，2009（5）：35～46.
② 邹海涛. 后危机时代我国发展资产证券化之思考[J]. 财会月刊，2010（5）：45～46.
③ 李欣. 金融危机对我国银行业发展的启示[J]. 宏观经济管理，2010（7）：37～47.

行监管和协调的专门机构，使资产证券化在法律法规的约束和相关职能部门的监督下健康发展；最后应加强资产证券化的国际监管与国际合作，李彬（2010）提出五个方面：一是全面实施并逐步完善《巴塞尔新资本协议》；二是建立有效的监管信息国际交流平台；三是建立资产证券化国际统一风险监管基本准则；四是建立分层次合作机制逐步实现监管一体化；五是国际证券化监管应与国际会计准则协调①。

第五节　国外文献述要

由于金融资产证券化在国外属于发展较为成熟的市场，资产证券化的产品早已经被认定为"可赎回债券"（callable bond）的一种，因此近年来在研究上普遍偏向于下面两者：一是信用风险模型。由于国际清算银行从 20 世纪 80 年代开始推动了巴塞尔资本协议，信用风险模型成为了一个重要的研究方向，对于信贷风险资产的证券化也有一定的推力；二是提前还本模型（prepayment model）。因为提早还款行为对于资产证券化产品的投资收益有非常大的影响，这一方面的研究主要是由实务界来进行，多半是用统计的方法来了解借款人的提早还款行为（相当于提早赎回债券的行为），而且由于证券化的资产池通常含有较大数量的借款，也导致了蒙地卡罗模拟方法（Monte Carlo simulation）被广泛使用。由于本书着重于未来制度面在我国的发展，因此国外文献的引用参考将以近代金融产业的发展与（金融危机）历史教训为重点。由于文献太多，我们在本章只能选择一些比较重要或著名的相关文献加以引述。

---

① 李彬. 资产证券化风险的国际扩散与监管问题探讨[J]. 商业时代，2010（19）：63～73.

2.5.1 金融创新

金融资产证券化的发生并非一蹴而及，而是近代一连串金融理论与实务结合而产生的创新，相关的财务金融理论的发展一日千里，文献不可胜数，影响也很深远，多位财务理论学者获得诺贝尔经济学奖即为明证，本章不再赘述，一个很好的综合参考书目是鲁宾斯坦（Rubinstein，2006），对于近代财务/投资的理论发展做有系统的整理[①]；麦肯齐（MacKenzie，2006）发现，如果大部分的市场参与者都相信并使用同一个财务模型（无论模型背后的假设是否正确），在短期内市场上的这种金融产品（以股票期权为例）的价格表现就会依循模型的结果[②]。此外，近代的财务金融理论常以正态分配作为证券价格波动性的假设，理论也被作为大量实证研究的对象，曼德布罗特、哈德森（Mandelbrot，Hudson，2004）指出金融理论中的正态分配常过于简化，并不正确[③④]。最后，作者要指出荷马、莱布维茨（Homer，Leibowitz，1972）从所罗门兄弟证券公司内部训练教材所衍生出来的这本小书唤醒了美国债券市场的研究风气，允为当代债券创新的滥觞，一切债券市场的创新由此开始[⑤]。

2.5.2 资产证券化

在住房贷款证券化的领域，一般认为法博齐（Fabozzi，2006）的编著是比较完整的参考[⑥]；另外，由于其在华尔街的房贷证券化研究领域

[①] Rubinstein, Mark. A History of the Theory of Investments[M]. Hoboken, NJ: John Wiley & Sons, 2006.

[②] MacKenzie, Donald. An Engine, Not a Camera: How Financial Models Shape Markets[M]. Cambridge, MA: the MIT Press, 2006.

[③] Mandelbrot, Benoit, and Richard D. Hudson. The (mis)Behavior of Markets[M]. New York: Basic Books, 2004.

[④] Mandelbrot 为研究"碎形几何"（fractal geometry）的先驱，著作丰富，2013 年诺贝尔经济学奖得主之一的 Eugene Fama 为其学生，1960 年时即对于美国股价波动性共同进行实证研究.

[⑤] Homer, Sydney, and Martin L. Leibowitz. Inside the Yield Book[M]. New York: Prentice-Hall, 1972.

[⑥] Fabozzi, Frank J. (ed.) The Handbook of Mortgage-backed Securities, 6th ed.[C].New York: McGraw-Hill, 2006.

工作多年，扈启平（Hu，2001）不同于其他类似的著作，对于房贷证券化的市场发展有非常贴近、细腻的观察[1]。在房贷支持债券的后台清算交割作业方面，格莱士（Kracher，1989）是华尔街后台作业使用多年的教科书，可以作为我国发展大规模资产证券化市场的参考[2]。另外，华尔街的各大投资银行（如高盛、所罗门兄弟、雷曼等）的研究部门，也针对各种房贷支持债券产品出版了很多报告，可以作为研究的参考[3]。

其他资产证券化商品的方面，法博齐（Fabozzi，1998）的编著对于房贷以外的其他各类融资产证券化的品种做了一个比较完整但简要的描绘，但是距今时间已经比较久远[4]；但是扈启平（Hu，2011）则是比较新的著作，尤其对于整体资产证券化市场在次贷危机前后的市场发展有更为及时的描述[5]。

在企业债权证券化方面，各大投资银行的研究部门，也针对各种企业债权证券化出版了不少报告，可以作为研究的参考。另外，国外对于企业债权证券化的相关著作专书汗牛充栋，但是内容多半雷同，比较值得一读的是塔瓦科里（Tavakoli，2008），该书出版时间已是次贷危机发生当时，从比较批判的角度出发，与其他的著作较为不同。另外，布拉特恩、列维京（Bratton，Levitin，2012）两位法律学者对于历年以来美国的金融业出现的问题或事件中特殊目的实体扮演的角色从法律面做了深入、系统化的整理[6]。

---

① Hu,Joseph C. Basics of Mortgage-backed Securities, 2nd ed.[M].New Hope, PA: Frank J. Fabozzi Associates, 2001.

② Kracher, Louis J. Processing Mortgage-backed Securities[M]. New York: New York Institute of Finance, 1989.

③ 请参见本书的参考文献。

④ Fabozzi, Frank J. (ed.). Handbook of Structured Financial Products[C]. Hoboken, NJ: John Wiley & Sons, 1998.

⑤ Hu,Joseph C. Asset Securitization: Theory and Practice[M]. Singapore: John Wiley & Sons, 2011.

⑥ Bratton, William W, and Adam J. Levitin. A Transactional Genealogy of Scandal: From Michael Milken to Enron to Goldman Sachs[EB/OL].Institute for Law and Economics, University of Pennsylvania Research Paper No. 12-26/Georgetown University Law Center Research Paper No. 2126778 (August 13, 2012 Version).

2.5.3 次贷危机

在次贷危机之后，美国的投资银行界人士以及财经记者、作家也出版了不少的专书，揭开无危机前金融机构经营的内幕以及美国政府介入拯救金融系统的经过[1]，其中尤以索尔金（Sorkin，2009）最为脍炙人口，多次获奖。该书作者访谈了相关人士数百人次，调阅了大量档案，书中对于美国政府以及各大金融机构的相关人士以及它们之间在金融危机期间的角力有非常深入的描写，精彩程度犹胜小说，是财经人士以及监管机构不应该错过的参考文献[2]。另外，美国官方在 2011 年共有两份调查报告出版：一是美国国会所授权组织的金融危机调查委员会所出版的"金融危机调查报告"，厚达 540 页[3]，二是参议院下设的 "永久调查次级委员会" 所出版的 "华尔街与金融危机：金融崩溃的解剖"[4]，对于公部门（public sector）与私部门（private sector）各方面在次贷危机前的行为都有比较平衡的调查与批判，也都具有比较好的阅读价值。

在次贷危机发生之前房贷市场空前繁荣，有一些理性、冷静的投资人力排众议，大声疾呼次贷有问题，并且募集基金大量放空次贷以及各类相关的证券，最终获得大胜。泰德（Tett，2009）描述了摩根银行一群交易员 "发明" 信用违约交换以及 BISTRO 企业债权证券化框架的过程[5]，已成为该领域的经典之作。朱克曼（Zuckerman，2009）[6]以及刘易斯（Lewis，2010）[7]则记录了一些投资人的理性思考，利用包括信用违约交换等金融工具大量放空次贷而获利的经过，这两本书也是关于次贷危机的经典记录专书，对于债券交易员以及基金经理人应该有很好的启发。

---

[1] 迄今没有任何一位作家被依诽谤罪起诉，足资证明这些文献的真实性与正确性。
[2] Sorkin, Andrew R. Too Big to Fail[M]. New York: Penguin, 2009.
[3] Financial Crisis Inquiry Commission. The Financial Crisis Inquiry Report, authorized edition[R]. NewYork: Public Affairs (Perseus Books Group), 2011.
[4] US Senate Permanent Subcommittee on Investigations. Wall Street and the Financial Crisis: Anatomy of a Financial Collapse[R]. New York: Cosimo, 2011.
[5] Tett, Gillian. The Fool's Gold[M]. New York: Free Press, 2009.
[6] Zuckerman, Gregory. The Greatest Trade Ever[M]. New York: Random House, 2009.
[7] Lewis, Michael. The Big Short[M]. New York: Penguin, 2010.

2.5.4 金融机构的经营管理

在次贷危机之中及之后，不少金融机构因为损失过大而遭致破产或被接管、并购，这方面也有一些专书的出版，足以我国的专家学者以及金融机构的管理者作为借鉴：科汉（Cohan，2009）记录了贝尔·史登斯公司在被摩根银行并购前最后一段时间内挣扎的过程[1]；法雷尔（Farrel，2010）深入记载了美林证券在次贷危机前多年经营不善，以致最后不得不被美国商业银行并购的过程[2]；格林德（Grind，2012）记录了华盛顿互助银行如何在次贷上大肆扩充而终于难逃被摩根银行接管的命运[3]。除了美国的金融机构之外，欧洲的金融机构也不乏受害者，尤其英国也有不少金融机构接受了政府注资或被接管：马丁（Martin，2013）深入描绘了英国有史以来最大的银行拯救行动—苏格兰皇家银行，这家银行的悲惨命运与 2007 年并购荷兰银行（ABN AMRO）也有很大的关联[4]，施密特（Smit，2010）对于有 183 年悠久历史的荷兰银行的衰败有相当多的内幕消息与深入分析[5]。

在次贷危机中最受瞩目的金融机构有三个：美国国际集团（AIG）、雷曼兄弟以及高盛。有关 AIG 的经营危机的专著也有好几部，其中最值得一读的是博伊德（Boyd，2011）[6]，本书首先追踪了 AIG 如何设立"AIG金融产品公司"（AIG Financial Products）的经过，然后对于这个子公司经由参与摩根银行的 BISTRO 企业债权证券化而踏上了"信用保险/信用违约交换"的不归路有详尽的记录，最后导致了 AIG 被美国政府注资与接管。

美国雷曼兄弟公司的破产常被称为是自 1998 年对冲基金"长期资

---

① Cohan, William D. House of Cards[M]. New York: Double Day, 2009.
② Farrell, Greg. Crash of Titans[M]. New York: Crown, 2010.
③ Grind, Kirsten. The Lost Bank[M]. New York: Simon & Schuster, 2012.
④ Martin, Ian. Making It Happen[M]. London: Simon & Schuster, 2013.
⑤ Smit, Jeroen. The Perfect Prey: The Fall of ABNAMRO, or What Went Wrong in the Banking Industry[M]. London: Quercus, 2010.
⑥ Boyd, Roderick. Fatal Risk[M]. New York: John Wiley and Sons, 2011.

本管理公司"（Long Term Capital Management，LTCM）几乎破产以来最大的金融事件，洛温斯坦（Lowenstein，2000）[1]是记录 LTCM 事件的经典之作；虽然 LTCM 的合伙人不乏有得诺贝尔奖的经济学家，但是 LTCM 的实际主事者多来自于所罗门兄弟证券公司，刘易斯（Lewis，1989）[2]记录了 20 世纪 80 年代时（债券交易之王）所罗门兄弟证券公司的交易员文化，这本书被公认为是了解华尔街利润挂帅文化的经典之作；梅耶尔（Mayer，1993）[3]描述了所罗门兄弟证券公司争强好胜的交易员文化导致了参与国债标售的作弊，最终造成了公司的重大经营危机，交易员出走（而后创立了 LTCM）的经过。雷曼兄弟公司在迪克·福德的领导下悍然拒绝参加纽约联邦储备银行所促成的 LTCM 救援银行团，被认为是日后美国政府拒绝援救雷曼兄弟公司的可能原因之一。

有关于雷曼兄弟公司的专书历年来至少有六本，其中首先值得一提的是奥莱塔（Auletta，1986），描述了 20 世纪 80 年代雷曼兄弟内部投资银行部门与交易部门之间的斗争，最终交易部门得胜，这也替日后迪克·福德升任雷曼兄弟执行长奠定了基础[4]；沃德（Ward，2010）从人性的角度出发，深入描绘出雷曼兄弟内部的高层斗争与经营管理的失职与失能[5]；最后，最精彩的是麦克唐纳、罗宾逊（McDonald，Robinson，2009）书中呈现出雷曼兄弟的管理失序，高收益债券部门发现整个房贷市场出现问题而大肆放空次贷相关的证券，虽然获利高达数十亿美元，但终究没有能够挽救公司的败亡[6]。

在次贷危机中最亮眼的明星除了少数几个对冲基金的经理人之外，就数高盛证券公司。历年来有关高盛的专书至少有七本之多，比较早期的林斯库克（Lindskoog，1999）、恩德里克（Endlich，1999）以及埃利

①　Lowenstein, Roger. When Genius Failed[M]. New York: Random House, 2000.
②　Lewis, Michael. Liar's Poker[M]. London: Hodder & Stoughton, 1989.
③　Mayer, Martin. Nightmare on Wall Street[M]. New York: Simon & Schuster, 1993.
④　Auletta, Ken. Greed and Glory on Wall Street[M]. New York: Random House, 1986.
⑤　Ward, Vicky. The Devil's Casino[M]. Hoboken, NJ: John Wiley & Sons, 2010.
⑥　McDonald Lawrrence G, and Patrick Robinson. Colossal Failure of Common Sense[M]. New York: Crown Business, 2009.

斯（Ellis，2008），对于高盛公司的文化及经营成效多有正面的评价[①]；但比较近期出版的麦吉（McGee，2010）、史密斯（Smith，2012）以及曼迪斯（Mandis，2013），则对于近年以来高盛公司的文化改变与贪婪多有批判，尤其值得注意的是 Smith 及 Mandis 原来都曾经是高盛的主管[②]。与次贷危机最有关联、也最值得一读的则是科汉（Cohan，2011），书中的后半部分着墨在高盛公司上下同心协力，于次贷危机中扭转局势而大获全胜的经过，与前述雷曼公司的经营管理形成强烈的对比，非常值得阅读[③]。

① Lindskoog, Nils. Long-term Greedy, 2nd ed.[M]. Appleton,WI: McCrossen Publishing, 1999; Endlich, Lisa. Goldman Sachs: The Culture of Success[M]. New York: Knopf, 1999; Ellis, Charles D. The Partnership[M]. New York: Penguin, 2008.

② McGee, Suzanne. Chasing Goldman Sachs[M]. Newe York: Crown Business, 2010; Smith, Greg.Why I left Goldman Sachs[M]. New York: Grand Central Publishing, 2012; Mandis, Steven G. What Happened to Goldman Sachs[M]. Boston, MA: Harvard Business Review Press, 2013.

③ Cohan, William D. Money and Power[M]. New York: Doubleday, 2011.

第三章　从金融创新到金融资产证券化

金融资产证券化是 20 世纪 70 年代以来整体金融创新的一部分，若要充分了解金融资产证券化，应对于自那时以来的金融创新的过程先有所了解，所以本章对于自 20 世纪 70 年代以来的金融创新——从学术到实务上的应用——做了一个比较完整但简要的回顾。本章的最后一部分，会就金融资产证券化的最重要元素做出阐述与归纳，也作为本书后续对于金融资产证券化讨论的开始。

第一节　金融理论与实务创新

3.1.1　财务金融理论创新——股票相关理论

如同在前面文献综述中所说，从先进国家市场到目前为止的发展来看，几乎任何具有可回收与可预测的未来现金流，都可以作为资产证券化的基础资产（underlying asset）；换句话说，任何金融资产都有可能成为资产证券化的基础资产，有差别的只是资产证券化产品的创造者的创意与市场上投资人的接受度。

另外一件很重要的事情，就是自从 20 个世纪 50 年代以来的财务金融理论的蓬勃发展，起了很重要的推波助澜的作用。从哈里·马科维茨（Markowitz，1955）开始发展股票投资组合的理论开始，以股价变动的方差（variance）/标准差（standard deviation）作为衡量股票投资风险的代表，从传统上单看个别公司的风险，进而注重各个股票（价格）间的关联性，达到了以整体股票投资组合的变动作为主要的风险的衡量方法，奠定了现代投资组合理论（modern portfolio theory, MPT）[①]的基础，开启了近代财务金融（数量化）研究的先河，而哈里·马科维茨（Harry Markowitz）也因为他这篇在芝加哥大学所完成的具有前瞻性的博士论文于 1990 年获得了诺贝尔经济学奖。

从财务金融理论的发展来看，美国在 20 世纪 60 年代人才辈出，接力似地在财务金融理论上创新。紧接着，Sharpe、Lintner 等人不约而同，从不同的角度发展出资产定价模型（capital asset pricing model，一般简称 CAPM），这是一个具有一般均衡意义的资产定价模型。在 CAPM 架构之下，一家公司股价的风险可以分为不可分散风险（non-diversifiable risk）与可分散风险（diversifiable risk）：后者经由投资人放入投资组合后，其公司特有的风险可以得到分散；前者则是与整体市场有关，无法经由投资组合分散，这个与整体市场相关的程度可以由 β 系数来表示，Sharpe 等人于 1999 年获得诺贝尔经济学奖。

Sharpe 等人的 CAPM 模型是一个单风险因子的模型（one-factor model），这个单风险因子就是所谓的市场投资组合（market portfolio），也就是一个包括所有股票的投资组合；然而在真实世界里，这个真正的市场投资组合太大、太复杂，完整信息难以取得，一般只好用某一个比较有代表性的股价指数[②]对应的投资组合作为替代；其次，风险因子依据常理应该不只一个，因此知名学者如 Steve Ross 发展了多风险因子模型，也就是著名的 arbitrage pricing model（APT），其他许多学者、业者也投下许多努力，运用各种统计工具如多变量分析（multivariate analysis），来寻找市场风险之外的风险因子，比如油价、物价膨胀率等。

---

① 现代投资组合理论一般也可以与现代财务金融理论划上等号。
② 以美国为例，一般人就用标普 500 股价指数（S&P 500 stock index）。

在此同时，芝加哥大学的学者尤金·法马（Eugene Fama）[1]针对了市场效率（market efficiency）做了前沿性的研究。他定义了市场效率[2]存在的三个基本假设：

（1）市场将立即反映新的信息，调整至新的价位。因此价格变化取决于新信息的发生，股价呈随机走势。

（2）新信息的出现是呈随机性的，即好、坏信息是相伴而来的。

（3）市场上许多投资者是理性且追求最大利润的，而且每个人对于股票分析是独立的，不受相互影响。

尤金·法马依市场效率性质，提出弱式市场效率、半强式市场效率及强式市场效率共三种，分述如下：

（1）"弱式"市场效率（weak-form market efficiency）：目前股票价格已充分反映过去股票价格所提供的各项信息。所以投资人无法再运用各种方法对过去股票价格进行分析，再利用分析结果来预测未来股票价格。基于随机漫步（random walk）假说，未来消息是随机而来的，也就是投资者无法再利用过去的信息来获得超额报酬。所以，市场（弱势）效率越高，以过去价量为基础的技术分析来进行预测效果将会非常不准确。

（2）"半强式"市场效率（semi-strong form market efficiency）：目前股票价格已充分反映了所有的公开信息，所以投资者无法利用各种分析的结果来进行股价预测而获取超额报酬。因此，市场（半强势）效率越高，依赖公开的财务报表、经济情况及政治情势来进行基本面分析，然后再预测股票价格都是徒劳的。

---

① 法马以他在资产价格波动性方面的研究与 Bobert Shiller、Lars Hansen 共同获得 2013 年的诺贝尔经济学奖。

② 效率在不同学科中有截然不同的定义，例如统计学中的（相对）有效率（more efficient）是指某一个理论估计式（estimator），因为它本身是一个随机变量，它的方差/标准差（standard deviation）小于另一个估计式的方差/标准差；但因为在现代投资组合理论（modern portfolio theory）中，一开始就大量运用了正态分配（normal distribution）作为股价变动的假设基础，而正态分配又恰好只需要一阶动差（平均数）与二阶动差（方差）就可以完全描述这种概率分配，所以很容易造成混淆。

（3）"强式"市场效率（strong-form market efficiency）：目前的股票价格已充分反映了所有已公开和未公开之所有信息。虽然有些信息并未公开，但投资者能利用各种渠道来获得信息，所以，所谓未公开的信息实际上是已公开的信息而且已经反映在股票价格上。在此种情形下，投资者也无法因为拥有某些股票内幕消息而获取超额报酬。

在市场有效率的状况下，如果有任何无效率（market inefficiency）的状况出现，很快就有市场参与者将这些超额利润赚走，消除了这些无效率的状况。前述 CAPM 的出现，提供了一个强力的工具，让财务金融、会计学界在 20 世纪 80 年代，大量运用 CAPM 从事实证研究，寻找所谓的市场无效率现象，这也间接促进了信托投资业①的快速发展，其中最重要的一个发展就是一般所称的被动式投资（passive investment），因为既然研究发现市场相当有效率，主动积极的投资方式（active management）既昂贵、又无效益，不如投资于一个市场投资组合，因此促成了指数期货及指数基金的大行其道，成为投资的主流之一，也为 1987 年的美国股票市场崩盘埋下了种子。

在 20 世纪 70 年代，也许最重要的金融理论创新就是期权定价理论。在 1973 年，Black, Scholes（1973）以及 Merton（1973）分别从不同的研究角度出发，发展出了现代的期权定价理论（option pricing theory），为后面的财务金融理论在衍生性金融工具方面的蓬勃发展打下了坚固的基础，Myron Scholes 以及 Robert Merton 因此于 1997 年获得诺贝尔经济学奖②。期权定价理论最早见于法国学者 Louis Bachalier（1900），而当代最伟大的经济学家之一 Paul A. Samuelson（1965）也有涉猎，但是因

---

① 在所谓钱财管理（money management）的行业中，有委托或信托两种法律关系，西方习惯用委托关系，而在亚洲则多选择用信托关系，这其实与金融资产证券化里的信托观念是有所不同的。另外，money management 在西方普通也称为 asset management，但是在亚洲金融风暴以后，很多国家或地区把专门处理金融机构坏账的公司名字美化称为"资产管理公司"，与原来资产管理公司的原意产生了很大的差异。

② Fischer Black 已因咽喉癌于 1995 年不幸过世，故未能及时与 Scholes 及 Merton 共同得奖。

为他们先后在非常基础的假设条件上思考方向错误[①]而皆告失败，直到 Black-Scholes-Merton 模型的出现，才让大家不但认识到期权定价的本质，更认识到整个衍生性金融商品的本质。

Black-Scholes 模型的推导，可以从很多不同的方向出发，而它最重要的本质与现代投资组合理论一样，就是"同险同价"的观念；换句话说，如果两个投资组合的风险一样，则这两个投资组合的价值必然一样，而不应该有不同价的状况出现，否则会引起市场中大量套利（arbitrage）的现象，驱使同等风险但不同价格的投资组合间的价格差异归零，这就对后来实务上金融创新——无论在产品的创造或是后续交易的层面——产生了巨大的影响。

包含了有效率市场、期权定价的当代投资组合理论带领投资大众、业界、学界带离了单一证券分析与技术线图分析，把风险与报酬相匹配的方法论提高到了投资组合的层次；从投资组合的角度再往回看，业界与学者在实务上发现很多的单一金融商品本身其实是一个多个商品的组合，带动了另一波的创新思潮与做法。

3.1.2 财务金融理论创新——债券/利率相关理论

相对于股票而言，债券是相对比较无趣的投资工具，一般人的认知就是买了债券以后锁在保险箱中持有直到债券到期，其间就定期收取一些息票的收入而已。直到 20 世纪 70 年代，位于纽约的一家证券公司"所罗门兄弟公司"（Salomon Brothers）的研究主管 Homer, Markowitz（1972）把他们对于债券利率与价格之间关系研究的心得写成了 *Inside the Yield Book* 一书并出版发行，才让业界及投资大众惊觉到债券不是一种单纯的

---

① Bachalier 使用了算术式布朗尼程序（arithmetic Brownian motion）来作为股价变动的假设，导致股价可以为负数，但是在公司法人责任有限的状况下，股价最多降到零，不可能为负数。Samuelson 认识到折现率的重要，但是使用了错误的折现率。

投资工具，自此之后，duration，convexity①等名词朗朗上口，一时之间固定收益②的研究成为投资主流，所罗门兄弟公司自此成为华尔街的领导券商之一，在金融创新上居于领导地位，尤其是在债券及金融资产证券化方面，直到 20 世纪 90 年代初的一些丑闻风波之后③才被花旗集团并购。

Duration 及 convexity 这些观念虽然非常有用，但是它们的假设及计算都隐含了完全平坦的利率期限结构或水平的利率曲线（flat yield curve），直接应用到利率相关的各种衍生性金融商品上遭遇了很多的问题，促成了学术界对于利率期限结构的探讨。

在学界方面，Cox，Ingersoll，Ross（1976）及 Vasiscek（1977）分别提出了以效用函数为基础的利率期限结构（term structure of interest rates）模型，Gibbons（1993）针对 CIR 的模型，以美国的国债资料做了一个相当详尽的实证研究。另外，当时在高盛公司（Goldman Sachs）任职的 Fischer Black 与 Derman、Toy 做了一个 Black-Derman-Toy 利率模

---

① 一个（半年付息一次）债券的存续期间（duration）是这个债券现金流入的加权平均时间，$duration = \sum_{i=1}^{N} \frac{1}{2} \times \frac{c_i}{(1+\frac{y}{2})^i} / P$，此处 i 代表第 i 个现金流，P 代表债券完整含息价格，y 代表到期殖利率（yield-to-maturity），而且因为 $P = \sum_{i=1}^{N} \frac{c_i}{(1+\frac{y}{2})^i}$，$\frac{dP}{dy} = -\sum_{i=1}^{N} \frac{1}{2} \times \frac{c_i}{(1+\frac{y}{2})^{i+1}}$，所以 $duration = -\frac{dP}{dy} /$

$P \times (1+\frac{y}{2})$；换句话说，duration 大致代表一个债券价格对小幅利率变动的敏感度（债券价格对于到期殖利率的一阶微分），另外一个常用的定义是 $modified\ duration = \frac{duration}{1+\frac{y}{2}} = -\frac{dP}{dy} / P$。由于债券

价格（P）与利率（y）的关系是非线性的，另外一个有用的观念是凸度（convexity）$= -\frac{d^2P}{d^2y} / P$，相当于债券价格对于到期殖利率的二阶微分。

② 尽管债券种类众多，也有浮动利率债券，但是约定俗成，"固定收益证券"成为了债券的代名词。

③ 所罗门兄弟公司内部控制出现重大漏洞，国债交易部门多次假冒客户名义参加国债标售，企图标得大量债券而从中获利，被发现之后，公司高层被迫重组，公司面临存亡危机，只好邀请著名投资人华伦·巴菲特注资并出任董事长，最终以出售给花旗集团收场。

型[①]，是最早以美国国债利率收益曲线为基础所推导的无套利（non-arbitrage）利率期限结构模型，用来对利率产品做定价；另外一个同享盛名的无套利利率期限结构模型就是 Ho-White 模型，为业界所习用。

3.1.3　实务操作创新

受到学界对于利率期限结构研究的启发，美国证券、期货业者在 20世纪 80 年代做出了一连串非常重要的创新：

（1）利率调期（interest-rate swap）。第一个利率调期是由所罗门兄弟公司在 1981 年替世界银行及 IBM 安排的，事实上它包含了一个利率调期及一个汇率调期。当时，世界银行需要美元时，融资的主要方式是在欧洲美元（Eurodollar）市场[②]上发行债券，然而 IBM 在美国是家喻户晓的名字，美元融资的成本居然还低于世界银行；同时，在欧洲主要货币如德国马克的融资上，世界银行及 IBM 面对的融资成本高低则恰恰相反。于是经由投资银行所罗门兄弟公司的居间安排，做成了这笔交易：双方各以自己最有利的条件做完融资，再以有利的条件互换资金成本，结果经由财务工程（financial engineering）[③]的巧妙安排，世界银行实质上取得了比用自己名义所能借入利率更低的美元，而 IBM 也实质上取得了比用自己名义能够借入利息更低的德国马克。

以利率调期的术语来说，"买"（buy/long）一个利率调期就是"收浮动利率，付固定利率"，"卖"（sell/short）利率调期因此就是"收固定利率，付浮动利率"。换个角度看，如果不计交易成本，"买"利率调期相当于先放空一个（虚拟的）固定利率的债券，然后投资于另外一个（虚拟的）浮动利率的债券然后持有到期；"卖"利率调期就刚好与买利率调期相反，等于买入一个固定利率的债券，并以浮动利率的方式融资。

---

① Black, F., E. Derman, and W. Toy. A One-factor Model of Interest Rates and Its Application to Treasury Bond Options. Discussion Paper No. 1. Financial Strategies Group, Goldman, Sachs & Co., June 1988.
② 美元的境外市场，早期的最大宗来源是石油国家售油的收入。
③ 泛指经由组合或解构金融商品，而取得更高的投资回报或更低的资金成本。

　　举例来说，实务上最常用的操作就是投资人已买入一个固定利率的企业债券后，因市场环境变化，认为利率可能上扬，所以"买"利率调期，等于用付固定利率的方式买入一系列的浮动利率的现金流量，把固定利率的债券加上利率调期而转成了浮动利率债券，成功地规避了利率上升而带来的潜在损失。另外的一个例子就是企业发行债券，在很多实例中，企业发行浮动利率债券或向银行借入浮动利率的贷款，再利用卖利率调期而把债券组合成了一个虚拟的固定利率债券，反而比直接发行固定利率债券的成本低，这也是国际大型企业、银行惯用的操作方式[①]。

　　然而买、卖利率调期这两者都不牵涉实体债券或本金的换手，却达成与交易实体债券类似的效果，而且它的杠杆效益可以放到极大（因为交易双方只需依照信用评级，向对方提出担保品）。最基本的利率调期（plain vanilla interest rate swap）在初始交易的定价为零，也就是交易双方以现值（present value）相等的两个未来现金流作为交换的对象，Sundaresan（1991）对于利率调期有非常详尽的理论模型分析。

　　利率调期市场的起始点固然是简单的利率调期，借用股票及债券市场的发展经验，利率调期很快发展出了远期利率调期（forward interest rate swap）以及利率调期期权（swaption）的商品，对于企业债券发行时的对冲避险起了很大的正面作用。运用从股票发展出来的当代财务理论，用财务工程来解构利率调期，利率调期可以被视为是一个含有多个远期利率协议（forward rate agreement）的组合（portfolio），利率调期本身在每一期（或单一的远期利率协议）交换固定、浮动利息的同时，往往是做利率差额的资金交付，这又很像是利率期权，于是很快又衍生出了利率上限（caps）、利率下限（floors）的期权市场。

　　由于利率调期的指标利率主要是欧洲美元利率，而从 20 世纪 80 年代在芝加哥商品交易所（Chicago Mercantile Exchange，CME）的国际货币

---

① 因为信用评级高，而且财务操作得宜，大型跨国银行资金成本非常可能相对低于市场行情（如 Libor），如果再加上内部资金转移机制不健全，这些融资方面的好处不当地转到业务部门手上，就可能会导致风险意识及风险门坎降低，在金融风暴时产生损失。

市场（International Monetary Markets，IMM）开始交易的欧洲美元期货合约（Eurodollar futures）也躬逢其盛，与利率调期市场[①]相辅相成，互为定价、对冲避险，快速成长，成为世界上最大的（不只是期货）市场之一。

利率调期本身是一个很简单的金融商品，但是对于其后的一些金融创新有非常深远的影响，几乎所有的领域中都出现了名为"调期"或翻译为"交换"的商品，除了交易是属于柜台式（over-the-counter）的便利之外，很重要的一个理由就是法规套利（regulatory arbitrage），因为调期/交换商品并非实体金融商品，除了交易方式便利、交易成本低之外，对参与交易的金融机构风险资本要求也比较低[②]。从风险的角度来看，交易各方的交易动机可能是投机或是避险对冲，但也无可避免地增加了交易对手风险（counterparty risk）。于是在能源市场中出现了石油交换（oil swap），让市场参与者对于石油长、短期价格能够做类似于利率的投机或对冲避险；在股票、债券方面，则产生了股票交换（equity swap）或完全收益交换（total return swap），实际上就是用完全杠杆的方式来买卖有价证券；最后出现调期产品的是信用违约交换（credit default swap，CDS），后来在2007年开始的次贷危机/金融海啸中有了极为巨大的影响。

（2）信用违约交换的发明比较晚，可以追溯到 20 世纪 90 年代[③]。摩根银行是美国的蓝筹银行，一直与美国的最大型企业有业务往来，资产负债表逐渐庞大，但是由于银行之间业务竞争激烈，这些企业放款的

---

① 利率掉期市场本质上是一个柜台市场（over-the-counter，OTC），是相对于集中式的交易所而言，原意指客户与交易商在交易商的场所谈判议价，但现代的柜台市场式交易虽仍指客户与交易商直接议价，但议价的方式早就转为电话或甚至是网络了，衍生出来的现代意义是依照客户的意图来量身打造一个特有、专属的金融商品。

② 另外一个明显的法规套利例子就是银行对于保证（guarantee）的资本要求低于放款（loan），虽然保证不牵涉资金，但是实际上两者的信用风险几乎是一样的。

③ 所有这方面已知文献都参考 Tett（1999）的经典之作。当时老牌摩根金融集团在美国的银行子公司称为 Morgan Guarantee Trust Company，它是美国在 20 世纪 30 年代金融改革分割商业银行与投资银行业务的产物，证券公司分家之后就是大众所熟知的投资银行 Morgan Stanley。今日的摩根金融集团事实上是被大通银行集团（Chase Manhattan）并购之后改名而得。大通银行原来的大股东是美国石油大王洛克菲勒家族，因经营绩效欠佳而被华美银行（Chemical Bank）并购，Chemical Bank 先前还并购了纽约的汉华银行（Manufacture Hanover Trust），所以今日的摩根金融集团是四家纽约中大型银行并购的结果。

利润很微薄，而且占用了非常多的风险资本，虽然银行之间有一个买卖放款的市场，但是摩根银行因为要维持与客户之间的关系，也无法将这些放款出售给其他的银行，因此亟思有所突破。1994 年时，艾克森石油公司向摩根银行与巴克莱银行要求了 48 亿美元的信用额度，摩根银行无法拒绝，摩根银行的产品专家找到了欧洲复兴银行（EBRD），因为欧洲复兴银行有很充裕的资金与信用额度，而艾克森石油公司违约的概率很低，于是欧洲复兴银行和摩根银行一拍即合，同意由摩根银行向欧洲复兴银行定期交付一些费用，如果艾克森石油公司发生债务违约时，由欧洲复兴银行担负所有的信用风险来补偿摩根银行，信用违约交换于此诞生[①]。其实，信用违约交换非常近似于卖权（put）或保险，它卖方的收入与潜在风险并不对称，这个产品后来在 2008 年的金融海啸中扮演了非常重要的角色，导致了美国保险巨人 AIG 濒临破产而被政府接管。

（3）零息债券（zero-coupon bonds）起始于当代投资组合理论的影响，一个债券的现金流被发现是可以被视为一连串零息债券的组合，于是所罗门兄弟证券公司就取得了一批美国的国债，设立了一个特殊目的实体，对照了国债原有的利息与本金流，发行了 CATS（Certificates of Accrual on Treasury Securities）债券，在纽约证券交易所（NYSE）上市交易，获得很大的成功。由于金融创新很难取得专利，其他的证券公司也纷纷跟进，如美林证券（Merrill Lynch）发行的 TIGRS（Treasury Investment Growth Receipts）、Warburg Paribas Becker[②]发行了 COUGARS（Certificates on Government Receipts）、雷曼兄弟公司则发行了 LIONS

---

① 其实，美林证券与信孚银行（Bankers Trust）（后来被德意志银行并购）早就推出了类似的金融商品，但因为并没有大力推广普及化，以至于后人把 CDS 发明人的荣耀归于摩根银行。

② 这家投资银行是 S.G. Warburg（英国）、Paribas（法国）以及 A.G. Becker（美国）三家金融机构在纽约成立的合资公司，后来因种种原因而解体。S.G. Warburg 是英国老牌的商人/投资银行，后来并入瑞士银行（SBC, Swiss Bank Corporation），之后瑞士银行又被并入瑞士联合银行（UBS, Union Bank of Switzerland）；百利银行（Paribas）全名 Banque de Paris et des Pays Bas，意即巴黎及荷兰银行，系当年拿破仑一世（Napoleon I 即 Napoleon Bonaparte）为筹措战费、发行战债而成立，历史悠久，是法国最菁英的投资银行，后来并入法国的大型商业银行 BNP（Banque Nationale de Paris）；A. G. Becker 则是与高盛公司（Goldman Sachs）历史一样悠久的票券交易商及证券公司，后来也为美林证券公司并购而消失，美林证券本身也在 2008 年的金融海啸后无奈被美国商业银行（Bank of America）并购。

（Lehman Investment Opportunity Notes）等的类似产品[1]，他们的成功引起美国财政部的注意，也于 1985 年成立了官方的 STRIPS（Separate Trading of Registered Interest and Principal of Securities）项目，自开办以来一直是美国国债投资的热门项目之一，不但一个普通的国债可以拆解成多个零息债券，也可以把恰当数目的零息债券重新组回成一个"正常"的国债。

（4）美国房屋抵押债券（mortgage-backed securities, MBS）是世界上最大的单一品种债券市场，它的深度及广度甚至超越了美国的国债市场。受到债券市场其他创新的影响，美国房屋抵押债券市场也展开了创新的脚步，最初、最简单的创新就是仿造美国国债的付息、本金现金流的"利息"与本金的简单切割，也就是"只有利息"（interest only, IO）/"只有本金"（principal only, PO），前者以及服务费现金流（servicing）是一种熊市产品（利率上升时价格会上涨），后者是牛市产品（利率下跌价格会上涨）。美国房屋抵押债券市场之所以没有类似国债那样的本金与利息的全面性切割，就是因为房屋抵押债权还本时机的不确定性（将会在后续章节讨论），后来走向了多档房屋抵押债券（CMO/REMIC）的建构与发行。

（5）房屋抵押债券的风行造成了其他各类资产支持证券（asset-backed securities, ABS）的崛起与风行，所有在房屋抵押债券上的财务工程技巧基本上都可以应用，比较重要的资产证券化商品有信用卡应收账款、汽车贷款、学生贷款、商业房地产贷款、金融机构的企业债权等，这也是未来我国资本市场可以借鉴的领域。

（6）高收益债券/垃圾债券（high yield/junk bond）。20 世纪 80 年代中期有一个年轻的债券交易员米尔肯（Michael Milken）研究发现，有一些被称为堕落的天使（fallen angels）的债券，也就是从高信用评级降到投资等级以下的债券[2]，由于它们信用评级不佳，因此常被称为垃圾债

---

[1] 由于当时这些零息债券的英文名字简称被故意取得与猫科动物相近，所以整个这类新式债券被昵称为"猫科证券"（canine securities）。

[2] 就是一般信用评级为 BBB/B1 以下等级的债券。

券，但是它们相较于其他投资等级的债券表现为佳，掀起了一阵投资垃圾债券的热潮，而此类债券得以重生，也因为它们必须提供比较高的利息来吸引投资人，因此被美化而称为高收益债券。由于营销得法，高收益债券供不应求，米尔肯等人转而"制造"更多的高收益债券，而当时应运而生的私募基金以及各种杠杆收购的机会替米尔肯及他所属的Drexel，Burnham，Lambert（DBL）证券公司提供了绝佳的机会和舞台，不数年间 DBL 证券公司成为华尔街的领导券商之一，米尔肯[①]成为美国的新"债券天王"，让其他的证券业者都望尘莫及，纷起效尤。高收益债券/垃圾债券促进了私募基金的成长，也鼓励了"公司突击者"的积极行动，一方面提供了金融服务业大量的业务，另一个更积极的意义就是股东价值的创造成为每一家公司经营管理阶层的最重要任务与关注焦点，否则就会招来并购的行动，这是美国资本市场的一个非常重大的变革里程碑。

另外，由于近代投资理论着重分散风险，投资人开始注意到传统的股票与债券之外的投资领域，于是有了所谓"另类投资"（alternative investments）的兴盛，包括房地产、天然资源等，也鼓励了新式基金的兴起，除了比较传统的风险投资（venture capital）之外的私募基金、对冲基金、基金的基金（fund of funds）比较值得一提。

1. 私募基金

美国私募基金约起源于 20 世纪 70 年代。第二次世界大战结束于1945 年，战后士兵复员返乡创业，成立了众多的小企业，经过二、三十年的时间到了 20 世纪 70 年代已经成为中大型企业，此时许多成功的企业主想要退休，但是他们的子女无意接棒，因此这些企业主找上纽约的投资银行想要出售公司，可是比较大型的投资银行如高盛、摩根史坦利等公司觉得交易太小而没有兴趣，于是这些企业主转向了比较小型、也

---

① 米尔肯后来被举发参与内线交易，因而被法院判刑十年，后减刑至两年，并已服刑期满出狱。Drexel Burnham Lambert 公司破产，走入历史。

比较愿意创新的贝尔·史登斯公司，有几位其中的专业人员发现了商机，离开投行而创立了 KKR（Kohlberg Kravis Roberts）是为近代私募基金之始，这些私募基金只开放给大型的投资人，乘着高收益债券的兴起一起成长，是 20 世纪 80 年代以来公司并购的要角。

2. 对冲基金

对冲基金最早出现于 20 世纪 50 年代，最初的交易策略是做多"被低估"的股票、放空"被高估"的股票以平衡风险，演变到 20 世纪 80 年代，出现了如索罗斯（George Soros）主导的量子基金（quantum funds），这类所谓的"宏观基金"（macro fund）其实早已脱离了"对冲"而进入了"无所不为"的层面。另外一个很重要的发展，就是索罗门兄弟公司的债券自营部门因为盈亏波动过于巨大和丑闻被公司关闭，交易员出走，创立了"长期资本管理公司"（long term capital management，LTCM），在投资银行界引领了其他投资银行纷纷设立或扩大交易部门、交易员出走成立对冲基金的风潮，这些成千上万从事"套利交易"的对冲基金在 21 世纪的次贷危机中成为不缺席的重要参与者，多德·法兰克法案的通过要求跨国银行关闭自营部门，更促成了对冲基金产业的成长。

在此同时，欧美的投资界又出现了一批基金经理人，开始经营"基金的基金"，帮助投资人寻找符合他们风险需求的另类基金，更是助长了另类投资的增长。

我们可以说，20 世纪 80 年代是金融创新的黄金年代，几乎所有重要的近代金融创新都在 80 年代中萌芽或完成。在此同时，期货市场取得了非常大的进展，如位于芝加哥的芝加哥期货交易所（Chicago Board of Trade，CBT）以及芝加哥商品交易所（Chicago Mercantile Exchange，CME）都从以传统农产品交易为主的商品交易所转而拥抱金融商品，成为全世界最大的两个期货交易所；前者首先成立了一个股票期权交易所（Chicago Board Options Exchange，CBOE），其后本身也开始了美国短期、中期及长期国债期货的交易，而且交易量很快就是国债实体交易的数倍之多，直到今天；后者成立了国际货币交易市场（International Monetary Market，IMM），专门交易外汇期货以及 LIBOR（London inter-bank offering rate）期货，尤其是新兴的 LIBOR 期货马上就被用来对冲利率调期/交换产品，发展更是一日千里，使得芝加哥作为美国金融中心之一的重要性直追纽约。

在此，我们不能不提到科技在金融创新中扮演的角色。自 20 世纪 80 年代以来，科技进步一日千里，计算机硬件、运算能力巨幅跃进，各类复杂的衍生性金融工具、资产证券化的设计、研究、交易都用到了极为大量的运算，如果没有科技的辅助是无法做得到的；在另一方面，20 世纪末互联网的盛行，资讯传播的速度也巨幅提升，使市场反应速度加速，资产价格的波动也达到了前所未有的幅度，而且由于全球化的结果，市场连锁反应的速度与幅度也达到了以往未能想象的程度，21 世纪初所发生的次贷危机就是一个鲜活的范例。如果在此对于金融创新做一个小结，可以说是历史上一连串学者、业界的努力实现了金融创新，形成了今日全球化、多样化的市场，先进国家的金融机构所使用的硬件、网络设备与国家级实验室相比都不逊色，人才包含了经济、金融、数学、统计各方面极为优秀的人才，更不乏真正的"火箭科学家"（rocket scientist）。笔者认为，这对于中国的启发就是：金融市场的发展是中国现代化进程中必须面对的另一个重大挑战，未来一定是一个中国公部门与私部门的团队合作，也是中国经济、金融、数学、统计各方面最优秀人才的团队合作，这样才能确保中国改革开放的动能可以持续，多年辛苦得来的民生富裕果实能够继续为全民所享有。

第二节　金融资产证券化

不可否认，在所有的固定收益证券中，创新最多的领域之一就是资产证券化，在此我们就来确切看一下金融资产证券化的特色。

3.2.1 资产证券化的基本要素

资产证券化其实是一种是在资本市场中将间接融资转做直接融资的形式，由资产证券化的证券（债券）发行人经由发行资产证券化的证券卖给投资人，以进行融资。在多数的情况下，资产证券化的发起人（originator）是金融中介机构，把已经"制造"出来的某一类标准化的间接融资产品（债权）打包，经过特定、特殊的安排，把它们变为证券的形式，出售给有兴趣的投资人。

我国专家学者在过去的研究中，习惯上把所有冠以"担保"或"证券化"字样的项目列入资产证券化的范围，如本书第一、二章中所述，然而仔细回顾表 1.1 的内容，兹略举两三例：如 1992 年的"三亚地产投资券"的性质其实类似"不动产投资信托"（Real Estate Investment Trust, REIT），以及 1996 年的"珠海高速公路资产担保债券"和 1997 年的"广深高速公路担保债券"基本以公路的收费为担保/还款来源[①]，在国外是属于市政债券[②]（municipal bond）中的"收入债券"（revenue bond）[③]，也是"项目融资"（project financing）里的重要课题，因此都不属于本书所讨论的范围。

本书研究范围内的资产证券化是国际一般定义的（金融）资产（债权）的证券化。

如果我们比较一般融资与资产证券化融资的异同，首先发现一般性融资的结构及过程相对简单，可以用下列的简单示意图表示：

---

① 这类债券在中国最早可以追溯到 19 世纪清朝末年以海关及其他税捐收入为担保在欧洲发行债券。

② 地方政府以及各地经法规特许可以收税、收费机构发行的债券统称为市政债券。

③ Fabozzi, F J. et al . (ed). The Municipal Bond Handbook I[C]. Homewood, IL: Dow Jones-Irwin, 1983.

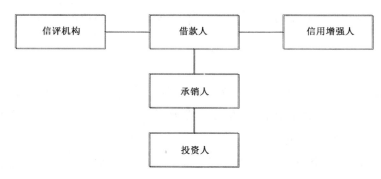

图 3.1 一般普通债券发行的参与者架构

资料来源：作者整理。

所有的证券化的框架基本上类似，我们可以用图 3.2 来表示：

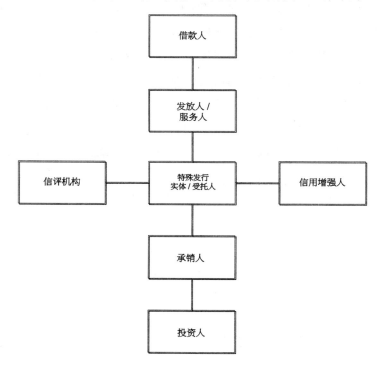

图 3.2 证券化的参与者架构

资料来源：作者整理。

我们注意到的第一个不同之处是参与者的不同，资产证券化的参与者多于一般融资交易的参与者，它包含了发起人（originator）、特殊目的实体（special purpose vehicle, SPV）、受托人（trustee）及服务人（servicer）。其中最特别的就是"特殊目的实体"，它是资产证券化最重要的特征；以资产证券化的程序来说，资产证券化的基础资产通常来自于一位或多位发起人，他（们）把基础资产转让给特殊目的实体，自此特殊目的实体成为了资产支持证券的发行人。

特殊目的实体又有人称之为"特殊发行实体"，本书将此两个名词混用；英文名称也有人用 special purpose entity（SPE），基本上是同样的意思。

我们发现，一般融资成立的前提是借款人（borrower 或 debtor）的信用或他经过增级（enhanced）的信用被贷款人所接受，借款人的信用评级决定了这笔借贷的价格或利息；但是在资产证券化的安排中，信用的主要来源是作为证券化主体的基础资产（underlying asset）本身的质量或信用，基础资产的未来还本及付息的现金流量就成为资产证券化证券的还款来源，这是资产证券化相比于其他形式融资的最大不同之处。

我们在此应该针对特殊目的实体来做一些比较深入的探讨。资产证券化商品是透过特殊目的实体来发行的，在资产证券化先进国家的做法当中，特殊目的实体通常有两种形式，一是公司，二是信托。如果特殊目的实体是采取公司形式的话，通常要遵守成立公司的相关法规，除非在公司法中有特殊公司的规定，而在税法上也有相对优惠、简化的规定，而且该资产的证券化有它的特殊需要，否则一般来说公司形式的特殊目的实体是比较少用的；如果资产证券化是采用信托的方式，依照信托的本质，简单来说信托本身是属于通道（conduit）的性质，因此如果信托体符合该国家/地区的证券化法规（包含信托法、资产证券化特别立法以及所得税法等），信托体本身并没有所得税的税负，因此在这方面的交易成本为零。

从特殊目的实体的资产负债表的角度来看，一个特殊目的实体除了从它的发起人（基础资产出售人或资产发起人）转售给它的基础资产之外，应该是没有任何其他的资产；同时，一个特殊目的实体除了它自身发行的资产支持证券之外，也不应该会有其他的负债。在组建一个特定的特殊目的实体发行资产支持证券的时候，受托人、承销商、信用评级公司、投资人以及相关的会计师、律师都会加以检验，以确定特殊目的实体能够确实遵守这种特殊、严格的资产负债结构，以达成"破产隔离"（bankruptcy remote）。

事实上，破产隔离有双重意义：合于特殊目的实体规定的资产证券化架构之下，基础资产发起人/出售人转让基础资产给特殊目的实体时，这批资产在基础资产发起人/出售人资产负债表上是作为资产出售（asset sale）来处理，资产从基础资产发起/出售人的资产负债表上移出后成为特殊目的实体的资产。同时，尽管在大多数状况之下，特殊发行实体是由基础资产发起人所设立，但是特殊发行实体在法律上是不被基础资产发起人/出售人所控制，它的资产负债表不并入基础资产发起人/出售人的资产负债表，这是破产隔离的第一重意义；其次，因为基础资产是以资产出售的方式确定转让给特殊目的实体，基础资产发起人/出售人对于这批移入特殊发行实体的基础资产已经没有任何请求权，因此万一基础资产发起人/出售人破产、清算时，它的债权人对于已经转让到合法、合格的特殊目的实体的基础资产也没有请求权，这是破产隔离的第二重意义，因此对于投资人形成了保障，基础资产的性质与质量便成为了最重要的投资判断依据。我们可以归纳特殊目的实体及资产证券化的特性如下：

（1）特殊目的实体可以是公司或信托。即使信托性质的特殊目的实体不是法人，但是也可以发行资产支持证券，这些资产支持证券是特殊目的实体所应有的唯一债务。

（2）特殊目的实体持有的资产只有用于发行资产支持证券的基础资产，以及可能用于增强资产支持证券的特别准备金、有价证券等。

（3）当基础资产发起人把基础资产转让给特殊目的实体时，在发起人的资产负债表上是作为资产出售来处理；因此资产证券化是一个非常有效的资产负债管理（asset-liability management）的工具，经由转让基础资产给一个特殊目的实体进行证券化，将所得的价金用于偿还债务，达成收缩基础资产发起人/出售人的资产负债表的效果。前述的1、2、3项合起来，形成了特殊目的实体与基础资产发起人/出售人之间的破产隔离。

（4）在已实施资产证券化的国家或地区，通常经过修改或特别立法，让合格的特殊目的实体仅作为基础资产与资产支持证券之间现金流的通道，没有所得税的税负，以降低成本，鼓励资产证券化商品的发行。

（5）在资产证券化商品出售给投资人之后，有一位服务人（servicer）来提供基础资产及资产证券化商品的维护服务（servicing）。维护服务也是资产证券化交易的一个重要特征，因为资产支持证券付息与还本的来源是基础资产的未来现金流，基础资产池常常拥有数目相当庞大的个别债权，需要有一个机构来收取这个资产池的现金流入，并根据特定资产证券化的相关合约来转付给资产支持证券的投资人，因而产生了对服务商角色的需求；相对于国债或一般公司债，利息与本金都直接来自于证券的发行人，因此不需要服务商。

（6）因为支付证券化商品利息及本金的现金流是来自于基础资产，所以资产证券化商品的信用取决于基础资产的质量或信用，这里的信用特指资产证券化债券发生违约（一般是指延迟甚至无法及时发放利息或偿还本金）的可能性。由于资产证券化的基础资产池通常包含数量很多的债权，而还本与付息必须通过基础资产的组合所回收的未来现金流来达成，而且因为各种基础资产不同的现金流特质而必须采用不同的付息与还本结构，相当复杂，所以是一种结构式融资（structured financing），也正由于这种复杂性，资产证券化通常需要信用评级公司来做特殊、专业的信用评级，同时有可能需要在发行时进行信用增级，以吸引更多的投资人。

3.2.2 信用评级与信用增级

债券依发行者来区分，大致可以分为政府发行的政府债券（中央政府发行国债，各级地方政府及公法人发行地方债及特别债）、企业发行的企业债券与特殊目的实体发行的资产证券化债券。政府债券的信用显然取决于政府在各种经济景气下通过财政收入（包括税收、规费收入及公营企业盈余缴库等，甚至发行新债）来偿还债务的能力，而公司债则取决于该企业的整体财务状况及盈利的能力，但是资产证券化商品的信用很显然取决于它基础资产组合的信用状况，如房屋贷款、汽车贷款、信用卡应收账款、助学贷款、企业融资等，而且这些债权有一个共通之处，就是在经济景气时，基础资产的债务人通常状况比较好，因此基础资产发生违约的概率比较低；反之，当经济不景气时，基础资产的债务人通常状况也会比较差，因此基础资产发生违约的概率就会比较高。

全世界目前以美国的信评业最为发达，一则美国有世界上最发达的资本市场，而且在美国的证券法规中有所谓由美国证管会（SEC）认可的"全国性认定的统计评级组织"（NRSRO, Nationally Recognize Statistical Rating Organization），很多私部门的投资人内部规定它们的投资必须符合这些 NRSRO 所评出的高信用评级的债券。目前总共有九家 NRSRO，也不限于美国的公司：Standard & Poor's（标准普尔）、Moody's Investors Service（穆迪投资人服务）、Fitch Ratings（费区评级）、Kroll Bond Rating Agency（克罗债券评级）、A. M. Best Company（贝斯特）、Dominion Bond Rating Service（多明尼恩债券评级服务）、Japan Credit Rating Agency（日本信用评级）、Egan-Jones Rating Company（伊根—琼斯评级）、Morningstar, Inc.（晨星）以及 HR Ratings（HR 评级）等，其中最大的三家是标准普尔、穆迪投资人服务以及费区评级。

世界上（不含中国）当然还有其他的信用评级公司，如 A.M. Best、

Public Sector Credit Solutions、Rapid Ratings International、Egan-Jones Rating Company（美国）、Baycorp Advantage（澳大利亚）、Global Credit Ratings Co.（南非）、Levin and Goldstein（赞比亚）、Agusto & Co.（尼日利亚）、Japan Credit Rating Agency，Ltd.（日本）、Muros Ratings（俄罗斯）以及 Credit Rating Information and Services Limited（孟加拉）等，各有其成立的历史及背景，不过它们并不享有如前述九家 NRSRO 的声誉及地位。

以最大的三家信用评级公司标准普尔、穆迪投资人服务以及费区评级而言，他们依信用评级对象不同分为主权评级、发行人评级等，依债券发行期间又分为短期、长期评级等，也各用不同的字母与数字来表达信用评级的高低，对信用评级本身的定义也有所差别，但是它们对于同一个信用评级的违约概率定标大致相仿，对于同一个债券发行人的评级也常常相同，所以一般投资人把他们三家的评级视为是一样的，并不予以区别。

信用增级则是指在资产证券化中被用以保护投资者的技术，这些技术或单独、或组合地用来提高资产证券的信用级别，并在实质上为投资者的利益提供保护。在资产证券化使用信用增级技术，意味着投资人的风险取决于可预测现金收入而不是证券化发起人自身的整体资产状况，从而提高证券化的信用等级以间接达成发起人融资成本的节省。信用增级包括内部增级与外部增级两种，可以单独运用，也可以同时使用：

（1）（证券化）内部增级：内部增级的方式主要有建立优先/次级档、超额抵押以及利差账户等三种：①建立优先/次级档就是将证券按偿还顺序或偿还比例分成不同风险等级，偿还次序在前和比例较高者风险较低；②所谓的"超额抵押"（over-collateralization, OC）就是在资产池内投入超过证券化发行面额的基础资产，超额基础资产的本金与利息收入为证券化提供了更大的信用保障；当然这个做法取决于基础资产的品质，而基础资产的品质又仰赖于良好的信用评级制度，评级的对象包含了基础资产与证券化发行的债券两者；③资产池在每一个时期内所能产生的现金流通常会大于息票支付、服务费以及预期损失之和，多余部分进入利差/准备金账户，如果资产出现损失或回笼现金流下降，由此准备金账户中的资金确保资产支持证券的本息支付；通过交易中的额外利差，利差账户的金额会累积上升至由评级机构确定的预先决定的水平为止。利差账户加上超额抵押账户为投资者在出现债务偿还危机前设置了两道信用保护的屏障。

（2）外部增级：由发行实体外的机构为证券化的资产实现预期的现金流提供担保，如果现金流不足，担保机构启动担保予以补足，具体包括：①由保险公司为资产证券化做担保，在资产现金流偿付本息出现问题时代为偿还，其实这与保险公司购买证券化发行的债券的实质是类似的；②通过发起人或其股东为投资者本息的获得提供担保；③由金融机构（如银行）提供担保，这也类似于银行对于一揽子分散的融资提供担保，与银行一般所从事的保证业务相同，当损失发生时，金融机构必须弥补某一约定的金额。

3.2.3 现金流的切割/多档次债券发行

资产证券化的过程当中，以一批具有现金流的资产置入特殊目的实体，并以此现金流作为未来还本付息的基础发行资产证券化债券，实现"真实出售"与"破产隔离"，是金融资产证券化的最基本步骤，我们看到的住房贷款支持转手债券确实如此；后续的汽车贷款、信用卡应收账款、学生助学贷款、企业融资以及其他林林总总的证券化产品却展现了更为复杂的形态，这也是资产证券化创新的结果，也是在过去比较少被国内的学者专家所提及资产证券化的部分。

投资债券的风险不外乎再投资风险与信用风险，投资资产证券化的产品也不例外。

就以所有资产证券化中最基本的住房贷款证券化来说，美国的住房贷款主流是长达三十年的固定利率、摊还式的贷款，在信用条件不变的假设之下，投资人一旦购入这类房贷支持债券，就是拿到了一个长达三十年的、还款数目不确定的、同时包含本金摊还与利息的月现金流，因此遇到了比较大的再投资风险，在这种情况下先把长达三十年的现金流加以适当的切割，就可以创造出数个子债券；也就是在同一个资产池的基础上，与其把整个现金流塞给一个不完全满意的投资人，不如用财务工程的方法"分切/制造"出多个债券（多档次资产支持债券），卖给多个再投资风险胃纳不同或投资期限需求不同的投资人而皆大欢喜。这种切割的方式一般称为"时间切割"（time tranching）或"顺序切割"（sequential tranching），也就是让基础资产的本金摊还向期限最短的子债券优先还本，最优先的子债券还本完毕之后再对下一个、期限次长的子债券还本，以此类推，直到所有的子债券还本完毕。顺序切割的目的是在信用风险无虞的前提下，把现金流分给投资期限需求不同的投资人，并不是以重新分配信用风险为目的，但是在实际的状况下，切割出来期限较长的子债券是有可能会比期限较短的子债券得到略低的信用评级。顺序切割经过多年的发展后有很多的创新，让这资产支持证券得到了新面貌，创造了新产品，引出了新需求，吸引了一大批新的投资人，是今天与基本的房贷支持转手债券并列的主流投资产品。

另一种切割方式就是"平行切割"（parallel tranching）。这种切割现金流的方式主要有两种：第一种是本金与利息的现金流完全切割开来，第二种则是将本金与利息的现金流平行切割开来给不同的子债券。第一种的本金与利息完全分离造出了所谓的"只有本金"（PO）及"只有利息"（IO）两种比较极端的子债券，在不同的利率环境之下会有截然不同的表现，为爱好特定风险的投资人提供了风险管理的工具，这种比较极端的切割法也可以说是下面第二种平行切割法的一个特例；第二种平行切割法把本金与利息同时分给不同的子债券，而依照发行时的约定书赋予不同子债券以不同的违约风险，当基础资产池里的资产/债券/债权发生违约的情事时，将由受偿顺序居次的各个子债券来依信用滞后/居次的顺序承受违约的损失，所以这类的平行切割法是前面提到的"内部增（信用评）级"的主要手段。

在一般常见的资产证券化多档发行的框架中，我们常常会看到顺序切割与平行切割法并存，因此创造出了各种形形色色的子债券，在不同的利率环境下会展现不同的投资表现，以满足投资人多样化的投资需求，我们会在后续的章节中做更详细的分析，这是我国未来在大力推动金融资产证券化时可以及早纳入法规考虑的方向。

第四章　政府参与的住房抵押贷款证券化

近代的金融资产证券化始于 20 世纪 70 年代的美国，从政府支持的"住者有其屋"政策开始，保证一般收入居民房屋贷款的还本与付息，经由数个"政府资助企业"（government-sponsored enterprise，GSE）的运作机制来发行了最单纯的转手型证券（pass-through securities），房贷债券市场到 20 世纪 80 年代更在基本的转手型房贷债券的基础上逐渐发展出更精密、复杂的各种多档次发行证券（collateralized mortgage obligations，CMO）之后，国会也在 1986 年正式立法给予发行多档次发行证券税务上的优惠，CMO 变成了"房地产抵押投资通路"（real estate mortgage investment conduit，REMIC）[①]，房贷债券市场更加茁壮，成了超越美国国债的巨型市场。资本市场其他的参与者受到房贷市场发展的启发，借用了房贷市场的证券化概念，把所有能够证券化的未来现金流予以证券化，举其大者就有学生助学贷款、企业放款、信用卡应收账款等，让资本市场的金融商品更为多元化。尤其在广泛运用各类债券及信用型衍生金融商品为基础资产来发行的企业债权证券化（collateralized debt obligations，CDO），单从名字来看，就是借用了 CMO 命名的灵感，后来在 21 世纪初的低利率环境中出现了高度的成长，最终成了金融海啸的要角。因此，了解房屋贷款证券化是金融资产证券化的基础，几乎所

---

① REMIC 特指符合 1986 年立法而取得优惠税务待遇的 CMO，REMIC 可以是证券化本身或指 REMIC 证券化发行的债券。时至今日，几乎所有的 CMO 都是 REMIC，实务上 CMO 及 REMIC 是互相通用的名词，都是指多档次发行的住房贷款证券化。

有的证券化的技术都源自于房屋抵押贷款的证券化，了解了房屋贷款证券化就基本上了解了金融资产证券化。

第一节　政府机构与政府资助企业

全球住房抵押贷款证券化最发达的地区首推美国，因此我们就先从美国的住房抵押贷款证券化发展起源来看：美国的住房抵押贷款证券化之所以能蓬勃发展，就必然要探讨"政府资助企业"的贡献。在整个房贷资本市场中，政府资助机企业占了非常重要的地位，一般提到 agencies（政府机构），就是指原来由联邦政府设立的三个机构：政府国民抵押贷款协会（Government National Mortgage Association/ GNMA，昵称 Ginnie Mae）、联邦国民抵押贷款协会（Federal National Mortgage Association/ FNMA，昵称 Fannie Mae）、以及联邦家庭住屋抵押贷款公司（Federal Home Loan Mortgage Corporation/FHLMC，昵称 Freddie Mac），或是由它们担保或发行的住房抵押转手（pass-through）债券[1]。三者之中，政府国民抵押贷款协会（GNMA）一直维持了政府机构的定位，而后二者随着私有化的浪潮分别于 1968、1970 年间在纽约证券交易所上市[2]，正式成为"政府资助企业"，也就是我们熟知的房利美与房地美公司（"两房"）。

4.1.1　政府国民抵押贷款协会/吉妮美（GNMA）

通常只要一提到政府机构的住屋贷款抵押证券，就想到政府国民抵

---

[1] 在美国的国债市场中，agency 则是指联邦（中央）政府的下属机构或它们发行的各类有联邦政府债信支持的债券。至于地方政府及各类地方机构所发行的债券，则统称为市政债券（municipal securities），由于债信及联邦、地方税法上的差别，又自成一个市场。

[2] 两家公司同在 2010 年 7 月从纽约证交所下市，改在纳斯达克的公告板（OTC bulletin board）交易。

押贷款协会（GNMA），因为政府国民抵押贷款协会是一个彻头彻尾的政府机构，它保证发行的住房贷款抵押证券有美国联邦政府债信百分之百的支持，但是事实上它并不是最早的住房贷款相关机构，第一个相关机构其实是房利美公司的前身——联邦国民抵押贷款协会（FNMA）。

在 20 世纪 30 年代的大萧条发生之后，美国的罗斯福总统陆续施行新政（New Deal），挽救美国的经济，其中一项就是通过《1938 年国民住房法案》（National Housing Act of 1938）成立了联邦国民抵押贷款协会，它是一家联邦政府全资拥有的公司，为联邦住房署（Federal Housing Administration, FHA）及退伍军人管理局（Veteran Administration, VA）担保的住房抵押贷款提供流动性。1954 年，美国国会通过《联邦国民抵押贷款协会章程法案》（Federal National Mortgage Association Charter Act of 1954），把联邦国民抵押贷款协会重组为一家有私人参股的混合股份制公司。1968 年，美国国会通过《1968 年住房与城市发展法案》（Housing and Urban Development Act of 1968）把联邦国民抵押贷款协会分拆为两个机构：政府国民抵押贷款协会（GNMA），作为美国于 1965 年成立的住房与都市发展部（内阁级的部会）下辖的机构；联邦国民抵押贷款协会（FNMA）则成了一家私人股份公司。

政府国民抵押贷款协会（GNMA）成立之后的任务，就是为联邦住房署（FHA）及退伍军人署（VA）担保的住房抵押贷款的基础上发行的"住房抵押贷款转手债券"（mortgage-backed pass-through securities）提供进一步的信用保证，提升这种债券的流动性，它本身并不发行任何债券。

住房抵押贷款转手证券最早在 1970 年发行，住房抵押贷款机构在新发放经过联邦住房署（FHA）及退伍军人署（VA）担保的住房抵押贷款的基础上发行这种新式的转手型债券，政府国民抵押贷款协会与它所保证的房贷转手证券（债券）通常就都被称为 GNMA 或一个女性化的昵称 Ginnie Mae。由于这种债券的现金流已经获得了上述这两个联邦政府机构之一的担保，现在又经过另一个联邦政府机构——政府国民抵押贷款协会——再进一步提供保证，债信上被投资人认为与美国国债等同，很快就成为法人投资机构投资组合中必备的投资商品了。

4.1.2 联邦住房署（FHA）及退伍军人署（VA）

因为政府国民抵押贷款协会保证的是以联邦住房署（FHA）及退伍军人署（VA）所担保的住房抵押贷款为基础资产的转手债券，我们也来探讨一下联邦住房署及退伍军人管理局的角色与任务。

4.1.2.1 联邦住房署（FHA）

美国在 20 世纪 30 年代大萧条时，当时的消费者住屋抵押贷款多为三到五年期的一次还款、而非今日所习见的本息平均摊还的框架，头期款也要求在五成以上。由于当时金融体系崩坏，迫使银行在许多放款到期时不再滚动续作，使得很多住房拥有者必须放弃自有的住房，益发增加了社会、经济的不稳定，因此国会在 1934 年通过了《1934 年国民住房法案》（National Housing Act of 1934），法案中一个重要措施就是成立联邦住房署（FHA），由这个机构经过规范它所担保的住屋贷款利率及每笔贷款的金额上限，建立一个良好的住屋抵押融资系统，改善住屋的质量，稳定住房抵押贷款市场，帮助维持社会的稳定。1965 年，美国国会通过了《住屋及都市发展部法案》（Department of Housing and Urban Development Act），成立住屋及都市发展部，作为林登·琼森总统"大社会"施政的一部分，联邦住房署也正式成为这个新内阁部会的辖下机关。

联邦住房署订定它提供担保的住房抵押贷款的上限，基本上参考各地房价与其分配型态，决定该地区是否属于一般房价区或高房价区，依照一定的规则来设定贷款上限，于 1995 年起又把住屋细分为一单位（也就是一个家庭居住的独立家屋，single-family house）及二、三、四单位的多户集合式住宅，分别订立贷款上限。另外，阿拉斯加、夏威夷、关岛以及美属维京群岛属于美国大陆外的离岛，物价、房价都高出本土很多，因此为这四个地区订立更高的贷款上限，表 4.1 列出了联邦住房署历年来的各区贷款上限。

表 4.1　联邦住房署住房贷款担保上限

Mortgagee Letter	发布日期	租用年度	一般房价区域				高房价区域				阿拉斯加、夏威夷、关岛、美属维京群岛			
			一单位	二单位	三单位	四单位	一单位	二单位	三单位	四单位	一单位	二单位	三单位	四单位
1988-14	1988/5/17	1988	67,500				101,250							
		1989	67,500				101,250							
		1990	67,500				101,250							
		1991	67,500				101,250							
		1992	67,500				101,250							
		1993	67,500				101,250							
1993-42	1993/12/27	1994	67,500				151,725	194,100	234,600	291,000				
1994-52	1994/10/24	1995	77,197	98,700	119,350	148,300	152,362	194,850	235,550	292,800	228,543	292,250	353,300	439,200
1996-02	1996/1	1996	78,660	100,600	121,600	151,150	155,250	198,550	240,000	298,350	232,875	297,800	360,000	447,500
1996-66	1996/12/5	1997	81,548	104,329	126,103	156,731	160,950	205,912	248,887	309,337	241,425	308,868	373,330	464,005
1997-49	1997/12/31	1998	86,317	110,447	133,494	165,908	170,362	217,987	263,475	327,450	255,543	326,980	395,212	491,175
1998-32	1999/12/30	1999	115,200	147,408	178,176	221,448	208,800	267,177	322,944	401,375	313,200	400,766	484,416	602,063
1999-38	1999/12/29	2000	121,296	155,232	187,632	233,184	219,849	281,358	340,083	422,646	329,774	422,037	510,125	633,969
2000-45	2000/12/19	2001	132,000	168,936	204,192	253,776	239,250	306,196	370,098	459,969	358,875	459,294	555,147	689,953
2001-31	2001/12/29	2002	144,336	184,752	223,296	277,512	261,609	334,863	404,724	502,990	392,413	502,294	607,086	754,485
2002-27	2002/12/31	2003	154,896	198,288	239,664	297,840	280,749	359,397	434,391	539,835	421,124	539,096	651,587	809,753
2003-23	2003/12/31	2004	160,176	205,032	247,824	307,992	290,319	371,621	449,181	558,236	435,479	435,479	673,772	837,353
2004-46	2004/12/23	2005	172,632	220,992	267,120	331,968	312,895	400,548	484,155	601,692	469,344	600,822	726,232	902,538
2005-49	2005/12/21	2006	200,160	256,248	309,744	384,936	362,790	464,449	561,411	697,696	544,185	696,673	842,116	1,046,544
2007-01	2007/1/3	2007	200,160	256,248	309,744	384,936	362,790	464,449	561,411	697,696	544,185	696,673	842,116	1,046,544
2008-02	2008/1/18	2008	200,160	256,248	309,744	384,936	362,790	464,449	561,411	697,696	544,185	696,673	842,116	1,046,544
2008-06	2008/3/6	2008	271,050	347,000	419,400	521,250	729,750	934,200	1,129,250	1,403,400	1,094,625	1,401,300	1,693,875	2,105,100
2008-36	2008/11/7	2009	271,050	347,000	419,400	521,250	625,500	800,775	967,950	1,202,925	938,250	1,201,150	1,451,925	1,804,375
2009-50	2009/11/25	2010	271,050	347,000	419,400	521,250	729,750	934,200	1,129,250	1,403,400	1,094,625	1,401,300	1,693,875	2,105,100
2010-40	2010/12/1	2011	271,050	347,000	419,400	521,250	729,750	934,200	1,129,250	1,403,400	1,094,625	1,401,300	1,693,875	2,105,100
2011-39	2011/12/2	2012	271,050	347,000	419,400	521,250	729,750	934,200	1,129,250	1,403,400	1,094,625	1,401,300	1,693,875	2,105,100
2012-26	2012/12/6	2013	271,050	347,000	419,425	521,250	729,750	934,200	1,129,250	1,403,400	1,094,625	1,401,300	1,693,875	2,105,100

资料来源：美国联邦住房及都市发展部网站；单位：美元。

我们以最具代表性的一家庭住房为代表，进一步比较联邦住房署历年来的各区域单笔贷款金额上限与美国人均国民所得。从图 4.1 可以看出房贷上限与人均国民所得上升的趋势大致相同，因房贷上限与房价有关，足以推论联邦住房署因应变化中的经济现实，积极调整新房贷的上限，以提供适当的住房贷款，尽量满足民众的购屋需求。图 4.1 中，阿拉斯加、夏威夷、关岛以及美属维京群岛简称为特殊区域。

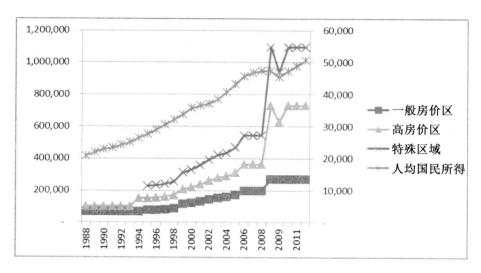

图 4.1 联邦住房署——家庭住房贷款上限与人均国民所得

资料来源：美国联邦住房及都市发展部、世界银行网站；单位：美元。

　　如果我们把联邦住房署设立的一家庭住房贷款上限除以人均国民所得，得到贷款上限的所得倍数，更可以间接看到美国的房价与所得之间大概的关系。根据上面表 4.1 画出的图 4.1 来看，较具代表性的一般房价地区，房贷上限从20世纪80年代的约3倍逐渐成长到21世纪的5～5.5 倍，2009 年时更接近 6 倍；在过去几年内，经济发展快速的高房价地区（也是较高所得地区）房贷上限已接近人均国民所得的 15 倍，特殊的离岛区更已超过了人均国民所得的 20 倍。

　　为了协助中低收入的民众能够购置自有的住房，联邦住房署与其他的政府机构对购屋民众提供有各种不同的优惠，如容许初次购屋者仅付出低至 3.5% 的头期款、允许合格的借款人成为共同借款人而不必住在借款购买的住房中；州政府可能配合降低房地产过户税，或者将部分贷款利息列为所得税退税（可被视为收入，以利购屋者取得更高的贷款额度）而非所得扣抵，或者运用"头期款协助计划"给予中低收入的购屋者直接贴补。

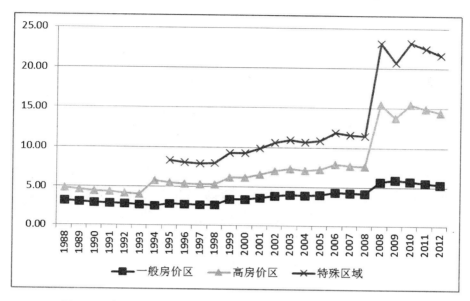

图 4.2　联邦住房署——家庭住房贷款上限占人均国民所得倍数

　　联邦住房署的住屋贷款保险费分为预付保险费（upfront mortgage insurance premium，UFMIP）及月保险费（monthly mortgage insurance，MMI）两部分：前者在过户时一次缴付，如果购屋者在三年之内就出售房屋，这部分保险费还可以按时间比例退还；后者与本金房价比（loan-to-value ratio，LTV）有关，当购屋者摊还本金而使该比率降到 78%以下时[1]，可以申请停交房贷保险费，降低每月还款负担，但 30 年住屋抵押贷款的借款人至少要 5 年还款历史后才有资格申请。一旦还款出现违约（借款人连续三个月无法依约还本付息）的状况，联邦住房署此时有两个选择：（1）不向贷款人支付保险金额，而让贷款人取得房屋产权后自行拍卖；或者（2）向贷款人支付保险金额，联邦住房署取得房屋产权后拍卖，用以弥补损失的保险赔付金额。

---

　　[1] 当购房的头期款低于 20%时，放款机构会通常要求借款人购买房贷保险，保费为房贷未偿还本金的某一百分比，加在利息之上每月缴纳。相对于政府机构提供的房贷保险停缴必须以还本方式达成，私人房贷保险（Private Mortgage Insurance，PMI）的 78% 停缴门坎通常也可以经由房地产价值重估增值而达到。

4.1.2.2 退伍军人署（VA）/退伍军人事务部

美国于 1776 年宣布独立时，"大陆国会"（Continental Congress）为了鼓励民众参军，就为伤残军人成立了退休金制度，各地的地方政府也纷纷提供了各种退伍军人的医疗照护制度。但直到 19 世纪时，联邦政府财政才正式成立第一个退伍军人的医疗设施，退伍军人协助制度也把退伍军人的遗族及眷属包含在内。美国自立国以后，征战不断，经历了内战及多次大小对外战争，退伍军人协助制度也逐渐完备，但是却分散在几个联邦机构之中，事权并不统一，直到 1930 年，国会才通过成立退伍军人署（Veteran Administration, VA），这是一个独立的联邦政府机构，统合了对于退伍军人的服务与照顾，主要的业务范围包含了军人及退伍军人的保险、退伍军人的退休金、伤残退伍军人赔偿，以及伤残退伍军人的职业训练等。

在第二次世界大战结束之后，需要照顾的退伍军人数目剧增，除了尚存约 4 百万名第一次世界大战的退伍军人之外，新增超过了 1500 万名第二次世界大战的退伍军人，其后的韩战、越战也让退伍军人的数目继续增长。尤其是美国自越战结束后以募兵制取代了征兵制，让退伍军人的照顾与福利更加重要，于是美国国会在 1988 年通过了《退伍军人事务部法案》（Department of Veteran Affairs Act），把退伍军人署提升成为了内阁部会级的"退伍军人事务部"。退伍军人事务部的首要功能就是向退伍军人提供必要的福利及支持，最新的行动方案包含了加入联邦政府的全面性努力以终止"无家可归"（homeless）的全国性现象。

时至今日，退伍军人事务部有将近 28 万名员工[1]，2013 年的预算花费高达 1397.48 亿美元[2]，是美国白宫内阁中仅次于国防部的最大部会[3]，辖下有三个主要的机关：①退伍军人健康局，负责所有退伍军人的健康

---

[1] http://bestplacestowork.org/BPTW/rankings/detail/VA00.
[2] 白宫管理及预算处，2013 年预算。预算花费 1397.48 亿美元，这还不包括 13.39 亿美元必要的业务放款。
[3] 国防部与退伍军人事务部的规模显示了国防军事对美国的重要性。

事务及生物医学研究，管理数百家医疗设施，员工人数占整个退伍军人事务部的 90%；②退伍军人福利局，负责退伍军人登记、资格审定以及五大重要业务：住房贷款保证、保险、职业训练与就业、教育、补偿与退休金；③国家公墓局，负责提供丧葬福利及管理退伍军人公墓。

退伍军人事务部住房贷款保证施行的对象及于现役军人、退伍军人、国民防卫队员、预备役人员①以及部分已死亡退伍军人的未再婚配偶，申请的资格（基于服役状况、伤残、死亡）都有非常明确的规定，可申请的目的包含了：①建造或购置自有住房；②购置自住一户集合式住宅（condominium）；③修缮退伍军人居住的自有住宅；④重新融资现有住房贷款；⑤购置预造房屋或其所在土地；以及⑥装设太阳能或其他节约能源设备。

退伍军人事务部本身不发放住房贷款，而是对于私人部门金融机构②向合格人员放的住房贷款提供信用保证，也并不限定住房贷款本身的金额上限，而只设定贷款保证的上限。依照白宫管理及预算处（Office of Management and Budget）公布的退伍军人事务部 2013 年预算，相较于 2011 年由退伍军人事务部保证、私人部门金融机构向合格人员发放的住房贷款（实际发生数）719.31 亿美元以及 2012 年（估计）的 639.41 亿美元，预计 2013 年度将是 496.4 亿美元。

退伍军人事务部对于贷款保证，最初是基于"退伍军人借款福利"（Veteran Loan Entitlement）的概念，合格人员经审核通过后都有这个福利，每人享有基本的 3.6 万美元的退伍军人借款福利额度。在房贷市场的实务上，贷款机构一般会要求退伍军人借款人的头期款加上退伍军人事务部的信用保证不得低于贷款额的 25%；换句话说，借款人只要取得退伍军人事务部的保证，最起码就可以用"零"头款去购买一栋价值不超过 144,000 美元的自有住房，因此市场一般就约定俗成把 144,000 美元

---

① 国民防卫队（National Guards）与预备役（Reservists）是美国特殊的军事制度。
② 依照退伍军人福利相关法律规定，限于银行、储贷机构、保险公司等。

称为"贷款上限"了。但因为各地房价高涨已是不争的事实，退伍军人事务部也就使用了联邦住房署的数据来设定 144,000 美元以上住房贷款的贷款上限。

表 4.2　退伍军人事务部住房贷款担保上限规定

贷款金额	保证上限①	特别规定
≤ 45,000	50%	"房贷重新融资"保证上限 25%
45,000～56,250	22,500	同上
56,251～144,000	40%；不超过 36,000	同上
≥144 000	417,000 或（较高的）郡上限②的 25%	同上

资料来源：美国退伍军人事务部网站；单位：美元。

退伍军人事务部也会依照当时的市场环境来调整放款的利率上限：

表 4.3　退伍军人事务部 2013 年住房贷款利率上限

贷款种类	现役及退伍军人	国民防卫队与预备役
头期款 5%以下的购置或建造贷款、住家改造	2.15%	2.40%
头期款 5%～10%的购置或建造贷款	1.50%	1.75%
头期款 10%以上的购置或建造贷款	1.25%	1.50%
预造房屋	1%	1%
降低利率重新融资	0.5%	0.5%
承受前手退伍军人贷款	0.5%	0.5%
无头期款再次使用退伍军人贷款福利	3.3%	3.3%

资料来源：美国退伍军人事务部网站。

---

① 实务上，如果房贷金额超过退伍军人事务部规定的贷款金额上限，借款人必须自备超出部分作为头期款。
② 417,000 美元为联邦住房融资局（Federal Housing Finance Agency，房利美、房地美的监管机构）订定的"两房"2013 年购买单笔房贷的上限；郡上限为该郡（county）一家庭住房的房价中位数（median）。

4.1.3　联邦国民抵押贷款协会（FNMA）/房利美（Fannie Mae）

前面在研究政府国民住屋贷款抵押贷款协会（GNMA）时就已经提到，第一个与住房贷款相关所谓的政府机构（agency）其实是房利美公司的前身——联邦国民抵押贷款协会（FNMA）。在 20 世纪 30 年代的大萧条发生之后，美国的罗斯福总统陆续施行"新政"以振兴美国的经济，其中一项就是《1938 年国民住房法案》，借此成立了联邦国民抵押贷款协会，作为一家联邦政府全资拥有的公司，为联邦住房署及退伍军人局担保的住房抵押贷款提供流动性，实务上就是自己作为一个二级市场，从金融机构收购联邦住房署及退伍军人局担保的住房抵押贷款，因而让金融机构有能力来从事更多的住房贷款；在往后的三十年内，联邦国民抵押贷款协会在住房贷款的二级市场具有绝对的垄断地位。1954 年，美国国会又通过《联邦国民抵押贷款协会章程法案》，把联邦国民抵押贷款协会重组为一家有私人参股的混合股份制公司（mixed-ownership corporation），让私人投资人拥有普通股，政府持有特别股（preferred stocks）。

1968 年，美国国会再通过《1968 年住房与城市发展法案》把联邦国民抵押贷款协会分拆为两个机构，各有所司：政府国民抵押贷款协会成为美国于 1965 年成立的住房与都市发展部（白宫内阁级的部会）下辖的机构，任务是进一步为以联邦住房署及退伍军人署担保的住房抵押贷款为基础资产发行的转手债券提供保证；联邦国民抵押贷款协会则成了一家私人股份公司，继续创造联邦住房署及退伍军人局担保的住房抵押贷款的流动性。其实以上这个重大措施的一个重要动机是越战带来的联邦预算压力太大，琼森总统急于把联邦国民抵押贷款协会的资产负债表移到政府预算之外，于是将这个机构分拆，而新的联邦国民抵押贷款协会成为一家民营企业，在纽约证券交易所上市。

在 1970 年以前，联邦国民抵押贷款协会/房利美公司只能购买联邦住房署及退伍军人署担保的住房抵押贷款；1970 年以后，它才被授权可以购入所谓的"私人品牌"（private label）住房贷款，也就是不被联邦住房署及退伍军人署担保的、由私人部门机构所发放的、较大额度的住房抵押贷款。到 1981 年，房利美公司才第一次发行住房贷款支持转手债券（mortgage-backed pass-through），正式称为"住房贷款支持证券"（mortgage-backed securities，MBS），联邦国民抵押贷款协会/房利美公司及它所发行的住房贷款支持证券通常都被称为 FNMA 或女性化的 Fannie Mae（中文音译为房利美），房利美更成为公司的正式名称。

由于联邦国民抵押贷款协会/房利美公司被赋予促进住房贷款二级市场的公共任务，因此在美国财政部享有一个信用额度，这个额度[1]历经演变到金融海啸之后 2009 年底已高达 2000 亿美元；虽然联邦国民抵押贷款协会/房利美公司在 1968 年以后并不是联邦政府的机关，并不能享有联邦政府的明确（explicit）保证，但是房利美公司身为一家私部门企业却因为这个财政部的信用额度而被资本市场解读为拥有政府的隐含（implicit）保证，让房利美享有近于政府的债信，得以用低利率在资本市场进行融资。简单来说，房利美的运营方式就如同银行一样的"借低贷高"，用现金或发行房贷款支持转手债券向金融机构购入住房贷款，转取利差或保证费，保证当住房贷款发生违约状况时向投资人偿付本金及利息。因为享有政府的流动性支持，房利美公司变成了一个"政府资助企业"（government-sponsored enterprise, GSE）。

4.1.4 联邦住房放款抵押公司（FHLMC）与联邦住房放款银行系统

4.1.4.1 联邦住房放款抵押公司（Federal Home Loan Mortgage Corporation, FHLMC）/房地美（Freddie Mac）

与房利美公司齐名的另一家与住房抵押贷款有关的政府资助企业，

---

① 1995 年时，这个额度仅为 22.5 亿美元。

是联邦住房放款抵押公司或称房地美。类似于联邦国民抵押贷款协会/房利美，联邦住房放款抵押公司或房地美以及它所发行的房贷抵押债券都被通常为 FHLMC，或运用字母缩写改成的男性化昵称 Freddie Mac。

由于房利美公司在 1968 年从一个官民合营的混合企业成为了私人公司，而且在住房抵押贷款二级市场享有垄断的地位，因此 1971 年成立联邦住房贷款抵押公司/房地美公司成立的主要目的就是要与房利美公司形成竞争，打破房利美公司的垄断。经由 1970 年的《紧急住房融资法案》（Emergency Home Finance Act）立法，联邦住房放款银行理事会（Federal Home Loan Bank Board, FHLB Board）之下成立了联邦住房放款抵押公司，协助储贷机构来管理利率风险，其主要的运营方式就是向储贷机构购入住房贷款并发行称为"参与式凭证"（participating certificate, PC）的房贷支持债券。联邦住房放款抵押公司/房地美也与房利美公司一样享有在联邦财政部同等的信用额度，因此在资本市场融资上与房利美公司享有相同的低利率优势[①]，是另一家"政府资助企业"。

研究联邦住房放款抵押公司/房地美公司发展时，就必须也来探讨一下这个独特的联邦住房银行系统。

4.1.4.2 联邦住房放款银行系统（Federal Home Loan Bank System）

美国国会在 1932 年通过了《联邦住房放款银行法案》（Federal Home Loan Bank Act），在胡佛总统签署下正式施行，成立了联邦住房放款银行理事会，这个新机构的主要职责就是审核发放联邦储贷协会（federal savings & loan association）执照，并监管这些以吸收存款、发放住房贷款为主要业务的储贷机构；在联邦住房放款银行理事会之下，又成立了 12 家区域性的联邦住房放款银行[②]，称为联邦住房放款银行系统（Federal Home Loan Bank System），并享有美国财政部当时 2.15 亿美元的信用额

---

①"两房"享受的低利融资优惠各方估算不一，从每年 20 亿至 65 亿美元不等。
②（依前缀字母）分别位于亚特兰大、波士顿、芝加哥、辛辛那提、达拉斯、狄蒙（Des Moines）、印第安纳波利斯、纽约、匹兹堡、旧金山、西雅图、托彼卡（Topeka）。

度。这整个联邦住房放款银行制度的组织设计（中央设理事会，地方设区域性组织）有些类似于联邦储备银行系统，是针对经济大萧条的众多政策产物之一，它的目的就是要推广住房贷款以及当地的放款，以稳定、促进自有住房的购买。

这 12 家区域性的联邦住房放款银行是类似于合作社精神的组织，会员包含了各自区域内的一些储贷协会、储蓄银行、信用合作社、商业银行及保险公司，每家联邦住房放款银行都必须向证管会登记发行至少一种股票由会员金融机构来认购。作为会员金融机构的最大好处，就是得以向所属的联邦住房放款银行以合格担保品抵押融通低成本的资金，这种资金有一个特别的名字——"预支"（advance）。如果联邦住房放款银行想要增加向会员机构的融通，则会员金融机构就必须先要认购所属区域联邦住房放款银行增发的股票，所幸依照巴赛尔资本协议，金融机构投资联邦住房放款银行的股权可以得到非常优惠的 100% 风险权数待遇。

各家联邦住房放款银行的资金来源是其在资本市场发行的各式债券，这些债券有下列几个特色：（1）免于向证管会登记；（2）12 家区域联邦住房放款银行共同成立财务处（Office of Finance）[1]，作为它们的财务代理人（fiscal agent）集中管理债券的发行业务，财务处也负责向外公告区域联邦住房放款银行的财务资料揭露；（3）各家区域联邦住房放款银行对其本身发行的债券负清偿责任，但其他各家区域联邦住房放款银行也负连带保证责任，因此区域联邦住房放款银行统称为"整合债务"（Consolidated Obligations, CO）。各个区域联邦住房放款银行豁免于缴交州及地方所得税，但必须缴纳物业税，并且依法每年必须提交净收入的 10% 来给中低收入者的住房支持项目[2]；在缴完上述净收入的 10% 给中低收入者的住房支持项目之后，各区域联邦住房放款银行必须再提

---

[1] 财务处有一个 17 人的董事会，成员包含 12 家区域联邦住房放款银行总裁及五席独立董事，董事会下设有审计委员会（audit committee）。

[2] Affordable Housing Program.

存缴交后净收入的 20%到一个限制性的特别保留盈余账户①，直到该账户中累积金额达到该银行发行债券余额的 1%为止。整体看来，联邦住房放款银行系统是一个比较特别的组织，它的任务反映了它的公共政策目的，但是资本是从民间部门的会员机构募集而来；另一方面，除了一些税务优惠之外，联邦住房放款银行系统虽不直接接受任何政府的资助，但享受到联邦财政部的流动性/信用额度，所以也属于"政府资助企业"。

联邦住房银行理事会、联邦住房银行系统、联邦住房贷款抵押公司/房地美系出同源，但命运大不相同。

三者之中，目前运行比较良好的就是区域性的联邦住房放款银行系统，根据联邦住房放款银行系统（共同）财务处于 2013 年 7 月的公告②：12 家联邦住房放款银行目前共有超过 7500 家金融机构加入为股东/会员，2013 年 6 月底资产合计为 7749.83 亿美元，其中股东/会员"预支"为 4584.61 亿美元；总发行债券余额为 7055.06 亿美元；监管资本合计为 510.81 亿美元，监管资本占合计资产 6.69%，经营状况正常。

联邦住房放款银行理事会（以及它的后继监管机构）的命运比较坎坷。20 世纪 80 年代发生储贷机构大批倒闭的系统性金融危机显示，联邦住房放款银行理事会并没有发挥它应有的监管功能，于是《1989 年金融机构改革、复苏及执法法案》解散了联邦住房放款银行理事会，自此联邦住房放款抵押公司与联邦住房放款银行系统脱钩。联邦住房放款银行理事会的功能被一分为二：督导区域性的联邦住房放款银行系统的权责转移到了新成立的联邦住房融资委员会（Federal Housing Finance Board，FHFB），监管储贷机构的责任则交给了在财政部内新成立的"储

① 美国在 20 世纪 80 年代发生储贷机构大批倒闭的系统性金融危机，于是经由《1989 年金融机构改革、恢复及执法法案》（Financial Institution Reform, Recovery and Enforcement Act of 1989），设立"清理信托公司"（Resolution Trust Corporation）来处理问题储贷机构的资产负债表，又另外成立了"清算融资公司"（Resolution Funding Corporation）为清算信托公司提供资金，它所发行的债券利息由 12 家区域联邦住房放款银行负责支付。2011 年 8 月，联邦住房融资局宣布 12 家区域联邦住房放款银行已经完全支付清算融资公司的债券利息，原来规定的支付金额未来必须转到特别的保留盈余账户。
② http://www.fhlb-of.com/ofweb_userWeb/resources/PR_20130730_FHLB_2013_Q2_Combined_Operating_Highlights.pdf.

贷机构监督处"（Office of Thrift Supervision, OTS）。2007 年金融海啸爆发之后，《2008 年住房及经济复苏法案》（Housing and Economic Recovery Act of 2008, HERA）又授权住房及都市发展部整合联邦住房融资委员会及 1992 年成立的联邦住房企业监督处，成立"联邦住房融资局"（Federal Housing Finance Agency, FHFA），负责监管所有与房贷有关的"政府资助企业"（房利美、房地美、联邦住房放款银行系统）。

　　2007 年爆发的金融海啸带来了经济的不景气，在民意敦促之下，美国国会在 2010 年通过了《达德·弗兰克华尔街改革及消费者保护法案》（Dodd-Frank Wall Street Reform and Consumer Protection Act），这个大型法案的第 312 节授权政府解散财政部的"储贷机构监督处"（OTS），把它的监管职权分给了财政部的货币管理署（Office of the Comptroller of Currency）[①]、联邦存款保险公司（Federal Deposit Insurance Corporation, FDIC）以及联邦储备理事会（Federal Reserve Board, FRB），让储贷机构产业的监管与银行及银行控股公司的监管归于一致，终结了多年以来银行业与储贷业分立监管的现象；由于储贷机构是美国发放住房贷款的主力金融业者，此举等于逐渐把住房贷款业务大部分纳入了联邦政府的银行监管体系。

第二节　从大萧条到金融海啸：政府干预与资助

4.2.1 美国住房贷款相关重要法案

　　美国从 20 世纪 30 年代开始至今约 80 年间与住房贷款相关的重大法案如下：

---

　　① 货币管理署：联邦注册的储贷机构监管；联邦存款保险公司：各州注册的储贷机构监管；联邦储备理事会：储贷机构控股公司及其不收受存款子公司的监管。

表 4.4 美国住房贷款相关重要法案大事表

年度	法案名称	重大行动	其他
1932	联邦住房放款银行法案（Federal Home Loan Banks Act）	成立联邦住房放款银行理事会（FHLB Board）、联邦住房放款银行系统（FHLBanks）	联邦住房放款银行理事会监管联邦注册的储贷机构，联邦住房放款银行系统提供储贷机构流动性
1933	自有房屋人放款法案（Home Owners' Loan Act）	成立自有房屋人放款公司（Home Owners' Loan Corporation，HOLC），由联邦住房放款银行理事会管理	首创长期、固定利率、摊还式（amortizing）住房贷款做再融资，降低住房贷款违约率。HOLC 于 1936 年停止运作，1951 年关闭
1934	国民住房法案（National Housing Act）	成立联邦住房署（FHA）	对于合格贷款提供保证，扩大推动长期、固定利率住房贷款
1938	国民住房法案修正案	成立联邦国民住房贷款协会（FNMA）	FNMA 购买 FHA 保证的住房贷款
1944	军人调适法案（Servicemen's Readjustment Act）	创立退伍军人署（VA）住房贷款保证计划（军人调适法案俗称"大兵法案"（GI bill），是美国退伍军人福利最重要的法案之一	FNMA 于 1948 年起开始购买退伍军人署保证的长期低利住房贷款，业务迅速成长
1954	联邦国民住房贷款协会章程法案（Federal National Mortgage Association Charter Act）	联邦国民住房贷款协会（FNMA）由政府机构改组为混合制股份公司	
1968	住房及都市发展法案（Housing and Urban Development Act）	成立住房及都市发展部（HUD）；联邦国民住房贷款协会（FNMA）分拆成为私有股份制公司房利美（Fannie Mae）及（政府公营公司）政府国民住房抵押贷款协会（GNMA）	住房及都市发展部（HUD）监管房利美，并有权力要求房利美购入中低收入者购屋贷款；GNMA（吉妮美）是 HUD 下属机构，为 FHA、VA 及其他政府机构担保的住房贷款的证券化提供进一步的信用保险
1970	紧急住房融资法案（Emergency Home Finance Act）	在联邦住房放款银行理事会之下，由联邦住房放款银行系统投资 1 亿美元成立联邦住房放款抵押公司（FHLMC）/房地美；授权房利美、房地美买卖非由政府机关保证的住房贷款	房地美公司从储贷机构购买住房贷款，并于 1971 年发行非政府机关保证的房贷支持债券
1982	加恩－圣哲曼存款机构法案（Garn-St. Germain Depository Institutions Act）	允许储贷机构从事（传统房贷业务之外）较高风险的放款及投资业务	很多储贷机构因 1980 年的经济衰退而面临周转不灵的险境

续表

年度	法案名称	重大行动	其他
1989	金融机构重整复苏及执法法案（Financial Institution Reform, Recovery, and Enforcement Act, FIRREA）	废除周转不灵的联邦储贷保险公司（FSLIC），代之以联邦储贷保险清算基金；成立清算信托公司（RTC），清理问题储贷机构；废除联邦住房放款银行理事会，督导联邦住房放款银行系统的权责转移到新成立的联邦住房融资委员会（FHFB），监管储贷机构的责任转移到财政部内新成立的储贷机构监督处（OTS）；房地美（FHLMC）改组为私有股份制公司，脱离联邦住房放款银行系统	
1992	联邦住房企业财务安全及健全法案（Federal Housing Enterprises Financial Safety and Soundness Act）	HUD 成立联邦住房企业监督处（Office of Federal Housing Enterprise Oversight, OFHEO），专责对房利美、房地美实施监管	
1992	住房及社区发展法案（Housing and Community Development Act）	修订房利美、房地美公司章程；HUD 设定房利美、房地美必须达成特定的购入中低收入者购房贷款的目标，由国会批准实施	购入中低收入者购房贷款的目标为总购入房贷笔数的30%，至2007年应达 55%
2008	住房及经济复苏法案（Housing and Economic Recovery Act，HERA）	整合 FHFB 及 OFHEO 成立联邦住房融资局（Federal Housing Finance Agency, FHFA），负责监管所有与房贷有关的政府资助企业（房利美、房地美、联邦住房放款银行系统）	FHFA 于成立后 6 个星期之内，接管濒临破产的房利美、房地美
2010	达德·弗兰克华尔街改革及消费者保护法案（Dodd-Frank Wall Street Reform and Consumer Protection Act）	解散财政部的储贷机构监督处，将其监管职权分给财政部的货币管理署（Office of the Comptroller of Currency, OCC）、联邦存款保险公司（Federal Deposit Insurance Corporation, FDIC）以及联邦储备理事会（Federal Reserve Board, FRB）	储贷机构产业的监管与银行及银行控股公司的监管归于一致，终结了多年以来银行业与储贷业分立监管的现象；由于储贷机构是美国发放住房贷款的主力金融业者，此举等于逐渐把住房贷款业务大部分纳入联邦政府的银行监管体系

资料来源：作者整理。

4.2.2 政府介入的起源与政府机关

在 20 世纪 30 年代之前，美国的住房贷款市场完全是私人部门的天下，没有政府的参与，当时的住房贷款通常需要大笔的头期款（房价的一半）、不算长的天期（十年或更短）以及一次到期还款的设计，让一般人普遍拥有自有住房事实上是相当不容易的事情。当时住房贷款主要的来源为人寿保险公司、商业银行和储贷机构，由于缺乏一个全国性的住房融资市场，各地住房贷款的条件有很大的差异。大萧条对美国经济产生了极大的冲击，1932 年的全国失业率高达 23.6%，对于住房市场的冲击也同样惊人，政府估计当时全国有高达 20%～25% 的住房贷款处于违约状态（无法付息或还本），让整个社会处于高度的不稳定状态。于是联邦政府展开行动，国会于 1932 年通过了《联邦住房放款银行法案》，成立了联邦住房放款银行理事会及联邦住房放款银行系统，开启了政府参与住房贷款市场的先河，此后多年一连串的立法，最终造就了世界上最大的、以住房贷款为基础的债券市场。而最讽刺的事情是，在大萧条的七十五年之后，这个出大力协助拯救经济大萧条、非常成功的市场又回头成了引爆次贷危机/金融海啸的导火线。

从表 4.4 中可以发现美国政府与国会确实认识到人民拥有自有住房对于社会安定的重要性，所以在制度设计上努力地与时俱进，针对社会、经济状况的变化做出回应，在不同的时点创立了不同的政府机构（包含金融监管机构）以及"政府资助企业"，以政府的力量补私部门的不足，最重要的政策主轴就是在于创造良好的住房抵押贷款的全国性二级市场，提供房贷发放机构的流动性，进而提振房贷一级市场的发展。然而，由于美国是三权分立、联邦制度的国家，从表 4.4 住房贷款重要政策的里程碑来看，虽然整体住房贷款产业发展不能说不成功，毕竟创造出了世界上最大的证券化债券市场，但制度本身的发展就很特别，有可能流于切割过细、叠床架屋，加上公、私部门机构的职能、身份转换，私部门对于国会的游说（lobby）力度也很大，让立意良好的政策执行不能落实，甚至经过一段时间之后出现了扭曲、当初没有预料到的问题。

先从公部门来看，最重要、最成功的三个政府机构就是联邦住房署（FHA）、退伍军人事务部（包含它的前身退伍军人署（VA）），以及政府国民抵押贷款协会（吉妮美，GNMA），这三个机构从头开始设立（或包含）的政策任务就是扶助一般的民众或特定身份人员购置自有住房。联邦住房署（FHA）、退伍军人事务部本身不发放贷款，只订立住房贷款的发放标准，由私部门的金融机构来进行发放住房贷款的工作，这两个机构对这些合格房贷的还本付息加以保证，政府国民抵押贷款协会对于以这些被保证房贷为基础而发行的证券化债券再加以信用保险，让"吉妮美"房贷支持转手债券成为与美国国债同等的金字招牌证券。

4.2.3 政府资助企业及"半公半私"的联邦住房放款银行系统

美国房贷制度的最大特点就是所谓的"政府资助企业"，这类企业性质上属于私人出资的公司组织，但是由于他们所奉行的是公共政策所赋予的使命，因而享受了联邦政府财政部依照国会立法所给予的流动性支持，因而成了政府所资助的企业；资本市场的参与者也因为政府给予的融资的支持，认定这些企业享有联邦政府"隐性"的支持，它们所发行的债券享有最高的信用评级。与美国房贷密切相关的这些企业包括了最早于 1932 年成立的联邦住房放款银行系统（FHL Banks）、1938 年成立的联邦国民抵押贷款协会/房利美（FNMA/Fannie Mae），以及 1970 年成立的联邦住房放款抵押公司/房地美（FHLMC/Freddie Mac）。

联邦住房放款银行系统成立的任务是向以储贷机构为主体的会员/股东提供低廉的资金；联邦国民抵押贷款协会/房利美成立时是一个政府机构，使命是向金融机构买入住房贷款，创造全国性的房贷二级市场，后来它也发行自己品牌的房贷支持转手债券进行融资；由于联邦国民抵押贷款协会/房利美因为越战造成的联邦政府预算压力在 1968 年被完全私有化（privatized），形成垄断，于是 1970 年在联邦住房放款银行体系之下成立联邦住房放款抵押公司/房地美，与房利美形成竞争，它的运营方式则是向联邦住房放款银行体系之下的储贷机构买入住房贷款，协助储贷机构降低利率风险，也发行自己品牌的房贷支持转手债券。

　　三个政府资助企业之中，历经 20 世纪 80 年代的储贷机构危机以及政府的大力整顿，"半公半私"的联邦住房放款银行系统运行还算是比较良好。虽然在 2007 年的次贷危机时，有四家区域性的联邦住房放款银行在投资房贷债券上遭受到了相当严重的损失①，然而也还都能符合最低的监管资本要求。依据《2008 年住房及经济复苏法案》的紧急授权，联邦财政部也宣布无上限提高对于联邦住房放款银行系统"整合债务"的收购金额，直到 2009 年年底再恢复到正常的 40 亿美元额度②，整个联邦住房放款银行系统目前处于营运正常的状态。

　　然而联邦住房放款银行系统的另一个姊妹组织——联邦住房放款银行理事会，作为储贷机构的监管机关就没有这么幸运。《1989 年金融机构改革、恢复及执法法案》解散了联邦住房放款银行理事会，其功能被一分为二：督导区域性的联邦住房放款银行系统的权责转移到了新成立的联邦住房融资委员会；监管储贷机构的责任则交给了在财政部内新成立的"储贷机构监督处"。2007 年金融海啸爆发之后，《2008 年住房及经济复苏法案》又授权住房及都市发展部整合联邦住房融资委员会及 1992 年成立的联邦住房企业监督处，成立"联邦住房融资局"，负责监管所有与房贷有关的"政府资助企业"。

　　2007 年爆发的金融海啸又促使国会在 2010 年通过了《达德·弗兰

---

　　① 依据 2009 年 2 月 27 日华尔街日报导：波士顿联邦住房放款银行 2008 年全年亏损 0.732 亿美元（相较于 2007 年盈利 1.982 亿美元），包含房贷债券损失 3.391 亿美元；芝加哥联邦住房放款银行亏损 1.19 亿美元（相较于 2007 年盈利 0.98 亿美元），包含房贷债券损失 2.92 亿美元；匹兹堡联邦住房放款银行亏损 1.879 亿美元（相较于 2007 年盈利 0.667 亿美元），包含房贷债券损失 2.66 亿美元；旧金山联邦住房放款银行亏损 1.03 亿美元（相较于 2007 年盈利 2.31 亿美元），包含房贷债券损失 5.9 亿美元。

　　② 财政部授予联邦住房放款银行系统的信用额度于 1932 年开始时只有 2.15 亿美元。

克华尔街改革及消费者保护法案》，解散财政部"储贷机构监督处"，把它的监管职权打散分给了财政部的货币管理官（联邦最高的银行监管官）、联邦存款保险公司以及联邦储备理事会，终于终结了多年以来银行业与储贷业分立监管的现象；由于储贷机构是美国发放住房贷款的主力金融业者，此举等于逐渐把住房贷款业务大部分纳入联邦政府的银行监管体系，这也是美国金融监管制度经过 80 年的演变、学习才得到的结果。

4.2.4 私有化的政府资助企业——房利美、房地美

最后，开始于政府机构（或准政府机构）而后来完全私有化的联邦国民抵押贷款协会/房利美以及联邦住房放款抵押公司/房地美的经营才是真正的问题所在，而历任美国政府的一些立法、政策的累积也为 2007 年的次贷危机埋下了火种。

一般人提到"两房"发行的债券之所以风行是因为"两房"在财政部的信用额度代表了美国政府"隐性"的保证，其实另外一个可能更重要、少为人知的原因是 1934 年美国国会修正的《联邦储备法案》（Federal Reserve Act），第 16 章明确规定美国联邦储备系统发行的储备券（Reserve Notes）是美国政府的债务，不能再兑换成黄金，而从 20 世纪 60 年代起储备券也不能兑换成白银，同时国会也通过立法要求美国联邦储备系统发行储备券必须有十足的担保品，而这些（合格的）担保品大部分是财政部发行的国债、联邦政府辖下机关发行的债券，以及"政府资助企业"的债券[①]，所以政府资助企业发行的债券成为美国货币制度的重要基石之一，政府资助企业透过法律与联邦储备系统、联邦财政部结成铁三角，也难怪市场上的投资人把"两房"发行的债券视同国债了。

基于越战给联邦政府预算带来的巨大压力，联邦国民抵押贷款协会/房利美于 1968 年经由《住房及都市发展法案》进行了私有化，把房利美的资产负债表移出了联邦预算之外，但也让房利美成为房贷二级市场

---

① http://www.federalreserve.gov/faqs/currency_12770.htm.

中的垄断力量。为避免垄断现象持续，由国会立法于 1970 年经由《紧急住房融资法案》成立联邦住房放款抵押公司/房地美，形成房贷二级市场中双雄竞争的局面。联邦住房放款抵押公司/房地美的最初 1 亿美元资本来自联邦住房放款银行系统，也就是由 12 家政府资助企业投资成立另外一家政府资助企业，形成一个非常特殊的"非官非民"现象，直到 1989 年《金融机构重整复苏及执法法案》才让房地美公司私有化，与联邦住房放款银行系统正式脱钩。

　　1970 年的《紧急住房融资法案》同时授权房利美及房地美可以买入所谓"传统"住房贷款，也就是没有政府机构如联邦住房署、退伍军人署等①保证的住房贷款，让"两房"成为房贷二级市场中真正的巨人。从 20 世纪 70 年代到 20 世纪 80 年代之间，房利美与房地美站在完全平等的地位，但两者基本上使用了不同的运营策略：房利美原则上并没有脱离原有的政策使命，以买入房贷后留在自身资产负债表上为主；房地美则是买入房贷后再加以证券化，以房贷支持证券的方式卖出来赚取保证费为主。相比之下，"两房"承担的信用风险近似，但房利美承担了更大的利率风险，而事实也确是如此，70 年代的物价膨胀以及高涨的利率让很多的储贷机构及房利美受到了很大的损失，联邦政府对房利美提供了多方面的协助才让房利美扭亏为盈。

　　由于多数储贷机构在 20 世纪 70 年代的传统（以短期存款支应长期房贷）的业务受到高利率的冲击而产生亏损，因此游说国会于 1982 年通过《加恩—圣哲曼存款机构法案》，让储贷机构能够从事风险更高的其他放款、投资业务，如购买投资等级以下的"垃圾债券"，结果接着 70 年代高物价膨胀而来的 80 年代经济衰退让储贷机构业遭受更大的损失，甚至导致联邦储贷保险公司周转不灵，导致国会通过 1989 年《金融机构重整复苏及执法法案》，解散联邦储贷保险公司，另外成立保险基金，并设

---

　　①　其实保证房贷的还有一个美国农业部辖下的"农民住房署"（Farmers Housing Administration），不过相对于联邦住房署以及退伍军人署保证的规模小很多，所以通常都被忽略。

立"清算信托公司"收拾残局①，总计储贷产业损失了 290 亿美元，政府（其实是纳税人）花了 1250 亿美元来清理坏账完毕。1989 年的《金融机构重整复苏及执法法案》同时也解散了联邦住房放款银行理事会，重整了储贷业的金融监管，而房地美也因此法案而完全私有化，脱离了联邦住房银行系统。

老布什总统时代，1992 年有两个重要的相关法案在国会通过，一个是《联邦住房企业财务安全及健全法案》，另一个是《住房及社区发展法案》，都与房利美、房地美有关：前者授权联邦住房及都市发展部（HUD）成立"联邦住房企业监督处"（OFHEO），专责对房利美、房地美实施监管；后者授权 HUD 设定房利美、房地美必须达成特定的购入中低收入者购房贷款的目标，由国会批准实施，购入中低收入者购房贷款的目标为总购入房贷笔数的 30%，至 2007 年应达 55%。我们事后比较这两个法案的重要性，后者对"两房"的影响其实远大于前者。到了克林顿总统时代的 1995 年，HUD 认为次级房贷有助于无法取得"优质"房贷的中低收入者购屋，准许"两房"把购入次贷支持债券计入购买中低收入者房贷的计算总额，而且认为"两房"应该会将较高的贷款发放标准引进次级房贷的市场。1999 年政府施压要求房利美增加对于 1977 年《社区再投资法案》（Community Reinvestment Act）所指定的大都市衰败地区中低收入者的住房贷款；在此同时，发放贷款的机构也强烈要求房利美放宽购入房贷的标准，以便他们向次级信用（subprime）的借款人发放利率远高于传统优良房贷的住房贷款。

直到 2000 年，HUD 还一直限制"两房"不得购入忽略借款人还款能力、且利率高得离谱的次级房贷，因此当年度房地美只购入了 186 亿美元的次级房贷支持债券，房利美的资料则未公开。2001 年，HUD 本身的研究员已经指出，次级房贷的违约导致房屋被放款机构收回的比率

---

① 清算信托公司（Resolution Trust Corporation）开以后各国清理金融业坏账的资产管理公司的先河。

已经非常高。

2004 年小布什总统时代，"两房"购买中低收入者房贷笔数的目标比率从 50%调高到 56%，HUD 高级官员甚至公开喊话"两房"在次贷方面还做得不够，远不如私部门。虽然"两房"已经努力挑选风险较低的次贷支持债券，但"两房"的购买还是向次贷市场注入了巨额的流动性[①]，更加大了房贷市场的泡沫：2003 年，"两房"共买入 810 亿美元次级房贷支持债券；2004 年，1750 亿美元（44%市场份额）；2005 年，1690 亿美元（33%市场份额）；2006 年，900 亿美元（20%市场份额）。2003—2006 的四年间，"两房"向次贷市场输血总计 5150 亿美元，房利美买入的次级房贷支持债券数量高于房地美，而且非常依赖买入次级房贷支持债券来达成 HUD 所设的中低收入房贷购买目标。

在 21 世纪的前几年间两房大买次贷支持债券同时，"两房"更爆发了多起丑闻。房地美于 2003 披露它短报了将近 50 亿美元的利润而必须重新编制前面年度财务报表，这是美国财经史上最大数目的会计缺失之一，因此房地美在当年 11 月被处以 1.25 亿美元的罚金。2006 年，房地美被联邦选举委员会（Federal Election Commission）发现，在 2000—2003 年间非法使用公司资源举办了 85 场募款会，为参与联邦选举的候选人募得 170 万美元的选举资金，大部分募得的款项捐给了众议院金融服务委员会（House Financial Services Committee）的成员（其中 40 场的募款会是专为该委员会的主席所办，而该委员会对于金融服务业的立法有重大的影响力自不待言），因此处以 380 万美元罚金，这也是当时有史以来违反美国选举法规最大数额的罚金[②]。

房利美的情形则更为复杂，多名高阶经理人因不法行为遭到起诉。从 20 世纪 90 年代起，房利美就投注了大量资源于国会及政府的游说工

[①] Leonnig, Carol D. "How HUD Mortgage Policy Fed The Crisis" [EB/OL] Washington Post, June 10, 2008.

[②] 根据 http://www.opensecrets.org/news/2008/09/update-fannie-mae-and-freddie.html，很多美国国会重量级的议员都由各种途径"合法"获得"两房"的政治献金，奥巴马参议员也名列其中。

作，手段非常激进，甚至企图削弱监管机关（OFHEO）的监管力度。联邦住房及都市展部也发现，房利美对于中低收入者住房协助计划的执行也有作假的嫌疑[①]。2000 年时，国会已有疑虑，众议院银行委员会下的资本市场、证券及政府资助企业次委员会（House Banking Subcommittee on Capital Markets, Securities, and Government-sponsored Enterprise）就已经举行过听证会，关注房利美的种种问题。2004 年时，OFHEO 公布发现房利美有多处会计上的缺失；2006 年，房利美披露它短报了将近 63 亿美元的利润而必须重新编制前面年度财务报表；同年，监管机关针对三位前任高阶经理人于 1998—2004 年任职期间协力造假数字以领取高额绩效奖金，向法院提起高达 101 项民事指控，试图追回三人已领取共1.15 亿美元的奖金，并要求 1 亿美元罚金。房利美高阶经理人的腐败丑闻层出不穷，2008 年时华尔街日报揭露两位房利美前任执行长从"全国财务公司"（Countrywide Financial）[②]以低于市场的利率取得大笔借款，而房利美正是全国财务公司发放房贷的最大买主，是典型的未回避利益冲突。2011 年时，六位房利美及房地美的高阶经理人又被联邦证管会以"证券诈欺"移送检察官起诉，因为他们在房市泡沫高峰时发表言论，误导公众相信两家公司只有小量的次贷曝险等。

4.2.5 回归国有的房利美与房地美

由于联邦储备理事会于 21 世纪初还将利率维持在低档，住房抵押贷款在 2001—2003 年间掀起一股再融资的热潮。热潮过后，发放房屋贷款的金融机构都承受业绩、利润均需增长的压力，唯一比较可行的办法就是扩大住房贷款的对象，尤其是原本无法取得"优质"房贷、信用较差的中低收入者。于是房贷业者主推的住房贷款产品从行之有年的长期、固定利率、摊还式的住房贷款转到了各形各色的"次级"住房贷款，其

---

① McClean, Bethany, and Joe Nocera. All the Devils are Here[M]. Penguin/Portfolio, 2010.
② 全国财务公司是美国最大的房贷发放公司（mortgage originator）之一，次贷危机发生时周转不灵，濒临破产，后被美国商业银行（Bank of America）收购。

最大的有效诱因就是宽松货币供给带来的似乎无休止上涨的房价，从此住房贷款大量转向了"私人品牌"住房贷款及随之而来的证券化，"政府资助企业"因为其"优质"的发放标准而丧失了大部分主导市场的力量，但是前文中提到各任政府决心推动加强中低收入者购屋的政策，也驱使了这几家政府资助企业（尤其是"两房"）以购买大量次贷支持证券的方式投入了次级房贷的洪流。

美国的房地产在 2005—2006 年达到高峰，虽然利率在 2006 年开始上涨，但是购屋热潮并没有衰退，根据数据公司 RealTac 的统计，当年年底美国房贷余额达到 9.9 万亿美元，到 2008 年中美国房贷余额更高达 10.6 万亿美元，一般相信房利美与房地美大约拥有或保证了大约一半的住房贷款[1]，也就是 5～6 万亿美元（相较美国 2008 年的国内生产总值为 14.22 万亿美元[2]）。再看次级房贷的余额，估计到 2007 年第一季时已迅速成长到 1.3 万亿美元[3]，约占所有房贷余额的 13%。从 2006 年第三季开始，房贷违约率已经几乎全面开始升高，只有 FHA 及 VA 保证的房贷没有太大的变动，可以预料得到的是次级房贷的违约状况远远超过了"优质"的房贷[4]。根据 RealTac 公司的统计：

表 4.5　美国 2007—2009 年因房贷违约房屋被收回数

年度	房屋被收回数	比前一年度增长
2007	130 万户	79%
2008	230 万户	81%
2009	280 万户	21%

资料来源：RealTac 公司。

从上表可以看到，这三年之间每年有一、二百万户的家庭丧失自有

---

① Duhigg, Charles. Loan-Agency Woes Swell From a Trickle to a Torrent [EB/OL]. The New York Times, Friday, July 11, 2008.

② 世界银行资料。

③ How severe is subprime mess?[EB/OL]. msnbc.com. Associated Press, March 13, 2007.

④ Delinquencies and Foreclosures Increase in Latest MBA National Delinquency Survey (Press release)[EB/OL]. Mortgage Bankers Association, June 12, 2007.

住房的所有权，社会人心的动荡可想而知。

"住房抵押贷款银行协会"（Mortgage Bankers Association，MBA）是美国房贷发放公司的同业公会组织，在2007—2008年间，多次发布了有关房贷违约而被房贷发放机构收回房屋（foreclosure）的统计数字，所描绘出的景象也非常的惨淡：2008年8月，整个美国约有9.2%的房贷是处于违约（无法正常付息或还本）或房屋被收回（或正被收回）的状态；2009年9月，这个比率升高到骇人听闻的14.4%。从2007年8月到2008年10月约14个月之间，放款机构共完成了936,439件房屋回收的案件，表示有90多万户家庭被金融机构从自有住房被赶出来。由于房价泡沫在各地的程度不一，房屋收回率高的地区的确有集中的现象，前十个回收率最高的州就占了总体回收数目的74%，公认房价泡沫最大的加州与佛罗里达州占了41%；从2008年9月到2012年12月的4年之间，放款机构共完成了约4百万件房屋回收的案件。2012年9月，还有约140万户房贷（约占整体房贷数目的3.3%）处于正在回收的状态，比2011年9月的150万户（约占整体房贷数目的3.5%）略降；2012年9月单月房屋回收完成件数为57,000件，比2011年同月的83,000件已减少很多，但是比2000—2006年间平均每月才21,000件还是高出很多，表示对于美国经济的冲击还在持续。

次级房贷影响到金融业始于2007年，香港汇丰银行首先发难，对于其集团拥有的约105亿美元的次级房贷债券予以冲销，其后数以百计的房贷公司倒闭，贝尔·史登斯公司周转不灵而被摩根金融集团接收，老牌投资银行雷曼兄弟公司倒闭，华盛顿互助银行及全国财务公司被美国商业银行接收，美林证券被美国商业银行并购，全世界的金融机构及投资人都蒙受到天文数字的亏损。美国政府会同联邦储备银行，推出各种紧急方案来拯救岌岌可危的金融业，由于"政府资助企业"拥有大量的次级房贷支持债券，蒙受了很大的损失，政府除了开放各种流动性窗口应急外，并宣布于一段期间内无限制收购它们发行的债券来稳定市场信心。由于"两房"的股价在纽约证交所各自下跌至 1 美元以下超过了 1 个月，最后由新成立的联邦住房融资局（FHFA）在 2008 年成立后六周宣布接管并予以注资，经过了 40 年的时间"两房"又成为公营企业。这几年间，美国各界对于如何改革这两家被接管的"政府资助企业"还没有定论，其根本可能是未来政府参与或者不参与房贷市场以及如何参与的政策问题。

第五章　最基本的房贷支持转手债券

在 21 世纪的次贷危机之前，可以说美国的房贷债券市场是一个极为成功的市场，它的规模甚至超越了美国的国债市场。美国的政府在 20 世纪 30 年代发生了经济大萧条，发现当时的住房贷款市场全是私部门的天下，住房贷款的设计多属于高头期款（通常是房价的一半）、中短期（十年以下）一次还款的产品设计，在当时金融体系濒于瓦解的情况下，放款到期后多不予以滚动续贷，造成数百万人丧失了自有住房，增加了社会的不安定。于是政府在改革上面使力，在 1932 年成立联邦住房放款银行理事会、联邦住房放款银行系统（FHL Banks），稳定储贷机构业；成立自有房屋人放款公司（HOLC），由联邦住房放款银行理事会管理，首创长期、固定利率、摊还式住房贷款，是为现代住房贷款产品的先锋；1934 年成立联邦住房署（FHA），对民众的住房贷款还本付息加以信用保证，并继续大力推动长期、固定利率住房贷款；1938 年成立联邦国民住房贷款协会（FNMA，房利美），购买 FHA 保证的贷款，加速形成全国性的房贷二级市场；1944 年，退伍军人署（VA）加入保证贷款的行列，保证过的房贷也可以由联邦国民住房贷款协会购买；1968 年分拆联邦国民住房贷款协会，成立政府国民住房贷款协会（GNMA，吉妮美），专责对于 FHA 及 VA 保证的贷款之证券化予以信用保证；1970 年，在联邦住房放款银行系统成立联邦住房放款抵押公司（FHLMC，房地美），同时房利美与房地美也被授权可以买入非由政府机关保证过的住房贷款。房利美与房地美分别在 70 年代早期发行自己的房贷证券化债券，与吉妮美保证的房贷支持转手债券鼎足而立，成为美国房贷债券市场产品的三大支柱，开创了近代房贷债券三十年的黄金时代，直到 21 世纪初发生的次贷危机为止；但是即便如此，房贷债券仍然还是名列最重要的金融投资商品前茅。

第一节　房贷支持转手债券

5.1.1　基本房贷支持转手债券的种类

房贷支持转手债券是所有证券化/资产支持债券的先锋，而所有的证券化的基本框架基本上也都很类似，如同表 5.1 所示，然而吉妮美（GNMA）、房地美（FHLMC）与房利美（FNMA）三种"政府机构/资助企业"担保的房贷支持转手债券之间还是有些差异的：

表 5.1　政府机构/资助企业担保的房贷支持转手债券的特点

债券种类\特点	吉妮美（GNMA）	房地美（FHLMC）"金"参与式凭证	房利美（FNMA）
发行人	吉妮美认可的房贷出售人/服务人	房地美	房利美
房贷类型	新发放的 FHA/VA/FmHM 担保房贷	一般常规房贷与 FHA/VA/FmHM 担保房贷	一般常规房贷与 FHA/VA/FmHM 担保房贷
担保人/信用增强人	吉妮美	房地美	房利美
担保事项	及时偿还全部本金及利息	及时偿还预定摊还的本金及利息	及时偿还全部本金及利息
最低交割金额（发放人）	100 万美元	通常：100 万美元 小额发放人：25 万美元	通常：100 万美元 小额发放人：50 万美元 FNMA Majors[①]：25 万美元

① FNMA Majors 指一种 FNMA 多房贷发放人的房贷支持债券，资产池的一次发行规模超过 2 亿美元，甚至高达 5 亿美元，好处是多个发放人可能来自全国各地，因此房贷的提前还款得以更为分散。这种资产池的房贷包括 10、15、20、30、40 年的固定利率房贷、10/20 及 15/15 只付息房贷、高本金房贷、LTV>105%房贷等。

续表

债券种类\特点	吉妮美（GNMA）	房地美（FHLMC）"金"参与式凭证	房利美（FNMA）
资产池规模（投资人）	100 万美元	通常：100 万美元 巨额：2.5 亿美元以上	通常：100 万美元 巨额：2.5 亿美元以上
资产池利率差异	资产池内所有房贷利率相同	担保人：0～2.5% 买入：0.5%～1.0%	0～2.5%
担保费	0.06%	根据风险大小，通常为0.20～0.30%	根据风险大小，通常为0.20～0.30%
服务费	0.44%	0.30～0.35%	0.30～0.35%
最低投资额	最低 25,000 美元，向上以1 美元为单位增加	最低 25,000 美元，向上以 1 美元为单位增加	最低 25,000 美元，向上以 1 美元为单位增加
交割付款方式	Participation Trust Corporation 会员采用簿记系统，其他人采实券交割	联邦储备银行簿记系统	联邦储备银行簿记系统
债券每月支付日（固定迟延偿付期）	登记日下一个月的 15 日（44 日）	登记日下一个月的 15 日（44 日）	登记日下一个月的 25 日（54 日）
资产池本金系数确定日	每个月第 5 个工作日	每个月第 1 个工作日	每个月第 5 个工作日
作为担保品的接受度	金融机构向联储融通的合格担保品	金融机构向联储融通的合格担保品	金融机构向联储融通的合格担保品

资料来源：扈企平. 资产证券化理论与实务，2007；各政府资助企业网站。

另外，吉妮美为了加速成长，于 1983 年发起了一个新的 GNMA II 的计划，产品设计有别于上表中最传统的 GNMA I 计划，希望能增加房贷转手债券的多样性及吸引力。下面的表 5.2 列出了 GNMA I 与 GNMA II 之间的主要差别：

表 5.2　GNMA I 与 GNMA II 之间的主要差别

债券种类\特点	GNMA I	GNMA II
基础资产	新发放的 FHA/VA/FmHM 担保房贷	新发放的 FHA/VA/ FmHM 担保房贷
基础资产账龄	不超过 12 个月	不超过 12 个月
发行人	吉妮美认可的单一房贷出售人/服务人	吉妮美认可的多个房贷出售人/服务人
资产池最低限额	100 万美元	大型资产池，每个发放人至少 25 万美元

续表

债券种类\特点	GNMA I	GNMA II
资产池利率差异	资产池内所有房贷利率相同	资产池内房贷最高利率与最低利率差异不得高于 1%
贷款利率与票面利率差额	0.5%	0.5%～1.5%
支付方式	每个资产池每月支付一次	一个集中支付机构的所有资产池每月支付一次
债券每月支付日（固定迟延偿付期）	登记日下一个月的 15 日（44 日）	登记日下一个月的 15 日（44 日）

资料来源：GNMA 网站。

GNMA II 的产品计划起初对于市场并没有产生预期的影响，其发行余额直到 2008 年 8 月才超越传统的 GNMA I；到 2012 年底，GNMA I 的发行余额是 5312.55 亿美元，而 GNMA II 的发行余额则是 8349.38 亿美元。

从上面两表看来，三家政府机构/政府资助企业品牌的房贷支持转手债券经过多年的演变，目前其实已经变得大同小异，资产池中的基础资产基本上也都是自 20 世纪 30 年代就成为市场主流的各式各样长期、摊还式住房贷款，最重要的差别在于发行人的不同：房地美[①]与房利美[②]本身可以是房贷的持有人，尽管房贷支持债券的名义上的发行人是一个特殊发行实体，这两家公司才是房贷支持债券的实际发行人；相比之下，吉妮美本身并不发行债券，而只是替合格的房贷提供信用保险。

[①] 房地美最初被赋予的任务是从联邦住房银行系统的会员储贷机构（贷款人）买入住房贷款，以增加它们的流动性，房地美则发行房贷转手债券以获得购买这些房贷所需的资金。由于房地美的产品设计让贷款人在这类转手债券中还保留参与的权益，因此这种转手债券被称为"参与式凭证"（participation certificate，PC），但在经过几次改良之后，参与式的特性已经移除，但市场仍然称房地美转手债券为 PC。房地美在 20 世纪 90 年代将 PC 的固定偿付迟期间由原本的 74 天缩短至 44 天，新的 PC 称为"金"参与式凭证。房地美在 1971 年成立之初就开始发行参与式凭证，但是规模有限，直到 1981 年发起了"担保人计划"，正式让储贷机构将房贷直接替换为由相同房贷支持的转手债券，帮储贷机构重组资产负债表，为其房贷组合提供了更高的流动性，此举也让 PC 发行得到了很大的增长。

[②] 房利美最初被赋予的任务就是在资本市场上取得融资为 FHA/VA 保证的住房贷款二级市场提供流动性，直到 1981 年才启动"MBS 计划"，进入了房贷支持债券市场，这个计划与房地美的"担保人计划"非常类似。由于房地美的初始任务就是购买房贷，所以房地美的资产负债表一直超过房利美很多。

5.1.2 房贷支持转手债券的观念

从过去将近八十年美国住房贷款市场发展的历史来看，长期、固定利率、摊还式的住房贷款以及衍生出来的房贷转手债券可以说是它最成功的地方，此处我们将几个最重要的观念做简要说明：

5.1.2.1 转手（pass-through）、授予者信托（grantor trust）

"转手"债券是所有金融资产证券化中最简单的一种形式。

以"吉妮美"证券为例，在转手债券的架构下，一批依照吉妮美标准发放的性质、利率类似的住房贷款被发放的金融机构送给吉妮美审核，并依照既定的程序向相关政府机关及法院登记成立授予者信托（grantor trust），待吉妮美审查通过给予保证，原则上该批转手债券在取得证券登记号码后即可进行交易。假如我们回头查看图 3.2（证券化的参与者架构），这个证券化的架构对于借款人是完全透明的；换句话说，他们自始至终都只对于房贷服务人（通常也是房贷发放人或是房贷发放人控制的服务机构）定期还本付息就可，而服务人在收到还本付息现金流后，除了扣除保险费及服务费等约定的费用之外，"消极地"不做任何其他处理，只是透过授予者信托的特殊发行实体将剩余金额依投资比例"转发"给这个资产池的投资人，因此这个架构被称为"转手"。

另外一个常被提到的名词是授予者信托（grantor trust）。信托是一种特别的合约，它的主要目的是用来处理财产的转移、继承等，与当地的（所得税、赠与税、遗产税）税制有很大的关系。一个信托的创造人就是授予者，他（们）要负责将最初的资产注入信托中以促使该信托的成立，但是"授予者信托"又是美国信托制度中的一个大类，有着它特殊的定义：授予者信托是一种可撤销（revocable）信托，授予者保留了更改信托条件甚至撤销信托的权利；更重要的是根据美国内地税法第 671 节（IRC§671）[①]，授予者信托内投资活动所产生的联邦所得税后果是由授

---

① IRC 是 Internal Revenue Code 的简称。

予者或是有权将信托财产完全占有的人来承担；所以从联邦所得税的角度来说，授予者信托本身是一个空壳，它将所得税负"转手"了，它本身不负担所得税。因此我们可以了解到，以授予者信托作为资产证券化特殊发行实体的房贷转手债券，在授予者信托的层次并没有产生任何所得税负，对基础资产的（还本付息现金流）请求权经由授予者信托（特殊发行实体）"转手"给了投资人，所得税负也经由授予者信托"转手"给了投资人，所以美国人在转手债券的创建上使用"授予者信托"是他们在法律框架中采取的一种合法、有效率的节税方式（tax efficient）。

5.1.2.2　房贷殖利率（mortgage yield）与平均还本期（average life）

在 20 世纪 80 年代早期债券市场尚未发达之际，对于房贷转手债券的认识、研究也相当原始，相对于前面章节中提到的一般债券的到期殖利率（yield-to-maturity, YTM）[①]，房贷转手债券有一个相对的"房贷殖利率"。由于会出现每几年屋主就有可能会售屋搬家或提前还款的现象，所以市场惯例就简单假设 30（15）年房贷在前 12（6）年都按月摊还本金，没有比预定的每月摊还本金多提前偿还本金，然后于第 12（6）年年底一次提前还清，依此概念计算出"房贷殖利率"。

相对于普通债券的一次到期还本，依照上述房贷本金摊还的假设，可以得到一个房贷债券的"平均还本期"（average life），也就是本金摊还的加权平均时间。原则上，主流的 30 年房贷的名目到期时间虽然长达 30 年，但是 30 年房贷计算出来的平均还本期只约在 10 年左右，与 10 年期的国债一次还本期约略相当，所以市场参与者往往会把 30 年房贷债券的房贷殖利率与 10 年国债的到期殖利率相比，以两者之间的差异（yield spread）视为相对的价值比较标准，作为投资、交易的依据。

再依照房贷殖利率计算式的延伸，也可以得到一个类似于一般债券存续期间的"房贷存续期间"（mortgage duration），市场参与者很容易就

---

① 也就是持有某一债券的内部报酬率（internal rate of return），由于内部报酬率是此处唯一的折现率，所以也被认为相当于假设债券收益曲线是平坦的。

把房贷存续期间调整得出房贷债券的"01价值"（01 value）^①，与10年期国债或任何其他债券的"01价值"比较，计算对冲比率（hedge ratio）。

5.1.2.3 提前还款（prepayment）与PSA提前还本假设

在美国的社会中，人口流动基本上没有限制，也是常态，因此在住房贷款的实务上对于房贷借款人提前还款的限制很少，以住房抵押贷款为基础资产的房贷债券也因此成为了一种很特别的可买回债券（callable bond），当借款人循正规摊还时程或者提前部分或全部偿还本金时，就相当于把部分或全部债券买回。相对于一般企业发行的分期还本或是可买回债券，与房贷债券之间有下列的差别：

表5.3 房贷债券与一般分期还本可买回债券之间的主要差别

债券种类/特色	还本	买回	还本/买回决策	发行期限
房贷债券	每期（月）依照原定摊还时程还本；可提前	基本上随时可以"买回"（提前还本）	资产池内的借款人个别、自行决定	长期
一般分期还本债券	债券到期前还本次数、金额固定	依照发行条件	于发行时已定	中期
一般可买回债券	于发行时约定	债券到期前某一时点或时段内	单一借款人决定	中期

资料来源：作者整理。

20世纪80年代之前投资理论与实务都以股票市场为主，经历了70到80年代石油危机与经济景气的起伏，让利率产生了巨大的波动，导致了整体债券市场觉醒与创新，在房贷债券的市场也产生了很大的变化，因为利率的变化引导了房贷借款人的还本行为，市场参与者才意识到房贷债券是一种特殊的可买回债券，之前对于15/30年长期固定利率的6/12年一次还本的假设不再实用，而代之以深入的对于提前还本（prepayment）的研究，开启了房贷债券投资、交易的黄金时代。

---

① "01价值"是指殖利率微小变动时债券价值的变动，口语上以1个基点代表微小的殖利率变动。

　　由于早期对于表达还本的方式并不一致，于是公共债券协会（债券业早年的自律组织 Public Securities Association，PSA）统一发布了一套计算、表达的方式，称为 PSA 提早还本速度（PSA prepayment speed），而 PSA 又恰巧是"提早还本速度假设"的字母头简写（prepayment speed assumption），一直沿用至今。

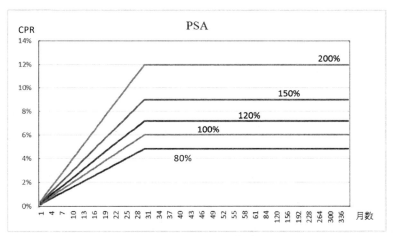

图 5.1　PSA 提早还本速度

资料来源：作者整理。

　　所谓的 PSA 提前还本假设俗称"速度"（speed），是以百分比来表示，100% 的 PSA 是指：

　　（1）第一个月的"持续/条件提前还款率（CPR）"[1]是 0.2%。

　　（2）第 2 至第 30 个月的每个月 CPR 增长 0.2%。

　　（3）第 30 个月以后的 CPR 稳定在 6%，这前 30 个月称为渐进期（Ramp Period）[2]。

---

　　[1] "PSA 提前还本假设"是基于单月提前偿还率（single month mortality，SMM），再转为持续/有条件偿还率（constant/conditional prepayment rate，CPR）后转换而得，单月提前偿还率、持续/有条件偿还率与 PSA 提前还本假设这三者之间的关系很简单，但是单月提前偿还率的定义相对复杂，因而使得还本付息现金流的计算没有闭式解。详细计算方式可以参看公共证券协会发布的相关资料（公共证券协会现已改组为证券业及金融市场协会 Securities Industry and Financial Markets Association，SIFMA）。

　　[2] Ramp 原意为斜坡或斜板，指 CPR 渐增的现象很像斜板，工厂新生产线初期的产量也多属于渐进式增加而称为 ramp-up，此处说法类似。

简单来说，当利率上升时，较现行利率（current coupon）为低的资产池的提前还本行为会减缓，增加了投资的收益率；但当利率下降时，较现行利率为高的资产池的提前还本行为会增快，降低投资的收益率。其次，由于地域、人口分布特性（demography）的不同，不同区域即便是以相同利率发放的房贷组成的不同资产池会展现非常不同的提前还本特性，因而也会相当程度地影响到房贷债券的投资收益，所以对资产池的深入了解对于投资房贷债券的绩效会有很大的帮助，因此对于借款人提前还本（prepayment）行为的研究成为研究房贷投资的主流课题。

5.1.2.4 违约（default）与 PSA 标准违约假设

对于政府机关、政府资助企业保证的房贷转手债券来说，并没有"违约"的问题，因为一则这类房贷的发放标准（underwriting standards）比较严格，因此违约率很低，二则一旦发生违约时，保证机构会介入理赔，因此通常没有所谓违约的问题。但是非政府机关、政府资助企业保证的房贷转手债券（也就是所谓的"私人品牌"（private label）债券）即使有信用增强，也无可避免会面对违约的问题。

对于违约率的计算，公共证券协会也比照提前还本的方式做出了一套"标准违约假设"（standard default assumptions，SDA），一样是以百分比来表示，100%的 SDA 是指：

（1）第一个月的年化（annualized）违约率是 0.02%。

（2）第 2 至第 30 个月的每个月违约率增长 0.02%。

（3）第 30 个月至第 60 个月的违约率稳定在 0.6%。

（4）从第 61 个月至第 120 个月，违约率以每个月 0.0095%的减幅直线下降到 0.03%。

（5）第 120 个月至第 348 个月的违约率稳定在 0.03%。

（6）最后一年（第 349 个月至第 360 个月）违约率为 0。

虽然公共证券协会做出了这套标准违约假设，但是也让现金流的计算更为繁琐，因此尤其在处理政府机关/政府资助企业保证的房贷债券时，实务上很多投资人就干脆把 PSA 与 SDA 简化合并为用一个 PSA 假设来计算某个房贷资产池/转手债券的投资收益了。

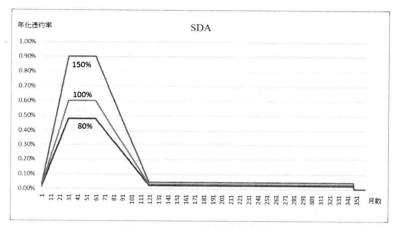

图 5.2　SDA 标准违约假设

资料来源：作者整理。

5.1.3　房贷支持转手债券的市场

5.1.3.1　房贷支持转手债券的交易与清算交割

美国房贷支持转手债券的交易一般分为确定式（specified）及待确定式（to-be-announced, TBA）两种。

通常在买卖已存在的房贷支持转手债券时，出售方会对于购买方要求揭露购买的房贷支持转手债券 CUSIP 证券代码[①]，购买方根据 CUSIP 证券代码就可以从它的保证或发行机构的官方网站找到资产池的相关信息，于是双方就可以对于这些转手债券进行"确定式"的交易，并通常在最新的资产池信息（如每月资产池的还本状况）发布以后进行清算与

---

　　① CUSIP 是 Committee on Uniform Security Identification Procedures 的简称，它是美国银行家协会下的附属机构，成立于 1964 年，其主要任务就是发展出一套 9 位数（包含字母与数字）的证券代码，以方便北美地区金融交易后续的清算交割。经过多年的成长与演变，CUSIP 证券代码系统现今涵盖了各种企业债券、政府债券、市政债券、国际债券、新上市股票、特别股、基金、银行可转让存单、银行联贷以及美加地区交易所交易的股票期权等。

交割。由于这类交易是由买卖双方自行议价，所以交割方式也自行议定，不受约束，有的甚至在交易当天进行清算交割，或是依照美国国债（一个工作日，T+1）或企业债券（三个工作日，T+3）的方式进行交割清算。另外，买卖双方也可以就资产池的规模差异进行协商，也不必受"待确定式交易"的清算交割规范所约束。

但是房贷支持转手债券市场的一个重要功能，就是为新发放的住房贷款提供一个高流动性的二级市场，许多发放住房贷款的金融机构把预期或刚才发放的住房贷款打包预售，作为对冲避险，因此房贷支持转手债券形成一个远期交易（forward）市场。新发行转手债券的发行人无法在交易时就可以提供基础资产池的精确细节，所有的相关细节一概要到交割时才能确定，因此房贷支持转手债券又被称为"待确定"市场，交易的月份可以推到未来的四个月，有的交易商甚至愿意为更远的月份做市（make market），提供报价。SIFMA 每季度会发布一次各个月份的清算时程表，涵盖所有的房贷转手债券，债券出售人在清算日前至少 48 小时向购买人提供资产池的确切相关信息。

5.1.3.2 房贷支持转手债券的市场规模

从下面的表 5.4 来看，政府机构/资助企业保证或发行的房贷转手债券（agency securities）发行余额基本上是处于长期递增的状态，尤其从 1986 年起因为《税务改革法案》（Tax Reform Act）的通过，房贷转手债券市场出现了较大幅度的增长，与美国的国内生产总值相比，首次突破了 10% 而达到了 12%；从 70 年代的不到美国同年度国内生产总值的 1%，一直到 2012 年底增长到了 57,873.53 亿美元，约为美国同年度国内生产总值的 37%，不可谓不惊人。在三个政府机构/资助企业之间，房利美于 2012 年底转手债券发行余额为 27,602.6 亿美元居首，房地美发行余额为 16,086.65 亿美元次之，吉妮美发行余额为 14,184.28 亿美元最小。再看 2012 年底的发行余额之中，主流的 1-4 家庭房贷余额为 55,078.31 亿美元，占发行总余额的 95% 以上。

表 5.4　美国政府机构/资助企业担保的房贷支持转手债券发行余额

年度	FNMA 1-4家庭	FNMA 多户	FHLMC 1-4家庭	FHLMC 多户	GNMA 1-4家庭	GNMA 多户	合计 1-4家庭	合计 多户	总计	美国GDP	占比
1970	-	-	-	-	347	-	347		347	1,024,800	0%
1971	-	-	48	16	3,074	-	3,122	16	3,138	1,113,100	0%
1972	-	-	331	110	5,353	151	5,684	261	5,945	1,225,000	0%
1973	-	-	617	149	7,561	329	8,178	478	8,656	1,369,300	1%
1974	-	-	608	149	11,249	520	11,857	669	12,526	1,485,900	1%
1975	-	-	1,349	249	17,538	719	18,887	968	19,855	1,623,400	1%
1976	-	-	2,282	389	29,583	989	31,865	1,378	33,243	1,809,100	2%
1977	-	-	5,621	989	43,555	1,341	49,176	2,330	51,506	2,013,600	3%
1978	-	-	9,657	2,235	52,732	1,615	62,389	3,850	66,239	2,276,000	3%
1979	-	-	12,149	3,031	73,853	1,934	86,002	4,965	90,967	2,543,500	4%
1980	-	-	13,471	3,383	91,602	2,272	105,073	5,655	110,728	2,767,500	4%
1981	717	-	19,501	352	103,208	2,581	123,426	2,933	126,359	3,103,800	4%
1982	14,450	-	42,560	404	116,038	2,902	173,048	3,306	176,354	3,227,700	5%
1983	25,121	-	57,273	622	155,950	3,900	238,344	4,522	242,866	3,506,900	7%
1984	35,965	250	70,253	569	175,589	4,392	281,807	5,211	287,018	3,900,400	7%
1985	54,036	951	99,515	872	206,198	4,947	359,749	6,770	366,519	4,184,800	9%
1986	95,791	1,383	166,667	4,705	256,920	5,777	519,378	11,865	531,243	4,425,900	12%
1987	137,988	1,972	204,977	6,657	309,806	7,749	652,771	16,378	669,149	4,698,900	14%
1988	172,331	5,919	219,988	6,418	331,257	9,270	723,576	21,607	745,183	5,061,900	15%
1989	219,577	8,655	266,060	6,810	358,142	10,225	843,779	25,690	869,469	5,439,700	16%
1990	291,194	8,639	308,369	7,990	391,505	12,098	991,068	28,727	1,019,795	5,750,800	18%
1991	362,667	9,317	351,906	7,257	415,767	9,528	1,130,340	26,102	1,156,442	5,930,700	19%
1992	435,979	9,000	401,525	5,989	410,675	8,841	1,248,179	23,830	1,272,009	6,261,800	20%
1993	486,804	8,721	442,612	4,535	404,864	9,202	1,334,280	22,458	1,356,738	6,582,900	21%
1994	520,663	9,580	487,725	3,126	441,198	9,736	1,449,586	22,442	1,472,028	6,993,300	21%
1995	569,724	13,235	512,238	2,813	461,438	10,845	1,543,400	26,893	1,570,293	7,338,400	21%
1996	633,209	17,570	551,513	2,747	494,064	12,182	1,678,786	32,499	1,711,285	7,751,100	22%
1997	687,981	21,601	576,846	2,539	523,225	13,654	1,788,052	37,794	1,825,846	8,256,500	22%
1998	804,204	30,313	643,465	2,994	522,498	14,948	1,970,167	48,255	2,018,422	8,741,000	23%
1999	924,941	35,942	744,619	4,462	565,189	17,074	2,234,749	57,478	2,292,227	9,301,000	25%
2000	1,016,398	41,352	816,602	5,708	592,625	18,929	2,425,625	65,989	2,491,614	9,898,800	25%
2001	1,238,125	52,226	940,933	7,476	569,460	21,908	2,748,518	81,610	2,830,128	10,233,900	28%
2002	1,478,610	59,677	1,072,990	9,072	512,097	25,790	3,063,697	94,539	3,158,256	10,590,200	30%
2003	1,642,721	63,721	1,145,970	16,098	444,820	28,918	3,233,511	108,737	3,342,248	11,089,300	30%
2004	1,694,410	58,041	1,173,847	15,546	409,089	32,147	3,277,346	105,734	3,383,080	11,797,800	29%
2005	1,780,352	53,017	1,294,521	14,503	371,484	33,762	3,446,357	101,282	3,547,639	12,564,300	28%
2006	1,932,928	44,266	1,442,306	8,415	373,886	36,135	3,749,120	88,816	3,837,936	13,314,500	29%
2007	2,259,032	39,815	1,706,684	10,658	405,818	37,643	4,371,759	88,116	4,459,875	13,961,800	32%
2008	2,479,878	38,530	1,786,906	14,829	597,206	39,406	4,863,990	92,765	4,956,755	14,219,300	35%
2009	2,605,083	47,951	1,824,656	14,263	836,761	43,509	5,266,500	105,723	5,372,223	13,898,300	39%
2010	2,582,791	77,251	1,707,539	24,049	1,037,538	52,223	5,327,868	153,523	5,481,391	14,419,400	38%
2011	2,552,171	101,574	1,610,660	35,088	1,186,432	60,486	5,349,263	197,148	5,546,411	14,991,300	37%
2012	2,620,078	140,182	1,545,242	63,423	1,342,511	75,917	5,507,831	279,522	5,787,353	15,684,800	37%

资料来源：SIFMA；世界银行；单位：百万美元。

表 5.5　美国政府机构/资助企业担保的房贷支持转手债券发行量

年度	FNMA	FHLMC	GNMA	合计	美国GDP	占比
1970			452	452	1,024,800	0%
1971		65	2,702	2,767	1,113,100	0%
1972		494	2,662	3,156	1,225,000	0%
1973		323	3,277	3,600	1,369,300	0%
1974		46	5,754	5,800	1,485,900	0%
1975		950	9,350	10,300	1,623,400	1%
1976		1,360	14,340	15,700	1,809,100	1%
1977		4,657	15,843	20,500	2,013,600	1%
1978		6,412	11,888	18,300	2,276,000	1%
1979		4,546	23,554	28,100	2,543,500	1%
1980		2,526	20,600	23,126	2,767,500	1%
1981	717	3,526	14,300	18,543	3,103,800	1%
1982	13,403	24,169	16,000	53,572	3,227,700	2%
1983	13,107	19,691	50,700	83,498	3,506,900	2%
1984	12,700	18,684	28,097	59,481	3,900,400	2%
1985	23,126	38,828	45,980	107,934	4,184,800	3%
1986	61,722	100,198	101,433	263,353	4,425,000	6%
1987	70,300	75,018	94,890	240,208	4,698,900	5%
1988	63,279	39,777	55,181	158,237	5,061,900	3%
1989	83,398	73,518	57,074	213,990	5,439,700	4%
1990	112,792	73,815	64,395	251,002	5,750,800	4%
1991	111,539	92,479	62,630	266,648	5,930,700	4%
1992	193,667	179,207	81,917	454,791	6,261,800	7%
1993	220,595	208,724	137,989	567,308	6,582,900	9%
1994	128,629	117,110	111,191	356,930	6,993,300	5%
1995	103,107	85,877	72,895	261,879	7,338,400	4%
1996	147,333	119,702	100,900	367,935	7,751,100	5%
1997	145,807	114,258	104,300	364,365	8,256,500	4%
1998	321,236	250,564	150,200	722,000	8,741,000	8%
1999	294,740	233,031	151,500	679,271	9,301,000	7%
2000	204,189	166,901	103,300	474,390	9,898,800	5%
2001	521,971	389,611	174,600	1,086,182	10,233,900	11%
2002	725,742	547,046	174,000	1,446,788	10,590,200	14%
2003	1,199,549	713,280	217,900	2,130,729	11,089,300	19%
2004	524,885	365,148	125,000	1,015,033	11,797,800	9%
2005	498,549	397,867	86,900	983,316	12,564,300	8%
2006	479,773	360,023	83,300	923,096	13,314,500	7%
2007	620,998	470,976	97,010	1,188,984	13,961,800	9%
2008	541,902	357,861	269,980	1,169,743	14,219,300	8%
2009	804,784	475,412	454,030	1,734,226	13,898,300	12%
2010	627,101	393,037	399,750	1,419,888	14,419,400	10%
2011	610,495	301,174	328,459	1,240,128	14,991,300	8%
2012	865,507	466,479	424,899	1,756,885	15,684,800	11%

资料来源：SIFMA、世界银行；单位：百万美元。

再从表 5.5 中所列的发行量来看，政府机构/资助企业保证或发行的房贷转手债券从 1986 年起因为《税务改革法案》的通过，出现了较大幅度的增长，到 2012 年底发行量增长到了 17,568.85 亿美元，约为美国同年度国内生产总值的 11%。在三个政府机构/资助企业之间，房利美 2012年发行量为 8,655.07 亿美元居首，房地美发行量为 4,664.79 亿美元次之，吉妮美发行量为 4,248.99 亿美元最小。

以表 5.5 为基础，下面的图 5.3 表示了历年来吉妮美、房地美与房利美在发行量上的占比，吉妮美从 20 世纪 70 年代的几乎百分之百下降到今日的约四分之一，房地美近年占比与吉妮美差不多，而房利美则占了总发行量的一半。

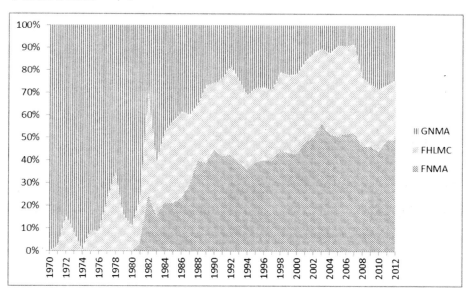

图 5.3　美国政府机构/资助企业担保的房贷支持转手债券发行量占比

另外，从表 5.6 的数据来看，"私人品牌"的房贷债券在 21 世纪第一个十年中次贷危机前后的发行量很大，但近年来已快速萎缩，不再成为市场主流。

表 5.6 美国私人品牌房贷支持转手债券发行量

	政府资助企业	私人品牌
1996	367.9	39.8
1997	364.4	54.6
1998	722.0	128.4
1999	679.3	91.1
2000	474.4	57.8
2001	1,086.2	149.3
2002	1,446.8	243.5
2003	2,130.7	343.1
2004	1,015.0	430.1
2005	983.3	726.0
2006	923.1	687.5
2007	1,189.0	509.5
2008	1,169.7	32.4
2009	1,734.2	9.2
2010	1,419.9	12.1
2011	1,238.6	2.8
2012	1,730.7	4.2

资料来源：SIFMA；单位：10 亿美元。

5.1.3.3 房贷支持转手债券的基础资产

从下面的表 5.7、5.8 及 5.9 来看，房利美、房地美以及吉妮美[1]的房贷转手债券一直还是以固定利率式为主，浮动利率房贷（adjusted-rate mortgage, ARM）的金额相对比较小，这表示长期摊还、固定利率型的住房贷款广为消费者所接受，让消费者对于每月摊还的金额有确定性，而且还拥有提早还款的选择，在此同时把还本付息现金流的不确定性转移给了有能力管理的机构投资人，这也是美国房贷市场经过了七十年的演变而得到的宝贵经验。

---

① SIFMA 对各个机构提供的数据格式不同。

表 5.7　房利美房贷支持转手债券发行量依基础资产分

年度	一家庭房贷债券		多家庭房贷债券		贷债券合计	
	浮动利率	固定利率	浮动利率	固定利率	浮动利率	固定利率
1982	-	13,277	-	126	-	13,403
1983	-	13,107	-	-	-	13,107
1984	1,068	11,583	50	-	1,117	11,583
1985	2,071	20,839	215	-	2,287	20,839
1986	3,653	58,069	-	-	3,653	58,069
1987	7,719	61,665	665	250	8,384	61,915
1988	21,139	40,049	2,092	-	23,231	40,049
1989	18,781	61,790	2,342	484	21,123	62,274
1990	14,743	97,201	759	88	15,502	97,290
1991	12,429	98,847	256	6	12,686	98,853
1992	12,119	180,866	199	483	12,319	181,348
1993	14,240	206,119	85	151	14,325	206,270
1994	15,343	113,109	105	72	15,448	113,181
1995	14,388	88,299	8	412	14,396	88,711
1996	14,124	128,396	323	4,490	14,447	132,886
1997	18,515	122,715	258	4,319	18,773	127,034
1998	13,456	298,777	1,817	7,186	15,273	305,963
1999	9,499	279,201	116	5,924	9,615	285,125
2000	21,301	177,392	295	5,201	21,595	182,593
2001	25,854	483,915	981	11,222	26,835	495,137
2002	67,053	648,376	2,721	7,593	69,773	655,969
2003	120,461	1,059,756	11,944	7,388	132,405	1,067,144
2004	114,427	406,346	761	3,352	115,188	409,697
2005	108,448	383,190	2,699	4,211	111,147	387,401
2006	79,396	396,163	1,517	2,697	80,913	398,860
2007	62,635	552,371	4,346	1,647	66,981	554,018
2008	42,975	496,084	1,206	1,638	44,180	497,722
2009	22,652	767,568	810	13,754	23,462	781,322
2010	37,888	564,736	1,955	22,522	39,843	587,258
2011	40,295	538,385	4,673	27,141	44,969	565,526

资料来源：SIFMA、世界银行；单位：百万美元。

表 5.8　房地美房贷支持转手债券发行量依基础资产分

	一家庭房贷债券			
年度	75天迟延（旧）	浮动利率	"金"凭证（新）	多家庭房贷债券
1997	15	7,020	104,122	451
1998		7,457	242,972	478
1999		8,694	219,227	782
2000		19,855	139,678	492
2001		22,815	356,641	1,503
2002		45,480	485,779	1,859
2003		54,021	646,514	7,792
2004		51,710	303,259	2,853
2005		61,887	318,180	
2006		70,845	281,890	
2007		78,114	355,152	
2008		31,062	317,603	
2009		3,519	459,324	
2010		16,622	359,687	
2011		25,786	275,388	
2012		18,515	416,980	

资料来源：SIFMA；单位：百万美元。

表 5.9　吉妮美房贷支持转手债券发行量依基础资产分[①]

	GNMA I		GNMA - II					
年度	一家庭	多家庭	一家庭	浮动利率	其他	大额房贷	反向房贷	预造房屋
2009	5,054,375	494,896	3,170,687	244,741	3,381	110,435	51,079	2,363
2010	6,208,463	573,131	4,594,119	353,586	4,071	84,753	190,668	2,728
2011	6,483,299	676,253	6,072,741	531,147	4,283	122,736	317,459	2,814
2012	6,006,061	786,148	7,731,033	633,482	4,038	163,831	421,982	3,275

资料来源：SIFMA；单位：百万美元。

---

① 吉妮美数据比较不全。

第二节　一级市场：固定利率、利率风险及其转移机制

　　前几年由美国带头发生的金融海啸影响遍及全球，美国的金融体系固然遭遇到重大冲击，经济衰退，也让世界其他各国的经济及金融体系受到了重大的影响，直到目前仍然未能确定复苏的步调。金融海啸的远、近起因很多，一般认为美国的次级（sub-prime）房贷是金融海啸的元凶之一，但是传统的独栋房屋（包含 1-4 家庭）的优质（prime）贷款（通常为符合吉妮美、房利美及房地美正常发放标准的房贷）仍为美国房贷市场的主流，这类贷款中的固定利率 15/30 年长期住房贷款受到中产阶级购屋者的青睐，这些在一级房贷市场中所创造出来的房贷大部分都被转换成房贷转手债券，在房贷债券的二级市场中交易；一级市场的房贷利率显然取决于房贷债券在二级交易市场中的价格，二级市场的债券价格又回头取决于一级市场里的房屋供需与利率水平，这后两者又都构成整个宏观经济里的重要部分。

　　长期固定利率房贷在发放过程当中，隐含了利率风险；更准确地说，贷款发放人（originator）（银行或专业的房贷金融公司）在发放新房贷的过程中给了申请房贷的购屋人一个利率的复合期权（compound option）。幸好美国的房贷市场与房贷衍生性金融商品市场基本上都是完全竞争市场，衍生性金融商品的买卖更是一个典型的零和博弈，衍生性金融商品的供给可以透过对冲避险（hedging）的方法来创造，让市场维持动态的均衡。因此，为了规避、降低这个房贷发放过程产生的利率风险，债券交易商在利率衍生金融商品市场创造出了各种相关工具，以对冲利率风险，为房贷的发放机构提供了稳定的业务及利润。

　　美国一年中有数百万个房贷被完成，数百万户房产交易过户，但是一般大众很难意识到房屋贷款的发放事实上是一个风险的过程，尤其是

传统主流的固定利率房贷发放过程隐含了一个非传统的复合式期权，本节先经由简短回顾期权评价理论的发展，探讨这个复合式期权的真正性质，推导出了此复合期权在实务上常用、简易可行的评价方法，并且会发现这个理论架构对不同的市场参与者有不同的用处，更可以借由房贷债券二级市场回头来发现、验证一级市场房贷发放的效率。

5.2.1 房屋贷款发放的管道与机制

一般在美国，房贷的发放是一个大约需要三个月的过程，现说明如下。

（1）购屋人找到合意的房屋后，到房贷公司申请房贷，数额通常为数十万美元不等；房贷公司会要求申请人填写详细的资料，并缴交数百美元的申请费。此时，房贷公司也承诺，如果申请人的信用经过审核合格后（一般会需要几周的时间），房贷公司将会以申请当天挂牌的利率在三个月后签约成交时（closing）放款给申请人，也就是房贷公司当日已锁定（lock in）放款利率了。

（2）几周过后，房贷公司会通知申请人是否通过信用审核。如果通过，申请人就必须要在申请时间一个月内回到房贷公司，缴交申请额百分之一（one point）的第一笔成交费（closing fee）。

（3）如果再没有发生其他的问题（如目标房屋有重大瑕疵），买卖双方及各自的银行或房贷公司的代表一般会在（再过）两个月后聚集，正式办理房屋的签约过户（closing），完成整个房屋买卖。此时，房贷公司会向购屋人再收取（第二笔）百分之二的成交费（各地会略有不同），并以申请时承诺锁定的利率拨贷。

因为一个房屋贷款要经过三个月的流程才能完成，这个房贷发放的过程通常又称为管道过程（pipeline），这段时间对房贷公司及房贷的申请人都产生了利率走向的不确定性。

对申请人来说，申请房贷当天的牌告利率为何，成为他日后决策的最重要依据。数周以后，房贷公司通知他已经通过信用审核时：如果市场的房贷利率已经比申请时还低，他大可以向房贷公司要求降息，或转而向其他房贷公司或银行以较低的新利率申请贷款，而他的损失充其量只是数百美元的申请费，但是日后潜在的利息节省可能高达数万美元；但如果市场的房贷利息升高，购屋贷款申请人会毫不迟疑地向房贷公司缴交百分之一的第一笔成交费，锁定这笔贷款。无论如何，房贷申请人没有任何义务一定要向这家房贷公司借钱。

三个月过户时间一到，购屋人可以再度观察市场的利率，以决定他后续的作为：如果此时利率比锁定的利率低，他还是可以向房贷公司要求降息，或转而向其他房贷公司或银行以较低的新利率申请贷款，当然这时他的机会成本就垫得更高（除了数百美元的申请费外，还包括了两个月前缴交的百分之一的第一笔成交费，以及卖主可能会因为延迟而要求的潜在罚金），但是因为潜在的利息节省可能还是高达数万美元，这也不是太困难的选择；可是在利率升到比申请时还要高的状况下，购屋贷款申请人会很高兴地再交给房贷公司第二笔成交费，依照原定计划把房子顺利过户。

相对于房贷公司而言，购屋贷款申请人的两次自由选择的机会就是一个大问题：如果利率下降，房贷申请人一定会要求降息，原来的约定利率一定无效；如果利率上升，购屋人会依照原来较低的利率来完成购屋程序。换句话说，房贷公司只有义务，没有权利；而购屋人在不同的时点向房贷公司缴交了手续费后，就对于合约继续执行与否有选择的权利，而没有义务。

再换一个角度来看，这整个发放的管道过程，其实相当于房贷发放机构向房贷申请人收了申请费之后，卖了一个利率的复杂期权给购屋人，它们的问题是：如何在收取了有限的费用之后，将这个放空（short）复杂期权的风险降到最低，这也就是重要的利率风险转移机制。

5.2.2 管道过程的对冲避险

房贷公司或银行作为房贷的发放人，对于管道过程的风险有一定程度的基本认识，因而通常会采取避险对冲（hedging）的措施，以达到降低或转移风险的效果。这些避险对冲的措施基本上是在金融衍生工具市场内达成，使用的金融工具包括了远期交易、期货（futures）或者是各种期权（option）。

5.2.2.1 放空房贷债券的远期合约或美国中期国债期货

放空房贷债券的远期合约或美国中期国债期货是最基本、最直接的对冲避险方式，但并没有完全解决问题。因为利率上涨时，房贷申请人完成交易的机率很高，放空远期合约也确实达成了对冲避险的目的；但如果利率下跌，房贷公司非常可能如前面所描述地必须降低利息，甚或房贷申请人因为种种原因不回来完成交易，导致了房贷公司过度避险（over-hedge）而造成损失，这些情况都是事先无法预知的。

因为正常的房贷有本金摊还（amortization）的特性，30 年固定利率房贷本金摊还的平均时间（一般称为 average life）非常接近于 10 年，加之房贷债券都是在大型证券商的交易室以店头市场（over-the-counter, OTC）中的（采逐月交割方式）远期交易完成（因为到期交割的资产池在交易时并不确定，所以一般简称为 TBA，to-be-announced）；有些房贷公司不喜欢店头市场较高的交易成本（买卖价差，bid-offer spread），而倾向于在芝加哥期货交易所（CBOT）放空 10 年期美国中期国债期货从事避险对冲。虽然 10 年期美国中期国债期货的交易成本很低，流动性也非常充足，但是这种做法又加上了房贷债券与美国国债之间的利差风险（spread/basis risk），而且前述的过度避险的可能性也并没有消除。

5.2.2.2 两种基本的期权避险策略

房贷债券的期权在美国发达的债券市场里有非常悠久的历史，它有一个特殊的名称叫做 standby，说明了期权的出售人随时准备履行他的义务。最基本的期权有买权（call option）与卖权（put option）两种，本书在此对于这两种最基本的期权不再多做说明。

一般来说，最大型的银行与证券商（包含外国银行及券商）约有三十多家是纽约联邦储备银行认可的"主要国债交易商"（primary government securities dealers），可以直接参与美国财政部的国债标售，并与纽约联邦储备银行的公开市场操作部门进行国债交易，协助联储调节货币供给；这些主要国债交易商都有很大的自营做市（market making）部门，房贷债券及相关的衍生金融工具也都是其中很重要的业务。

1. 买"卖权"

最保守的房贷公司一般会向上述的大型债券交易商询价后购入传统卖权，以保护自己的 pipeline。所谓的保守策略，就是一旦付出卖权的价金（premium），等于买了一个保险，最大的损失只是这笔"保险金"。如果利率上升，购屋人完成交易，房贷公司可以把贷款交由吉妮美、房利美或房地美这类政府资助企业转为房贷转手债券，以卖权的执行价（strike/exercise price）卖给债券交易商，不受利率上升的影响；但万一利率下跌，房屋交易没有完成，没有贷款产生，房贷公司也没有任何后续的义务做任何其他的事情，也因此不会有过度避险带来的进一步损失。

向证券自营商买入卖权的房贷公司当然希望能保住自己的手续费收入，也少一点支出，所以作价外（out-of-money）的情况比较多，三个月的一个百分点价外（one point out-of-money）卖权通常的价金在本金（面额）百分之一以下（真正的价金会由市场决定），相当于牺牲约三分之一的整体房贷手续费收入（通常就称为 points，最高达三个百分点）就可以买到保险，当然过度避险的可能性也并未完全排除，只不过是不会有更进一步过度避险的损失。

2. 卖"买权"

另外，美国的储贷机构是发放房贷的主力之一，这些储贷机构类似于银行，通常不喜欢付钱买保险，反而倾向于卖"买权"（这类策略一般称为 short Call 或 covered call writing）来作为对冲避险。他们首先就是会收入一笔买权价金；其次，如果利率上升，房贷会办理完成，但是多半房贷会留在资产负债表上作为放款，不需要做市价重估（mark-to-market），加上还有总共百分之三的手续费收入，对经营绩效的影响不明显；如果利率下跌，房贷没做成，但资产负债表上现有的同类房贷债券会被证券商依执行价买走，尤其是当执行价高于原始交易时的市价（价外交易）的时候，业绩也很看好。当然，这是一种比较投机的策略，严格来讲更不是对冲避险，而是储贷机构的投资或资产负债管理（asset-liability management）的策略了。

5.2.2.3 两种复杂的期权避险策略/工具

针对前述的两种基本期权的避险对冲策略，"买「卖权」"对很多房贷金融公司太贵，而"卖「买权」"又太投机，必须要有新的、非传统的金融工具来解决这个问题。

1. 买"变动交割"卖权（variable delivery put option）

如前所说，当利率上升时，理性的购屋人一定会把握原有与房贷公司的合约，完成购屋的手续；在利率下降时，理性的购屋人一定会另起炉灶，而不会依原来的合约走完原定的程序。此外，即使是在利率不动的正常状况下，也会有购屋人因为种种其他的理由，没法完成购屋的程序。因此，如果房贷公司有相当的把握，可以合理预测到在不同利率情境下有多少客户来完成购屋程序，也就是等同于有多少房屋贷款可以被创造出来，他们就可以向证券商购买「变动交割」卖权作为对冲避险的工具。

简单来讲，所谓的"变动交割"就是在一个卖权中可以设下几个不同的执行价格，在每一个执行价格下可以有不同的执行数量（通常是执行价格越高，执行数量越少）；而这种执行价格与数量的组合是无法用混合不同简单卖权的交易策略（spread strategy）来复制达成的。

直觉来说，房贷公司购买这类复杂式的卖权时，它与交易对手在不同价位交割的房贷（债券）的数量必有约定，但整体一定不会高于一个传统式卖权完全不变的交割数量，因此在其他条件不变下，"变动交割"卖权确实是会比传统式卖权便利、便宜的。

2. 买"分次付费"卖权（split fee put option）

在前面所提的"变动交割"卖权交易时，房贷公司还要具备相当的主观，自行选择设定要交割的数量及执行价位，也可以说是要具备主观概率分配（subjective probability distribution），其正确性是这类交易成功的关键因素。

但是在购入"分次付费"卖权时，房贷公司完全不需要设定太多的相关交易参数，就可以很轻松地完成这种交易。执行"分次付费"卖权交易的具体过程如下：

A. 房贷公司向证券自营商询价后，以一个非常低廉的费用，取得向证券商在一个月以后以一个约定价金购买一个特定的两个月期的"卖权"的权利；这个约定在一个月后可能会支付的卖权价金，通常会小于债券面额的百分之一。

B. 一个月以后，房贷公司就会依当时的情况，决定是否要用一个月以前已谈好的条件，向证券商购买这个卖权，而这个卖权的执行价格通常至少是一到两个百分点的价外（one-to-two points out-of-money）。

我们可以观察到，"分次付费"卖权事实上与房贷公司所提供给购屋人的条件是一个镜射（mirror mapping）的关系：

C. 购屋人一开始付数百美元给房贷公司，取得锁定当时放款利率三个月的承诺；房贷公司转身向自营商，以很低的一笔费用取得一个月以后以一个议定的价金购买一个卖权的权利。房贷公司所付的这第一笔低费用可能通常是一个百分点的10%到15%，所要购买的远期卖权价金也不会超过一个百分点（对应于买房时第一笔一个百分点的手续费），这个卖权的执行价也至少是一个百分点的价外（对应于买房时第二笔两个百分点的手续费）。

D. 一个月以后，如果购屋人回到房贷公司，缴交一个百分点的第一笔手续费，那么房贷公司就会转身向证券自营商行使他的买权，以约定的价金购入一个为期两个月的卖权；相反地，如果因为利率下跌或其他的因素，购屋人不回来确定贷款，房贷公司也没有必要去继续花钱买卖权来对冲管道过程风险。

E. 又两个月过去，如果利率上涨，贷款购屋人回来缴交了两个百分点的第二笔手续费，完成购屋手续，房贷公司也会行使他两个月之前买入的卖权，抵销了因利率上涨所带来的跌价损失。如同两个月前一样，如果购屋人决定不完成购屋，房贷公司也不用再做任何事情，也没有损失，因为他面对证券商所掌握的是权利（卖权），而不是义务。

分析到此，我们可以体会到"分次付费"卖权在对冲房贷管道过程风险的优越性，房贷公司完全不需要预测未来市场利率的动态与房贷申请人的决策，只要充分利用（或杠杆）购屋人共分三次缴交的手续费，就能循序建立一个可以完全避险的机制。我们将以上四种期权策略的总结比较如下：

表 5.10　四种期权策略的总结比较

	买"卖权"	卖"买权"	买"变动交割"卖权	买"分次付费"卖权
性质	避险	投机	避险	避险
优点	简便	简便	比较便宜	简便、真正避险
缺点	比较昂贵	不是真正避险	需要主观预测	无

资料来源：作者整理。

我们也发现，所谓的"分次付费"卖权其实是一个复合式的期权（compound/ complex option）；更准确地说，它是一个卖权的买权（call on put），我们将在下一小节来讨论它在实务上的评价及运算法；而"变动交割"卖权的评价方法也可以用类似的运算法来解决。

5.2.3　期权评价与运算法

5.2.3.1　远期交易期权的评价

房贷债券是以远期交易（forward）的形态在店头市场买卖的。远期合约与现货（一般的有价证券交易的方式）最重要的差异，就是在于远期交易在最终交割（settlement）前没有现金流的产生，因此在从事远期合约的期权评价时，不能直接引用 Black, Scholes（1973）[①]，而 Black（1976）[②] 就针对这个问题提供了解答。

令 F 代表远期合约，价格服从对数常态概率分配，则 F 的欧式买权可以用下列公式表示：

$$C(F,t)=\mathrm{e}^{-rt}\cdot[F\cdot N(d_1)-K\cdot(d_2)] \tag{5.1}$$

此处

$$d_1=\frac{\ln\left(\dfrac{F}{K}\right)+\left(\dfrac{\sigma^2}{2}\right)t}{\sigma\sqrt{t}}, \tag{5.2}$$

以及

$$d_2=d_1-\sigma\sqrt{t}\,。 \tag{5.3}$$

因为远期合约 F 欧式选择权的平价套利（put-call parity）关系是

$$C-P=\mathrm{e}^{-rt}(F-K), \tag{5.4}$$

所以我们可以轻易求得欧式卖权 P 的闭式解（closed-form solution）为

$$\begin{aligned}
P(F,T)&=C(F,T)-\mathrm{e}^{-rt}(F-K)\\
&=\mathrm{e}^{-rt}\cdot\left\{K[1-N(d_2)]-F\cdot[1-N(d_1)]\right\}。
\end{aligned} \tag{5.5}$$

---

① Black, Fischer, and Myron Scholes. The Pricing of Options and Corporate Liabilities[J]. Journal of Political Economy, 1973, 81 (3): 637~654.

② Black, Fischer. The Pricing of Commodity Contracts[J]. Journal of Financial Economics, 1976, 3, 167~179.

5.2.3.2 Forward 复合期权的评价

Geske（1977）是最早提出股票复合式期权评价的学者，但房贷债券的"分次付费"卖权的评价在文献中并没有讨论，实务上我们是借用 Cox, Ross, Rubinstein（1979）[①]（CRR）的方法。CRR 针对 Black-Scholes-Merton（BSM）模型中所使用的无风险投资组合的突破性思维，用二项概率分配（binomial distribution）提出了直观、离散（discrete）的解释。

在 CRR 的二项概率分配假设下，可以证明当树枝分叉次数 n 趋近于无限大的时候，CRR 方法选择的离散的二项概率分配是向 BSM 类模型定义的连续的对数正态分配趋近；换句话说，CRR 模型是 BSM 类的离散版，如果 n 定得够大（实务上大于 30）的时候，两个计算方式基本上会得到几近完全相同的结果。但是 CRR 模型的好处不仅于此，因为它的计算非常简便，而且可以加入不同的边际条件（boundary condition），让可以随时行使的美式期权及某一些特异（exotic）期权也变得比较容易评价，因此在实务上得到相当广泛的应用。

根据 CRR 的方法，我们定义远期合约 F 的价格变动服从二项概率分配，并假设在复合期权存续的第一段 t（单位为年）期间内，价格 F 共向上或向下变动了 N 次，每次变动相隔时间为 τ（$= t/N$），价格向上变动成为 uF、向下成为 dF。

定义：

$$u = e^{\sigma\sqrt{t}} \ (>1), \tag{5.6}$$

$$d = \frac{1}{u} = e^{-\sigma\sqrt{t}} \ (<1)。 \tag{5.7}$$

相对于价格向每次上变动时（$F \nearrow uF$），形成一个定义为风险中立的机率 P（risk-neutral probability），

---

① Cox, J.C., S.A. Ross, and M. Rubinstein. Option Pricing: A Simplified Approach[J]. Journal of Financial Economics, 1979, 7:229~263.

$$p = \frac{1-d}{u-d} \, , \tag{5.8}$$

以及价格每次向下变动时（$F \searrow dF$），也有一个风险中立的机率 q，

$$q = 1 - p = \frac{u-1}{u-d} \, 。 \tag{5.9}$$

计算的主要过程，必须先将价格 F 从 $N=0$ 逐步展开成为一个变动 N 次的树（扇）状图，这个树状价格变动图涵盖的时间就是复合期权第一段行使买权的时间（以本节来说，通常也就是一个月）；最终在第 N 步时将产生（$N+1$）个节点（node），每一个节点代表在 t 时间价格分配（distribution）中可能的价格。

在树形图最末（右）一排的每一个节点上，是用 Black（1976）远期合约期权公式算出的卖权 P_k（F，T）值（T 代表第二段简单卖权的有效期间），于是"分次付费"卖权这个复合期权（call on put）的评价公式就可以用下列算式得出：

$$\frac{1}{(1+rt)N} \sum_{k=1}^{N+1} \binom{N}{k-1} p^{k-1} q^{N-k+1} \cdot \text{Max.} \left[pk(F,T) - K_{\text{call on put}}, 0 \right] 。$$

$$\tag{5.10}$$

"变动交割"卖权的评价方式更可以直接使用 CRR 方法，只要把恰当的边界条件在 F 价格变动的树形图中设好，答案也就可以很容易计算出来。

5.2.4 期权模型的实际应用

房屋抵押贷款债券在先进国家的中长期债券市场中是极为重要的一环，一个良好的房贷债券市场能帮助一般民众顺利买到自用住宅，成为稳定社会发展的重要力量；另一方面，优质的中长期房贷债券也是良好的投资工具，让保险公司、退休基金可以用来作为对应于它们巨额长期负债的投资工具，也间接促进了社会、经济的发展与稳定。再者，银

行承作优质的房屋贷款后，把这些贷款予以证券化后出售，以减少银行对于监管资本的需求，间接增强了金融体系的体质，这都是中国在发展优质房贷的市场时可以借鉴的原则与经验。

在美国，1-4 家庭（习惯上还是称为 single family house）15/30 年固定利率的优质房屋贷款（相对于次级房贷）多年来一直是房贷市场的主流，然而一个新房贷的发放过程长达三个月以上，房贷发放人（如银行、储贷机构、房贷金融公司）在这段时间内等于给了房贷申请人一个复合的利率期权，房贷发放者也因而转向大型债券交易商购买避险对冲的工具（如传统卖权、变动交割卖权或分批付费卖权），将发放期间的利率风险降到最低。

房贷分批付费卖权这类特殊的金融衍生工具，是完全因应固定利息房贷发放的风险而生，这种创新的独特之处在于为特定的市场设计出一个完全对应的金融衍生工具，帮助房贷发放者把利率风险完全转移，为房贷的一级市场创造了优良的运营环境，可见得设计良善的金融创新确实可以形成极为有效的风险转移机制，对于整体市场发展有非常正面的作用。我国经历了过去数年的停滞，最近又重新开始推动资产证券化，以强化金融业的体质，逐步推行利率自由化，促进资本市场的发展与总体经济的健全，美国在这方面的良好发展经验可以作为参考。

本节前面针对固定利率房贷管道过程风险做了详细的讨论，也分析了分批付费卖权的实用性，接着讨论了分批付费卖权的评价方式。基本上，分批付费卖权在实务上的评价法是 Black（1976）及 CRR 模型的延伸，使用 CRR 的二项分配的演算法相对容易运行。

姑且不论利率期间结构模型与购屋人提早还本行为模式的复杂性，单是针对期权评价模型本身来说，早自 20 世纪 70 年代起很多学者如 Mandelbrot（1997）对 BSM 类的模型就提出了质疑，他们最大的批评是正态分配的假设，因为几乎所有投资收益的实证概率分配都很难符合正态分配。但是在投资理论发展的过程中，正态分配假设的数学难度（相对于其他的概率假设）比较低，也比较容易处理，因而让经济学者集中精力探讨、体悟到了期权评价理论的精髓，所以在理论的发展上是有非常重要而正面的意义的。

另外，经济社会学家 MacKenzie（2006）对财务模型与金融商品市场间的互动有非常精辟的分析，交易员使用 BSM 模型产生的数据在 20世纪 70～80 年代基本上也主导了市场上实际的股票期权的交易行为，尽管后续学界与业界用 generalized 概率分配、实证概率分配、copula 等方法来取代正态分配假设的研究一直在进行，目前也都还难有定论。其实，在交易实务上，如果债券交易商从事造市交易时同时买、卖多种、多个简单及复合期权，会降低期权本身非线性（non-linear）的交易风险，在某个程度上也降低了这种机率模型 mis-specification 所造成的风险。

在本节中提到的复合式期权评价模型，对于房贷发放人也有多样的功能：第一个功能就是市场上各类参与者对冲避险工具的订价或评价，其次随之而来的就是房贷发放机构对本身整个管道过程（明显地相当于一个庞大的期权交易/投资组合）风险的衡量与管理，这两者是金融衍生工具评价一体的两面。

复合式期权另外一个重要的功能就是价格发现（price discovery）：因为二级市场中一般所称的 current coupon（指价格最接近 100 面额的当月交割债券的票面利息）加计费用（包括房贷保险费与服务费）反映的是大约三个月以前一级市场应有的新房贷发放利率，所以我们可以使用复合期权评价公式去房贷债券（远期交易）的二级市场中反推出一个整体不亏损的最低利率作为当下的房贷发放利率，也可以使用不同的手续费（closing fee）结构创造不同的房贷产品，达成对于管道过程风险完整的认知与控制。

第六章　多档次房贷支持债券

我们在第五章的研究就发现，美国政府资助企业（包括吉妮美、房利美、房地美）所担保或发行的房贷支持转手债券从 20 世纪 70 年代末期发轫，因为产品设计简单、得当，在 20 世纪 80 年代前期就已经在资本市场上站稳了脚步，获得了广大债券投资人的认同，政府资助企业房贷的支持转手债券成为了美国联邦政府发行的国债与优良企业发行的企业债券之间的另一个投资选择。

由于资本市场当时已经在国债的付息及还本现金流"剥离"（stripping）上累积了相当多的经验，投资银行及金融机构（包括主要的政府资助企业）都思考是否可以仿照国债的现金流剥离方式，将最长达 360 个月的现金流予以切分，形成多个不同的债券，出售给需求不同的投资人，于是 1983 年出现了"多档次房贷支持债券"（此为意译，并非直译），英文名为 collateralized mortgage obligation（CMO），字面上这只是房贷支持债券 mortgage-backed securities（MBS）的另外一种说法，然而约定俗成让 CMO 成为多档次房贷支持债券的代名词。CMO 这个名字也对嗣后的证券化产品产生了巨大的影响，以企业放款作为基础资产的证券化及其产品通称为 CLO（collateralized loan obligation），以各类债券作为基础资产的证券化及其产品通称为 CBO（collateralized bond obligation），所有以债权/债券作为基础资产的证券化及其产品通称为 CDO（collateralized debt obligation）。

第一节　多档次房贷支持债券的市场及其种类

6.1.1　多档次房贷支持债券的起源

主流的住房抵押贷款都是长期负债，产品设计上大多是采取每月还本付息总金额不变（level payment）的本金摊还（amortization）方式，本金的金额会逐月自然减少；其次，基于放款机构流动性风险及信用风险的考虑，在产品设计上绝大多数都容许借款人提前还款（prepayment），而且并不课以罚金，导致以长期房贷作为基础资产的房贷支持转手债券的本金偿还形成比较大的不确定性，这也使得提前还款的研究成为投资房贷支持债券的最重要课题之一。

在利率下降的环境之中，借款人往往可以透过借新（较低利率贷款）还旧（较高利率贷款），以降低每月的利息负担以及还款金额，这种行为称为"再融资"（re-financing），这是提前还款的最大诱因。在利率下降的环境中，通常房地产的价格上升，买卖交易更为活络，屋主往往会利用售屋的资本利得，加上较低利率带来更高的购买力，换到更大、更好的房子，税法上又常对于这类换屋行为予以免除资本利得税的优待，使得提前偿还率大幅提高。相反的，在利率上升的环境里，往往房地产的价格下降，买卖交易更为清淡，再融资的诱因与需求会下降，住房贷款的提前还款现象也因而下降。

对于投资人而言，到期一次还本的国债与企业债券的产品设计都比房贷支持转手债券简单，而且还有多种短、中、长期次以及信用评级可以选择；相比之下，房贷支持转手债券基本上是每月摊还本金的框架，基础资产池每月还本付息所产生的现金流也有其不确定性，加上主流的房贷支持转手债券的最终还本期高达三十年，这些先天性的产品缺陷让房贷支持转手债券的相对吸引力下降不少。从上面提到的实际状况来看，借款人倾向于在利率下降时提前还款，这又恰恰是投资人最不想提早取回资金的时机，因为资金回收以后只能以更低的利率去做再投资；而在利率上升的时候，借款人又偏偏不会提早还款，反而继续持有手头上利率比较低的长期住房贷款，无法让投资人可以用更高的利率进行再投资。

用债券投资的术语来说，房贷支持债券因而可以视为是一种可赎回债券，这个债券中隐含了一个房贷发放机构/投资人给借款人的不定期、不定量的赎回（期）权，这个赎回权对于债券投资的绩效有很大的影响。我们知道，一个证券价格对于利率的敏感性基本上可以用"存续期间"（duration）来表达，存续期间是由票面利率、还本期间与当时的到期殖利率（YTM）来决定的：存续期间越长，一般债券对于利率变动的反应越大；反之亦然。当其他条件不变，债券票面利率越高，存续期间越低；反之亦然（因此零息债券价格对于利率的变动最敏感）。然而，当利率下降时，较高票面利率的房贷债券在其他条件不变的状况下价格已经上升较慢，价格甚至可能因为提早还款的发生而从远高于面额（premium）向面额下降，甚至因为完全还本而使存续期间瞬间归零[①]，形成当期负收益的亏损状况；当利率上升时，票面利率较低的房贷债券的提早还款更不会发生，导致存续期间反而拉得更长，本金回收更慢，投资绩效变差，这些都是房贷债券投资人天天都要面对的状况，当然这也是精明的投资人可以比其他投资人获得更高投资绩效的契机。

所以政府资助企业担保或发行的房贷支持转手债券固然满足了投资人对于高信用评级债券的需求，但是产品本身对于上述的再投资风险无法解决。因此，如果可以容许房贷支持转手债券的发行人对于债券的现金流加以某种程度的管理，或许就可能解决前述现金流不够稳定的缺点：最直觉的做法，是将原来单一的房贷债券的总现金流做适度的分解、

---

① 利率下降时，因为内含的赎回权而使得债券存续期间不但没有变长、反而缩短的现象，称为"负凸性"（negative convexity）。

切割，成为不同档次的次现金流，以它们作为支持来发行不同的子债券，也就是发行"多档次房贷支持债券"；以这种方式来重新分配现金流，发行人就相当于把现金流的不确定性加以分配，基础资产所产生的现金流中的本金部分优先分配给偿还期较短的子债券，偿还完毕之后再依序偿还给下一个偿还期最短的子债券，直到所有的子债券本金都偿还完毕为止，如此可以让投资人各取所需，对于债券的存续期间与投资绩效有了更高的掌握。

从多档次房贷支持债券的发行人的角度来看，原来发行的单一房贷支持债券是一个现金流有很大不确定性的可买回债券，但是买回权并不掌握在发行人手上，因此投资人会对于这个不确定性来要求更高的投资回报；但是一旦发行人能够把这个不确定性加以分割，也就是能够根据不同档次现金流发行子债券，将它们的平均还本期与相近还本期的国债利率相比定价，投资人对于各子债券要求的投资回报会降低。在正常状况下，因为发行人将一个捆绑在一起的长期现金流分割为不同的次现金流，成功地将这些新分拆创造出来的现金流找到适合的投资人，短期内创造出套利利润（arbitrage profit），长期上也会有助于利率的价格发现和有效利率曲线的形成。

6.1.2 多档次房贷支持债券的市场规模

第一个多档次房贷支持债券发行是由房地美于 1983 年发行。[①] 从下面的表 6.1 来看，SIFMA 对于多档次房贷支持债券发行余额搜集到的资料只有从 2002 年开始，这些资料所能表达的就是"私人品牌"房贷债券（包含 MBS 以及 CMO）发行余额远低于政府资助企业担保或发行的房贷债券余额，私人品牌房贷债券余额在 2007 年次贷危机爆发之前曾达到 23,535 亿美元的高峰；次贷危机之后，私部门的房贷产业受到巨大的冲

---

① Spratlin, Janet, and Paul Vianna. An Investor's Guide to CMO[R], Salomon Brothers, May 1986.

击，政府资助企业受到联邦政府的大笔支援得以幸存，因此多数消费者
又转头来向政府资助企业申请房贷，整体私人品牌房贷债券（包含 MBS
以及 CMO）余额逐步下滑到了 12,790 亿美元的水平，因此三大政府资
助企业（房利美、房地美、吉妮美）在一般房贷支持转手债券上仍然处
于主流；由于这三大政府资助企业较强的信用地位，它们发行或担保的
一般房贷支持转手债券在多档次房贷债券的基础资产上也是处于主流地
位的。

表 6.1　美国 CMO 历年发行余额

年度	政府资助 企业 MBS[1]	政府资助 企业 CMO[1]	私人品牌[2]	合计[3]
2002	3,158.2	922.7	685.5	4,766.5
2003	3,488.1	1,006.5	731.0	5,225.6
2004	3,373.7	1,024.2	990.1	5,388.1
2005	3,541.0	1,116.1	1,500.8	6,158.0
2006	3,834.1	1,255.2	1,992.6	7,081.9
2007	4,459.0	1,343.1	2,353.5	8,155.6
2008	4,956.1	1,324.2	2,110.3	8,390.6
2009	5,371.9	1,265.1	1,865.5	8,502.5
2010	5,481.4	1,355.1	1,638.7	8,475.2
2011	5,546.4	1,356.7	1,436.0	8,339.1
2012	5,656.7	1,232.4	1,279.0	8,168.1

注：一部分 MBS 被证券化成为了 CMO；"私人品牌"包含了住房及商业 MBS、CMO；合计为
简单合计，并不考虑重复计算。

资料来源：SIFMA；单位：10 亿美元。

从表 6.2 的资料，我们发现房地美 1983 年的 CMO 发行额为 16.85
亿美元，但是三家政府资助企业（发行或担保的房贷支持转手债券作为
基础资产）的多档次房贷债券年度发行量于 2012 年底已经达到 2851 亿
美元，29 年之间年复合增长率为 19.36%，增长的速度非常快。此处，
我们也要特别注意表 6.2 中数字代表的意义，CMO 的发行来自于作为基
础资产的 MBS，所以 MBS 与 CMO 的合计可能是有重复的。

表 6.2　美国政府资助企业 CMO 年度发行额比较

年度	MBS				CMO				房贷支持债券总计	CMO/MBS
	房利美	房地美	吉妮美	合计	房利美	房地美	吉妮美	合计		
1970			452	452						
1971		65	2,702	2,767						
1972		494	2,662	3,156						
1973		323	3,277	3,600						
1974		46	5,754	5,800						
1975		950	9,350	10,300						
1976		1,360	14,340	15,700						
1977		4,657	15,843	20,500						
1978		6,412	11,888	18,300						
1979		4,546	23,554	28,100						
1980		2,526	20,600	23,126						
1981	717	3,526	14,300	18,543						
1982	13,403	24,169	16,000	53,572						
1983	13,107	19,691	50,700	83,498		1,685		1,685	85,183	2.0%
1984	12,700	18,684	28,097	59,481		1,805		1,805	61,286	3.0%
1985	23,126	38,828	45,980	107,934		2,625		2,625	110,559	2.4%
1986	61,722	100,198	101,433	263,353	2,392	2,233		4,625	267,978	1.8%
1987	70,300	75,018	94,890	240,208	9,696	-		9,696	249,904	4.0%
1988	63,279	39,777	55,181	158,237	16,752	12,985		29,737	187,975	18.8%
1989	83,398	73,518	57,074	213,990	40,958	39,754		80,712	294,702	37.7%
1990	112,792	73,815	64,395	251,002	66,784	40,479		107,263	358,265	42.7%
1991	111,539	92,479	62,630	266,648	112,688	72,032		184,720	451,367	69.3%
1992	193,667	179,207	81,917	454,791	164,750	131,284		296,034	750,825	65.1%
1993	220,595	208,724	137,989	567,308	245,487	143,336		388,823	956,130	68.5%
1994	128,629	117,110	111,191	356,930	80,862	73,131	3,111	157,103	514,034	44.0%
1995	103,107	85,877	72,895	261,879	8,920	15,372	2,226	26,517	288,396	10.1%
1996	147,333	119,702	100,900	367,935	33,981	34,145	8,018	76,144	444,079	20.7%
1997	145,807	114,258	104,300	364,365	86,966	84,366	8,805	180,136	544,501	49.4%
1998	321,236	250,564	150,200	722,000	83,001	135,162	14,761	232,924	954,923	32.3%
1999	294,740	233,031	151,500	679,271	58,286	119,565	30,021	207,872	887,143	30.6%
2000	204,189	166,901	103,300	474,390	42,154	48,202	18,568	108,924	583,314	23.0%
2001	521,971	389,611	174,600	1,086,182	155,405	192,437	46,330	394,171	1,480,354	36.3%
2002	725,742	547,046	174,000	1,446,788	199,658	331,672	66,204	597,534	2,044,322	41.3%
2003	1,199,549	713,280	217,900	2,130,729	255,428	298,118	72,939	626,485	2,757,214	29.4%
2004	524,885	365,148	125,000	1,015,033	111,740	215,506	50,748	377,994	1,393,028	37.2%
2005	498,549	397,867	86,900	983,316	125,783	208,450	30,173	364,406	1,347,722	37.1%
2006	479,773	360,023	83,300	923,096	123,857	169,396	22,746	315,999	1,239,095	34.2%
2007	620,998	470,976	97,010	1,188,984	106,533	133,321	36,718	276,573	1,465,557	23.3%
2008	541,902	357,861	269,980	1,169,743	95,006	64,305	37,750	197,061	1,366,805	16.8%
2009	804,784	475,412	454,030	1,734,226	100,846	86,202	101,672	288,720	2,022,946	16.6%
2010	627,101	393,037	399,750	1,419,888	175,322	124,100	200,584	500,006	1,919,894	35.2%
2011	610,495	301,174	328,459	1,240,128	136,821	156,200	83,706	376,728	1,616,856	30.4%
2012	865,507	466,479	424,899	1,756,885	127,700	107,900	49,500	285,100	2,041,985	16.2%

资料来源：SIFMA；单位：百万美元。

实际上大部分 CMO 的基础资产都是新近发行的房贷转手债券，也就是同年度新发行的转手债券。我们从图 6.1 可以看到，CMO 发行量占当年度 MBS 发行量的比例在早期一路攀升，最高在 1993 年到达 68.9%以上，其后 1994 年联邦储备理事会提高利率，10 年期国债利率上升了 120 个基点（图 6.2），高度杠杆、以投资特殊 CMO 子债券为主的对冲基金 Askin Capital Management 倒闭，才冲击了整个房贷抵押债券市场，导致房贷债券发行量锐减，CMO 证券化的比例也大幅下降至 44%，1995 年时更降到 10%的谷底，到 2012 年底 CMO 发行量又只占当年 MBS 发行量的 16%；这个比例的历史平均为 30%，代表历史上每年平均有 30% 的 MBS 被证券化成为 CMO；我们观察这个比例的震荡演变，如果在图 6.1 上画一条水平线来代表最可能的情况，25%～30%应该是 CMO 证券化的长期稳定水平。

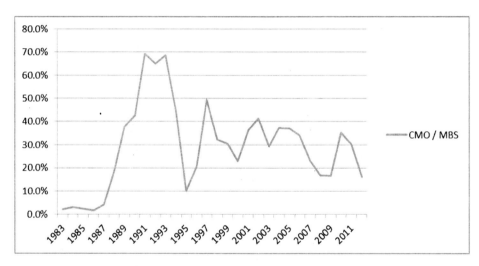

图 6.1　美国整体 CMO 发行占政府资助企业 MBS 发行比例

20 世纪 90 年代中期以后，MBS 证券化 CMO 比例虽然上下震荡，但是振幅越来越小，与利率走势（图 6.2）的关系并不明显，原因不明，一个可能的猜想（conjecture）[1]是"CMO 证券化的内部化"（internalization of CMO structuring）：因为 CMO 证券化技术的发展与散布，让一些大型投资机构法人（如大型的退休基金、保险公司、大型基金管理公司等）购入房贷转手债券后在内部自行拆解成为 CMO，然后依子债券的不同还

---

[1] 扈企平博士建议。

本期限、特性分配给内部的基金经理人，并入各自的投资组合来管理，这个猜想有待取得更多的资料来做进一步的研究。

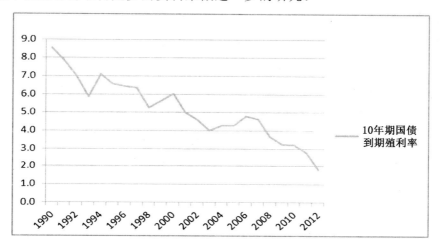

图 6.2　美国 10 年期国债利率走势（%）

资料来源：SIFMA。

再把三个政府资助企业的房贷转手债券各自被证券化的比例用图 6.3 来表示：

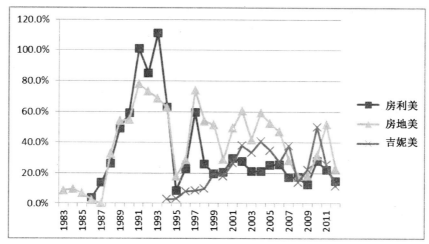

图 6.3　美国政府资助企业房贷转手债券 CMO 证券化比例

从图 6.3 中看出，在 CMO 刚开始发展的几年之间，房利美的 CMO
证券化比例最高，在 1991 及 1993 这两年甚至超过了百分之百，显示当
时对于 CMO 的需求很高，如果不是新发行的 MBS 还不够作为 CMO 证
券化之用因而必须使用到前一年发行的 MBS，就是当年年初就已经开始
用前一年发行的 MBS 开始发行 CMO；房地美则后来居上，MBS 被 CMO
证券化的比例逐渐成为三家政府资助企业的领先者；吉妮美的信用地位
在三家政府资助企业之间最强，也许因此投资人愿意直接持有，让其
CMO 证券化的比例在三家政府资助企业房贷转手债券之中一直居于比
较滞后的地位。

6.1.3 多档次房贷支持债券的特殊发行实体与再证券化

我们在第五章中提到，基本的美国房贷转手债券的特殊发行实体
（SPV）是采用了授予者信托（grantor trust）的形式。

信托是一种特别的合约，它的意义是某人（法人或个人作为受托人
trustee）为了他人的利益而持有财产，这种特殊的行为用"信托"合约
来界定与执行，其主要目的是用来处理财产的转移、继承等，微观来说
是与所得税、赠与税、遗产税的税制有很大的关系，宏观来说更可以说
是与法系及法制有密切的关系，实务面相当复杂，通常是由专业的律师
来设计、执行。

信托的制度在海洋法系的国家由来已久，一个信托是由"授予人"
将最初的资产注入信托中以促使该信托的成立；但是"授予者信托"又
有它特殊的定义，它是信托的一个大类：授予者信托是一种可撤销
（revocable）信托，也就是授予者保留了更改信托条件甚至撤销信托的权
利，而且"授予者信托"的"授予人"可以充当这个"授予者信托"的
受托人（trustee）以及受益人（beneficiary），这也就是我们会看见房贷
发放机构会以自己或控股的子公司来作为特殊发行实体的受托人、管理
人（administrator）及服务人（servicer）的原因。

更重要的，"授予者信托"成立之时，"授予人"转移资产到特殊发行实体时是视为资产出售，一方面将资产从发行人的资产负债表上移出，也不发生赠与税的税负①。另外，根据美国内地税法第 671 节（IRC§671）的规定，"授予者信托"内投资活动所产生的联邦所得税后果是由授予者或是有权将信托财产完全占有的人来承担；所以从联邦所得税的角度来说，授予者信托本身是一个"空壳"，它完全将所得税负"转手"了，本身并不负担所得税②。因此我们可以了解，以授予者信托作为资产证券化特殊发行实体的房贷转手债券，在授予者信托的层次并没有产生任何所得税负，基础资产的还本付息现金流经由授予者信托（特殊发行实体）"转手"给了投资人，所得税负也经由授予者信托"转手"给了投资人，所以美国人在转手债券的创建上使用"授予者信托"是他们在法律框架中采取的一种合法、有效率的节税方式。然而，为了满足上述免税的要求，授予者信托的另外一个要件就是授予人不得以任何方式来分配信托资产的收入③，换句话说，资产池里基础资产所产生的现金流必须完全按照投资比例"转手"给投资人，这也就是转手证券使用授予者信托而为转手证券的特殊原因。

我们前面也提到投资人喜好政府资助企业担保或发行的房贷转手债券，但是这些债券存续长达 30 年，还本固然不是问题，但是现金流每月流入，而且具有相当的不确定性，因此 1983 年房地美首开先河，第一次就发行了 10 亿美元的"多档次房贷支持转手债券"（CMO）FHLMC Series1983-A，将购入的 30 年房贷作为基础资产，把现金流予以分割，向有不同风险需求的投资人出售。

---

① 如果资产是由授予人转入一个"非授予人信托"（non-grantor trust），也就是这是一个"不可撤销信托"（irrevocable trust），授予人转移资产到信托的行为就会产生赠与税。
② "非授予人信托"必须为它信托资产的收入支付联邦所得税。
③ IRC§674。

表 6.3 FHLMC Series1983-A 发行条件

子债券	发行金额 （百万美元）	票面利息	名目 到期日	预计平均 还本年限
A-1	215	10.625%	6/15/88	3.2
A-2	350	11.250%	12/15/95	8.6
A-3	435	11.875%	6/15/13	20.4

资料来源：作者整理自相关网站。

然而将基础资产的现金流切割并不能符合授予者信托中不得以任何方式来切割、分配现金流的要求，因此只有使用所谓"所有人信托"（owner trust）的框架作为特殊发行实体。"所有人信托"有下列几个比较重要的特征：

（1）所有人信托必须是"合伙"（partnership）的法律形式，以取得特殊发行实体层级免缴联邦所得税的待遇。

（2）在所有人信托下发行的 CMO 被视为是发行人的债务，基础资产也不能从发行人的资产负债表上移出，CMO 的发行因此不能视为资产出售，无法用以降低杠杆、改善资产负债表的结构[①]。

（3）因为 CMO 仍然是发行人的债务，所以 CMO 的子债券不是我们熟悉的"转手债券"，而是"转付债券"（pay-through securities）。两者的微妙差别在于：如果投资人投资在"转手债券"，他是授予人信托的受益人，因此取得的是相当于对基础资产的直接请求权；而如果投资人投资在"转付债券"，得到的是对基础资产收益的请求权，但是基础资产仍然是发行人的财产。

（4）在授予人信托框架下发行的转手债券，发行人无法对于基础资产产生的现金流做任何主动积极的处理；但是在所有人信托框架下发行的转付债券，发行人可以对于基础资产产生的现金流做主动的分配处理。

因此，从 1983 年 CMO 开始发行时使用的"所有人信托"框架虽然

① 精神上是表 1.3 中的"德国模式"或"表内模式"。

能对现金流做出分配，但仍然并不是最理想的多档次债券发行框架，于是在金融业的大力游说之下，美国国会在 1986 年通过了《税务改革法案》（Tax Reform Act），为"多档次房贷支持债券"（CMO）创造了一个崭新的特殊发行实体，称为"房地产抵押投资管道"（Real Estate Mortgage Investment Conduit, REMIC）[①]，将 CMO（相对于简单的房贷支持转手债券）发行的一些障碍去除，让 CMO 的发行变得在经济上更为简单可行（economically feasible），而且 REMIC 框架非常有弹性，它可以让发行人选择经由 REMIC 的发行为本身的融资或者是"资产出售"（asset sale），加上 REMIC 作为发行实体的法律身份可以是信托、公司，甚至是合伙（partnership），没有限制。我们现在说到 REMIC，它既是指 1986 年《税务改革法案》通过的多档次房贷支持证券的框架，也可以指依照 REMIC 框架发行的各个证券；另外，REMIC 虽然是 1986 年以后依照新税法发行的 CMO 多档次房贷支持债券，但是现在一般市场参与者多把 REMIC 与 CMO 混用，都是指"基于一个特定的基础资产池，一次多档发行的房贷支持债券"。

一个多档次房贷支持债券的发行若要取得 REMIC 的身份，它的基础资产只能是"合格的"（qualified）各类住房、商业房地产抵押贷款、政府资助企业发行或担保的房贷支持转手债券，或其他 REMIC 或 CMO 发行的子债券等[②]；一个 REMIC 可以切割资产池的现金流入以发行任何数目的子债券，但是只能有一个"剩余利益"（residual interest）或简称"权益"（equity）。在资本市场已经形成的惯例上，都是以从 A 到 Z 的英文字母来代表 REMIC 发行的子债券，遇有必要时则在英文字母后加上数字作为区别，如 A-1、A-2 等，Z 则特别保留来代表还本顺序最后、对现金流的请求权只优先于"剩余利益"/"权益"的"累积式零息债券"

---

① 26 U.S.C，§§ 860A–860G of Part IV of Subchapter M of Chapter 1 of Subtitle A of the Internal Revenue Code（26 U.S.C.）。
② 因此消费者购车、信用卡应收账款等金融资产都无法用 REMIC 框架来发行。

（accrual bond）。

REMIC "准"资产负债表	
合格资产 1	子债券 A
合格资产 2	子债券 B
合格资产 3	……
……	子债券 Z
合格资产 N	剩余利益/权益

图 6.4　REMIC 发行框架示意图

资料来源：作者整理。

　　尽管 REMIC 作为一个特殊发行实体不一定是一家公司法人，但是如图 6.4 所示，REMIC 的构造框架事实上非常类似于一家法人的资产负债表，在这个准资产负债表的左手边是所有的合格资产（包括现金及被许可的短期投资在内）；在资产负债表的右手边是所有的"债务"（不限数目的子证券，这些证券在法律上得认定是属于债券的性质）以及最多一组"剩余权益"或"权益"。剩余权益/权益的投资人取得对于基础资产池现金流偿付完所有子债券以后剩余现金流的请求权，与公司股东的剩余财产请求权非常类似，但是 REMIC 的剩余权益/权益在美国税法中既非债权、也非股权，它的收入必须按照一般收入（ordinary income）来缴交所得税。

　　最后，我们注意到 REMIC/CMO 本身不单是证券化，而且是"再证券化"。固然房地美发行的第一个 CMO 是把公司本身所购入的住房贷款加以证券化，这确实是如同发行转手债券办的最原始的证券化，然而它的成功发行其实与房地美的坚强信用地位有很大的关系，这与用房地美保证或发行的转手债券来作为基础资产是一样的，发行出来的各个子证券没有信用风险的顾虑，所以日后多数的 CMO 都是以本身已经是证券化商品的政府资助企业保证或发行的房贷转手债券作为基础资产，让 CMO 变成了事实上的"再证券化"，而 1986 的《税务改革法案》更明定其他已发行的 REMIC 子债券也属于发行 REMIC 的合格基础资产，更表明了 REMIC CMO 是实质上的再证券化，这也难怪后来在 2007 年发生的次贷危机之中出现了"平方 CDO"（CDO-squared）[①]和"立方 CDO"（CDO-cubed）[②]这样的金融商品了。

6.1.4　基础资产现金流切割方式与子债券

REMIC/CMO 发行的主要过程，就是将基础资产所产生的现金流加以切割成为多个子现金流，作为发行子债券还本付息的基础。通常一个子现金流所支持的子债券被称为一个"档次"，英文通用的字是 tranche，这个字的原文是法文，它的意义是一片或一部分，目前这个字现在基本上几乎完全是用在结构式融资/证券化上面，表明了切割现金流的要素。在所有切割创造出来的子债券中，根据债券发行约定书（indenture）对于总现金流有比较优先请求权的子债券，一般称为优先债券（senior note），优先权比较次的债券称为滞后债券（subordinate/junior note），不过优先或滞后都是各档次子债券之间相对的概念，每次证券化发行的优先/滞后框架基本上体现了该次发行对于信用风险与利率风险、再投资/本金提前摊还风险的处理，笔者认为实务上的切割方式分类以现金流切割时机来分类最合理，大体上可以区分为"平行切割"（parallel tranching）[③]与"顺序切割"（sequential tranching）两种以及结合上述两种方式的混合切割/组合方式。

---

① CDO 的子债券成为另一个 CDO 的基础资产，新的 CDO 就是"平方 CDO"。
②"平方 CDO"的子债券成为另一个 CDO 的基础资产，新的 CDO 就是"立方 CDO"。
③"平行切割"也可以被视为是一种"票面利率切割"（coupon tranching）。

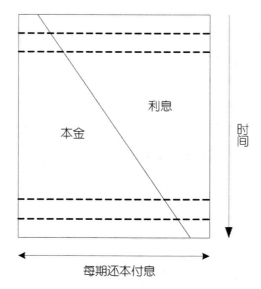

图 6.5　基础资产现金流示意图

资料来源：作者整理。

以图 6.5 来代表一个单纯的资产池，其中的基础资产全部是每月定额还本付息、本金摊还式的住房贷款或房贷支持转手债券。图 6.5 体现出固定利率住房贷款的每月还本付息总额固定、本金按计划摊还的实况，刚开始还本付息的时候，本金只占很小的部分、利息却占了大部分，这个状况到了还本付息的后期就会反过来，利息只会占小部分，反而是本金摊还占掉每月付款的大部分，因此虽然理论上在没有提前还本的状况下投资人每个月会收到同等数额的现金流入，但是其中的内容却是随着资产的年龄（aging）而不同，对于投资人所得税的缴交有直接的影响。

6.1.4.1　现金流切割方式——平行切割

（1）第一种同时也是最简单的平行切割方式就是直接把本金与利息完全切割开来，形成了"成对的"（paired）"只有本金"（PO）与"只有利息"（IO）两种折扣债券（discount bond），创造出"似乎"非常类似于我们在第三章中提到的把美国国债切割成各种"猫科（零息）证券"

的情况：

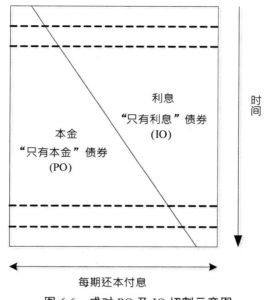

图 6.6　成对 PO 及 IO 切割示意图

资料来源：作者整理。

　　在本质上，房贷支持债券现金流的切割与国债现金流的切割有极大的差异，这个差异主要来自于房贷支持债券所特有的"提前还本"现象。当国债的各期利息及本金被切割时，结果只是形成了一批新的零息债券，没有任何的提前还本会发生，利息与本金所支持的零息债券除了到期时间外没有差别，投资人可以按照自己的期间风险偏好来选取购买，是最理想的资产负债管理工具，完全规避了再投资风险，然而房贷支持债券所切出来的"只有本金"与"只有利息"两种债券却是截然相反地成了积极"拥抱"风险的投资工具。

　　我们前面提到，房贷支持债券是一种可买回债券，当利率下降时借款人有提前还本的诱因，当利率上升时借款人就会守住手中比较低利率的房贷，因而在利率变动的时候会产生"存续期间"大幅、甚至加速变动的现象，"只有本金"与"只有利息"两种债券的切割创造则把这种"存续期间"大幅变动的现象放大、甚至推向极端：当利率下降时，"只有本金"的投资人可能会发现本金加速收回，大幅提高了投资收益，但是"只有利息"的投资人却可能会发现债券的收益随着快速的还本现象减少而甚至完全消失；当利率上升时，"只有本金"的投资人可能会发现本金收回速度随着提前还本减缓而减缓，减低了投资收益，然而"只有利息"的投资人会发现随着还本的延后而增加了投资收益。综合上面的分析，我们发现购买两种之中任何一种债券的投资人必须要有很强烈的对于未来利率走向的预期（interest rate view），才有可能赚到伴着风险而来的利润：强烈认为利率会下跌的投资人应该去买"只有本金"债券，强烈认为利率会上升的投资人应该去买"只有利息"债券，因此"只有本金"债券是有着浓厚投机做多债市色彩的"牛市债券"（bullish bond），而"只有利息"债券是有着很浓厚投机做空债市色彩的"熊市债券"（bearish bond）。

类似于美国联邦财政部开办了自己的国债本息剥离项目，房利美与房地美也各自都开办有大规模的"剥离"常设项目，创造了流动性很高的IO/PO"剥离房贷债券"市场（Stripped MBS, SMBS）或又称为信托IO/PO（Trusts IO/PO），然而IO以及PO不必然成对，也可以用其他的技巧制作出来，我们会在本小节后续作讨论。

表 6.4　IO/PO 本金利息分配比例表

现金流/债券种类	只有利息	只有本金
本金分配比例	0	100%
利息分配比例	100%	0

资料来源：作者整理。

（2）第二种平行切割方式是把本金与利息都切割开来，形成了一对优先与相伴的滞后债券（senior/subordinate bonds），两种债券都各自有还本、付息的子现金流，在这个框架之下的本金与利息在两种子债券的分配不同，最重要目的就是要以差别的现金流来形成对于信用风险的差异承担，基础资产池中房贷的违约先由享有较高票面利息的滞后债券来承受；差别的本金/利息分配比例要依照基础资产的取得价格市场、投资人对于不同信用评级债券的需求及不同信用评级债券的定价来决定。

其实，这种切割是平行切割里最基础的方法，如果我们发挥一下想象力，把两个切割出来子债券的本金及/或利息向不同的方向倾斜，推到比较极端的状况，就也可以得出前述"只有本金"或"只有利息"子债券组，以及下面所述的各种其他平行切割的结果。

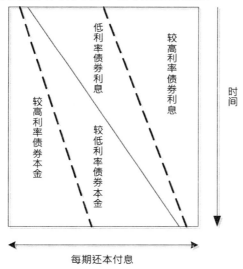

图 6.7　本金利息平行切割债券组示意图

资料来源：作者整理。

再换另外一个角度来看，政府资助企业担保或发行的房贷支持债券没有信用风险，原则上不需要这种切割的方式，但是如果以这种方式切割出来两个债信完全相等的债券，其中一个债券的票面利率高于基础资产的票面利率，但是（相对于具有同样"高"票面利率的"原生"房贷支持债券）具有比较低的提早还本速度（prepayment speed），而另一个债券的票面利率低于基础资产的票面利率，（相对于具有同样"低"票面利率的"原生"房贷支持债券）具有比较高的提早还本速度，等于凭空创造出了比原生房贷支持债券投资性质更为优良的房贷支持债券。

我们用下面的表 6.5 来汇总本金利息平行切割债券组的比例：

表 6.5　本金利息平行切割债券组比例表（100>*w*>*v*>0）

现金流/债券种类	低票面利息/优先债券	高票面利息/滞后债券
本金分配比例	*w* %	（100-*w*）%
利息分配比例	*v* %	（100-*v*）%

资料来源：作者整理。

通常在从事这类切割时，相对于基础资产的票面利率 C，我们会先决定低票面利率 C_1 及高票面利率 C_2（$C_2>C>C_1$），然后用简单的联立线性方程组 $C_1=C\times v/w$ 以及 $C_2=C\times(1-v\%)/(1-w\%)$ 来决定 w 及 v。

如果我们对于图 6.7/表 6.5 的切割结构稍微做一点变化，也就是把"高票面利率债券"的本金缩到 0，就又可以得到下列的"低票面利率债券与 IO 债券"的组合：

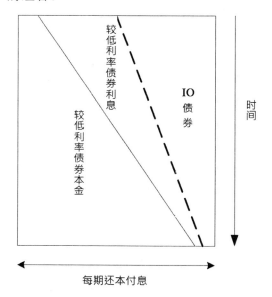

图 6.8　低票面利率债券与 IO 债券组示意图

资料来源：作者整理。

换句话说，IO 债券也可以用这种方式制造出来。

表 6.6　低票面利率债券与 IO 债券组切割比例表（100≥v>0）

现金流 / 债券种类	低票面利息债券	IO 债券
本金分配比例	100 %	0
利息分配比例	v %	（100−v）%

资料来源：作者整理。

而另外一种对于图 6.7/表 6.5 的切割结构的变化，也就是把"低票面利率债券"的票面利率缩到 0，就可以得到"高票面利率债券与 PO 债券"的组合：

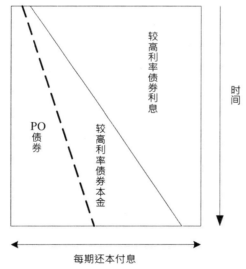

图 6.9 较高票面利率债券与 PO 债券组示意图

资料来源：作者整理。

同样的，使用这种方法也可以制造独立的 PO 债券：

表 6.7　高票面利率债券与 PO 债券组切割比例表（100>w>0）

现金流 / 债券种类	高票面利息债券	PO 债券
本金分配比例	w %	（100−w）%
利息分配比例	100%	0

资料来源：作者整理。

（3）第三种平行切割方式是把本金与利息平行切割开来，形成一对浮动利率债券（floater）与反浮动利率债券（inverse floater）组：由于浮动利率债券的票面率会随着利率上下浮动，可以说是一种做空债券，投资性质略与 IO 类似；相反地，反浮动利率债券的票面利率走势与利率走势恰恰相反，利率越低则票面利率越高，因此是一种做多债券。

在将一个固定票面利率的债券切割成一对浮动利率债券与反浮动利率债券组的时候，技术上并不困难，尤其是当原始固定票面利率够高、利率曲线正斜率很高[①]的时候，浮动利率债券与反浮动利率债券的投资人都有可能在不同的时间得到这个原始的高利率；然而当我们要使用较低固定票面利率的债券来作为切割现金流的基础资产时，就会发现原始票面利率不够高，这时就要先用图 6.9/表 6.7 的切割框架先来制造出一个搭配 PO 的较原始票面利率为高的新固定利率债券，这个新的高利率固定利率债券再来作为浮动利率债券（利率上限（cap）是较高的新固定利率）的基础，此时 PO 成为了反浮动利率债券本金的基础。

总的来说，平行切割的方式得到的债券组只是把基础债券的现金流切割以后得到几个期间同样长短的债券，这些子债券在各种利率环境下各自展现不同的投资特性，但是并没有解决住房贷款本金提早摊还的问题，因此 REMIC/CMO 组建的主流方式是以"顺序切割"为主，再辅之以"平行切割"作为搭配之用，所以在已经发行的 REMIC/CMO 之中经常会看到"顺序切割"的大框架，而在其中某些档次的子债券会含有"平行切割"的次架构，这也就是我们前面所提到的混合切割方式。

6.1.4.2 现金流切割方式——顺序切割

比照前节的图示，我们用图 6.10 来表达一个最常见的"顺序切割"的基本的精神：

---

① 正斜率利率曲线（Positively sloped yield curve）指利率曲线从左下角向右上角倾斜的状况，斜率越大表示长期利率高出短期利率越多。

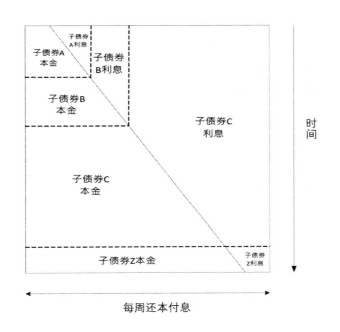

图 6.10　顺序切割示意图

资料来源：作者整理。

　　从图 6.10 可以发现，顺序切割方式相对于平行切割方式展现出了非常不同的结果：子债券 A 最优先还本，子债券 A 还本完毕之后开始向子债券 B 还本，然后才轮到子债券 C，最后可能还有一个子债券 Z。通常子债券 A 的名目到期日最短，平均到期时间（average life）也最短，以此类推。各档次子债券的定价也是以与它平均到期时间相近的国债加码为原则，由于大多数的情况下利率收益曲线处于正斜率的状态，因此越短期债券的利息要求也越低，所以 CMO 的发行人应该会尽量把短期的子债券本金扩大，也等于是降低债务的成本，加大发行的利润。购买 B 债券的投资人知道，在 A 债券还本完毕之前，B 债券的还本不会发生；购买 C 债券的投资人知道，在 A、B 债券还本完毕之前，C 债券的还本不会发生，所以"顺序切割"的方式创造出来的 CMO 子债券对于投资人在很大程度上降低了提早还本的风险。

　　子债券 Z 投资人在 A、B、C 等子债券还本付息结束之前并没有收到任何利息，而是在 A、B、C 子债还本付息的时以"复利"（compound interest）方式逐渐累积本金，等到 A、B、C 还本付息完毕才开始还本付息，所以这种 Z 债券是"累积式债券"（accrual bond），也是 CMO 发明之后才有的创新。正因为有了暂时不必还本、也不必付息的 Z 债券，REMIC CMO 的发行人可以挤出更多的本金到 A、B、C 子债券，把切割组建 REMIC CMO 的利润推向极大化。我们用图 6.11 来表达 A、B、C、Z 等子债券本金余额消长变化的情形：

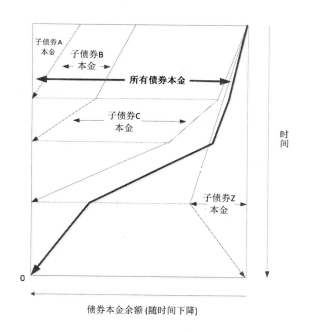

图 6.11　顺序切割时各子债券（含 Z 债券）本金余额变化示意图

资料来源：作者整理。

从图 6.11 可以看到，Z 债券的出现除了让总体 REMIC 之中 A、B、C 等子债券本金余额加大之外，也因为 Z 债券的本金不但没有变少反而"虚拟"地增加，使得总体债券的本金并没有随着基础资产的提前还本而完全对等同步减少，至于这中间总余额与各子债券余额的变化关系非常复杂，是随着利率变化及提前还本依 REMIC 的发行架构而变化，至于发行的最优架构为何，我们会在下一节中讨论它隐含的数学意义。

6.1.4.3　常见的特异型（exotic）子债券

CMO 的发明主要目的就是借由对于基础资产现金流的主动管理，切割创造出不同档次的子债券，降低投资人对于房贷支持债券提早还本的不确定性。除了我们在上一小节内已经大致讨论过最基本的（generic/plain vanilla）顺序切割子债券（A、B、C 等子债券）、累积式债券 Z、IO/PO 及浮动/反浮动率债券之外，在实务上还有另外几个比较常见的特异型（exotic）子债券值得一提，将这些特异型的子债券再作变化，就又可以创造出其他各种新的特异型子债券。

1. 计划摊还型（planned amortization class, PAC）

房贷债务人提前还款的行为往往让房贷债券的现金流无法预测，因此投资人可能会要求 CMO 的发行人创造出一个甚至比顺序切割子债券更好的保护机制，于是计划摊还型（PAC）子债券应运而生，我们用下面的图例来说明 PAC 的特性。

假设某一个作为 CMO 基础资产是三十年的房贷支持转手债券，市场共识的提早还款假设是在 100%PSA 及 250%PSA 之间，但是有很多投资人希望承销商能够创造出一些 PAC 子债券，让他们在 100% PSA 及 250% PSA 之间能够得到一些提早还款的保护，让现金流变化不要过于剧烈。图 6.12 浅色部分表现的是假设 100% PSA 的还本情况：

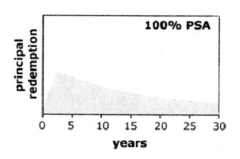

图 6.12　100% PSA 还本示意图

图 6.13 稍深颜色比表现的是 250% PSA 的还本情况：

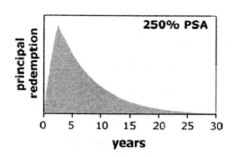

图 6.13　250% PSA 还本示意图

　　建构 PAC 子债券时，首先计算 100%PSA 与 250%PSA 的还本现金流，取这两者每一期的最低值，形成一个新的本金流，这个新的本金流代表的是基础资产提早还本的速度在 100% PSA 到 250%PSA 之间时投资人会收到的还本，这就形成了所有 PAC 子债券本金的总和，因此图6.14 中最深色的部分表示的就是考虑上面两种状况后的 PAC 子债券还本：

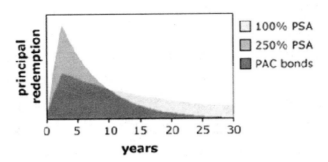

图 6.14　PAC 子债券的还本（深色）= Min.（100% PSA 还本，250% PSA 还本）

在以上这个例子当中[①]，当基础资产的提早还本速度在 100% PSA 至 250% PSA 之间时，PAC 子债券的还本完全在期待之内，但是当还本速度在低于 100% PSA 或高于 250% PSA 时，提早还本的变动就由"伴随债券"（companion bond）来弥补或吸收。由于 PAC 的还本"带"（band）是从基础资产的完整生命周期划出来的，所以一般很少会只规划一个 PAC，而是用整个还本"带"来切割多个 PAC 子债券。

2. 目标摊还型（targeted amortization class, TAC）

目标摊还型债券与计划摊还型债券非常类似，但是目标摊还型债券的还本保护只有一个还本速度，因此可以说是计划摊还型债券的一个特例。从目标摊还型债券的组建原则来看，由于只有一个设定的还本速度，还本的保护只有一个方向：当基础资产提早还本的速度高于这个设定的速度时，过多的还本会被其他的"伴随债券"吸收；但是当基础资产提早还本的速度低于这个设定的速度时，TAC 债券也不能免于受到还本减缓的冲击因而使得完全还本的时间往后延长，这就是一般所称的"延长风险"（extension risk），因此 TAC 债券的提早还本保护程度低于 PAC。

由于 PAC 与 TAC 债券得到更多对于提早还本的保护，它们的票面利率相对会比一般其他条件相同的顺序切割子债券为低。

[①] 取自于 www.riskglossary.com。

3.（与 Z 债券相伴的）"指向累积"型（accretion directed class，AD）

一个 Z 债券的创建并不一定要有"伴随债券"的存在，然而在某些 CMO 的结构之中，会发现"指向累积型"的子债券。"指向累积型"债券是一种特别的 PO 债券，作为 Z 债券的伴随债券，理论上它的本金与 Z 债券的本金合计的总和保持不变。当 Z 债券的本金每期累积增加时，"指向累积型"债券则相对还本，因此两者的本金总和永远保持不变，直到其他所有子债券完全还本完毕，此时 Z 债券也停止累积增长本金而预备开始还本付息，"指向累积型"PO 债券此时也还本完毕。指向累积性债券的每期还本非常稳定，是 CMO 各类子债券中比较稳定的一种。

第二节　债券的组建：一个优化模型

由于 CMO 是一个依不同子债券到期时间（maturity）依序分配本金的架构，一般投资银行在依照套利（arbitrage）原则建构 CMO 时，通常仰赖于内部的专家小组依照经验来进行，建构的方法视为高度的商业机密。作者认为 CMO 的背后事实上隐含了一个巧妙的优化要求，因而在本节中针对 CMO 的最通用发行架构提出一个简单可行的整数规划优化模型（optimization through integer programming），取代人为的判断；而且，我们一旦认清这类证券必要的优化本质之后，同样的模型思维就可以运用于创造其他类似的多档次债券框架上。

6.2.1 CMO 子债券顺序还本的特性

我们认识到：

（1）基础资产的现金流入包括房贷债务人每月的还本与付息，这些本金与利息就要用来支付 CMO 子债券的还本与付息与各阶段发生的服务费。

（2）CMO 子债券一般有一、二、三、五、七、十以及三十年等的名目到期时间（maturity），大致与美国的国债相呼应，而其交易的订价也多以与国债的利差（spread）来表彰，子债券当然也可以包含各种特异型的子债券，最后再加上剩余利益/权益。

（3）CMO 的还本通常是从到期时间最短的子债券开始，当某一子债券在持续还本时，其他（较远到期日）的债券只有还本；当这个最短到期时间的子债券还本完毕而消灭后，下一个最短到期时间的子债券才开始还本，其他类推。

CMO 子债券最重要的一个特性就是所谓的顺序还本，一般简称为依序付款（sequential pay）。相较于一旦购入简单的、基础的房贷支持转手债券之后，投资人就得要接受最长达 30 年的（由于种种原因的提早还款产生而）不确定性很高的每月现金流入；如果投资人购入 CMO 的某一个（非第一个）子债券，他最起码可以比较确定这个债券不会马上还本，因此 CMO 的子债券比较更类似于公司债，成为比国债利息高的高信用等级公司债之外的另一个良好投资目标，尤其是因为有不同到期日的债券可以选择，加上基础证券是信用良好的房贷支持转手证券，所以 CMO 子债券迅速成为各类债券基金以及保险公司所争相购入的热门金融商品。

本节假设某个 CMO 的基础资产是某年期的房贷支持转手债券，有 I（$i=1$，2，$\cdots$，I）个还本付息的现金流入，再假设总共有 J（$j=1$，2，$\cdots$，J）个年期的子债券可供选择发行，因此我们可以设定一个 $I \times J$ 的决策矩阵 $\boldsymbol{X}$，它的每一个元素是决策变量 X_{ij}，

$$X_{ij} \begin{cases} 1 \\ 0 \end{cases}, i=1,2,\cdots, I \ and \ j=1, 2, \cdots, J, \qquad (6.1)$$

也就是

$$\boldsymbol{X} = \begin{pmatrix} X_{11} & \cdots & X_{1J} \\ \vdots & \ddots & \vdots \\ X_{I1} & \cdots & X_{IJ} \end{pmatrix} \qquad (6.2)$$

X_{ij} 代表现金流还本的开关：当 $X_{ij}=1$ 时，表示 j 子债券在 i 期收到还本；当 $X_{ij}=0$ 时，表示 j 子债券在 i 期没有还本，也代表还本发生在其他子债券上。

由于 CMO 这种结构的目的与特性，我们知道在任何一个 i 期间内，只有某一个 j 子债券会收到还本的本金，所以下列条件一定要成立：

$$\sum_{j=1}^{J} X_{ij} = 1, \text{ for all } i = 1, 2, \cdots, J_{\circ} \tag{6.3}$$

我们现在从 X_{ij} 再定义一个衍生的变量 V_{ij}，它是把 j 位置左边至 j 位置所有的 X_{ij} 加起来，也就是

$$V_{ij} = \sum_{k=1}^{j} X_{ik}, \text{ for all } i = 1, 2, \cdots, I, \text{ and all } j = 1, 2, \cdots, J_{\circ} \tag{6.4}$$

在合宜的 CMO 结构中，我们观察到 V_{ij} 有一个特性，就是

$$V_{ij} \geqslant V_{i+1, j}, \text{ for all } i = 1, 2, \cdots, I, \text{ and all } j = 1, 2, \cdots, J_{\circ} \tag{6.5}$$

换句话说，在与 $\boldsymbol{X}$ 矩阵同样大小的 $\boldsymbol{V}$ 矩阵中，每一个 V_{ij} 一定都会大于或等于它下面所有的 $V_{i+1, j}$（$l = 1, \cdots, I-i$）。事实上，$\boldsymbol{X}$ 矩阵代表的是债券还本的状况，可以称之为还本（决策）矩阵；$\boldsymbol{V}$ 矩阵代表的是债券付息的状况，可以称之为付息（决策）矩阵。

下面用几个 $I = J = 4$ 的例子，来看一下 $\boldsymbol{X}$ 与 $\boldsymbol{V}$ 矩阵的对应状况，就可以明白上述这些 CMO 结构的充要条件的作用：

1. $\boldsymbol{X1}$ 代表一个正确的 CMO 结构：

$$\boldsymbol{X1} = \begin{pmatrix} 1 & 0 & 0 & 0 \\ 0 & 1 & 0 & 0 \\ 0 & 0 & 1 & 0 \\ 0 & 0 & 0 & 1 \end{pmatrix}, \quad \boldsymbol{1} = \begin{pmatrix} 1 & 1 & 1 & 1 \\ 0 & 1 & 1 & 1 \\ 0 & 0 & 1 & 1 \\ 0 & 0 & 0 & 1 \end{pmatrix}_{\circ}$$

2. 再看一个反例 $\boldsymbol{X2}$，它并不是一个依序还本的 CMO 架构：

$$X2 = \begin{pmatrix} 0 & 0 & 0 & 1 \\ 0 & 1 & 0 & 0 \\ 0 & 0 & 1 & 0 \\ 1 & 0 & 0 & 0 \end{pmatrix}, \quad 2 = \begin{pmatrix} 0 & 0 & 0 & 1 \\ 0 & 1 & 1 & 1 \\ 0 & 0 & 1 & 1 \\ 1 & 1 & 1 & 1 \end{pmatrix}。$$

当 **X2** 不是正确的 CMO 结构时,相应的 **V2** 也不能满足应有的条件。因此,强迫每一个 V_{ij} 一定都会大于或等于它下面所有的 $V_{i+l,\ j}$($l = 1, 2, \cdots,$ $I-i$)时,CMO 各个子债券依序还本的结构就会出现。

3. 我们也很容易从必要的矩阵条件推演,当某一个 j 子债券未被选出作为 CMO 发行的子债券时,整个垂直的 j 列中所有的 X_{ij} 为 0,因此,

$$X3 = \begin{pmatrix} 1 & 0 & 0 & 0 \\ 0 & 1 & 0 & 0 \\ 0 & 0 & 0 & 1 \\ 0 & 0 & 0 & 1 \end{pmatrix}, \quad 3 = \begin{pmatrix} 1 & 1 & 1 & 1 \\ 0 & 1 & 1 & 1 \\ 0 & 0 & 0 & 1 \\ 0 & 0 & 0 & 1 \end{pmatrix}。$$

6.2.2 CMO 的其他条件

6.2.2.1 子债券票面利率

令基础资产的净票面利息为 C,而每一个可能发行的子债券市场要求利率为 y_j,各子债券的票面利率为 C_j,则会有两种情形出现[①]:

(1)基础资产票面息 C 全面高于 C_j,或者不想购入超过发行额的资产/担保品(non-over-collateralization),则

$$C_j = \mathrm{Min}\left(y_j, C\right), \textit{for all } j = 1, 2, \cdots, J。 \tag{6.6}$$

(2)基础资产的债券票面息较低,而必须探讨必须购入超额资产的可能性(over-collateralization)时,则

$$C_j = y_j, \textit{for all } j = 1, 2, \cdots, J。 \tag{6.7}$$

---

① 本书中的债券收益率及票面利息均用百分比来表示,而且因为房贷为每月还本付息,因此实际使用运算时要除以 1200。

6.2.2.2 子债券本金

定义每一个子债券的本金为 W_j，而

$$W_j = \sum_{i=1}^{I} \mathrm{PRB}_i \times X_{ij}, \; for \; all \; j = 1, 2, \cdots, J。 \tag{6.8}$$

此处 PRB_i 是指每一期间基础资产依照预测提前还本速度的现金流入中必须用来还本的部分，相关的各数值定义如下：

$$\mathrm{PRB}_i = \mathrm{PMY}_i \times \mathrm{BVF}_i - \mathrm{PMY}_{i+1} \times \mathrm{BVF}_{i+1}, \; for \; all \; i = 1, 2, \cdots, I-1。 \tag{6.9}$$

此处 PMY_i 是基础资产"在预期提前还本状况下"的 i 期本金剩余量，而 $for \; all \; i = 1, 2, \cdots, I$。

$$\mathrm{BVF}_i = \frac{\mathrm{TBV}_i}{\mathrm{PMZ}_i}, \tag{6.10}$$

$$\mathrm{TBV}_i = \mathrm{Min}\left(\mathrm{PMZ}_i, \mathrm{BV}_i\right), \tag{6.11}$$

$$\mathrm{BV}_i = \sum_{k=i}^{I} \mathrm{CZ}_i \bigg/ \left(1 + \frac{C_{\max}}{1200}\right)^{k-i+1}, \tag{6.12}$$

$$C_{\max} = \mathrm{Max}\left(C_1, C_2, \cdots, C_J\right)。 \tag{6.13}$$

注意到此处所定义的各个数值，其实都是计算房贷债券现金流量的一些标准计算：CZ_i 是基础资产"零提前还本状况下"的 i 期现金流，PMZ_i 是基础资产"零提前还本状况下"的 i 期本金剩余量；因此，TBV_i 是"真实债券值"（real bond value），也就是基础资产在每一 i 期间内所能支持的子债券的总本金（面额）数量。

在某些状况下，如果我们要求某一个期次 n（$1 \leqslant n \leqslant J$）的子债券一定要包含在最终的结构之中，则可以用下列限制条件来达成：

$$\sum_{i=1}^{I} X_{i,n} \geqslant 1。 \tag{6.14}$$

同样地，如果我们要求某一个期次 n（$1 \leqslant n \leqslant J$）的子债券一定不要包含在最终的结构之中，则又可以用下列限制条件来达成：

$$\sum_{i=1}^{I} X_{i,n} \leqslant 0 \text{。} \tag{6.15}$$

当然在加入这种限制条件之后，我们得到的就会是次佳化（sub-optimal）的结果了。

6.2.2.3　子债券的平均到期时间

前面提到，CMO 子债券成为投资人对于高质量公司债的近似替代品，但不同之处是在于 CMO 子债券基本上有每月付息，虽然因为有同一 CMO 发行较短期子债券在前还本所产生的还本保护期，但仍然有分期还本的现实，因此投资人会要求子债券有一个（根据预期提前还本速度的）平均到期时间（average life），这个对于平均到期时间的要求是投资人购买 CMO 子债券的一个非常重要条件。

假设每一个可能发行的 i 子债券的投资人可接受最高平均到期时间是 $ALMAX_j$，而它被要求的最低平均到期时间是 $ALMIN_j$，则这些限制可以写成：

$$\frac{\left(\sum_{i=1}^{I} i \times PRB_i \times X_{ij} \right)}{W_j} \leqslant ALMAX_j, \textit{ for all } j = 1, 2, \cdots, J, \tag{6.16}$$

以及

$$\frac{\left(\sum_{i=1}^{I} i \times PRB_i \times X_{ij} \right)}{W_j} \geqslant ALMIN_j, \textit{ for all } j = 1, 2, \cdots, J \text{。} \tag{6.17}$$

如果把 W_j 移项到不等式右边，我们会发现这些限制还是属于线性的。

6.2.2.4 CMO 每期的整体还本与付息

此处我们运用 X_{ij} 再来定义一个新的变量 U_{ij}，令

$$U_{ij} = \sum_{k=i}^{I} PRB_k \times X_{kj}, \textit{ for all } i = 1, 2, \cdots, I, \textit{ and all } j = 1, 2, \cdots, J \text{。} \tag{6.18}$$

171

我们可以看出 U_{ij} 其实就是 j 子债券在 i 期间尚未偿付的本金余额，因此整个 CMO 发行后每一期间的整体还本及付息（debt servicing）必须满足下列的条件：

$$\mathrm{PRB}_i + \sum_{j=1}^{J} C_j \times U_{ij} \leqslant \mathrm{CC}_i \times \mathrm{PMY}_i, \; for \; all \; i = 1, 2, \cdots, I。 \quad (6.19)$$

这里的 CC_i 是指每一单位基础资产在 i 期间的现金流量，因此上述的限制条件确立了单位基础资产在 i 期间的现金流量能够满足整体子债券还本与付息的要求。

6.2.2.5 目标函数

CMO 构建的目标函数是要把出售所有子债券与证券化最终权益的收入极大化，因此可以写成下列：

$$\mathrm{Max}\left\{ \sum_{j=1}^{J} \sum_{i=1}^{I} \mathrm{TR}_{ij} + \sum_{i=1}^{I} \mathrm{RES}_i \right\} + \sum_{j=1}^{J} ACI_j, \quad (6.20)$$

其中

$$\mathrm{TR}_{ij} = \mathrm{TRX}_{ij} \Big/ \left(1 + \frac{y_j}{1200} \right)^{i+\delta}, \quad (6.21)$$

$$\mathrm{TRX}_{ij} = \mathrm{PRB}_i \times X_{ij} + C_j \times U_{ij}, \quad (6.22)$$

以及

$$\mathrm{RES}_i = \mathrm{REX}_i \Big/ \left(1 + \frac{R_{qy}}{1200} \right)^{i+\delta}, \quad (6.23)$$

$$\mathrm{REX}_i = \mathrm{CC}_i \times \mathrm{PMY}_i - \sum_{j=1}^{J} \mathrm{TRX}_{ij} \quad (6.24)$$

$$\mathrm{ACI}_j = W_j \times \left(\frac{c_j}{1200} \right) \times \left(\frac{\mathrm{DAC}}{30} \right) \quad (6.25)$$

$\delta = Payment\ delay\ in\ month$ 。 　　　　　　　　　　　（6.26）

我们可以看到，TRX_{ij} 是 i 期间分配到 j 子债券的现金流，对于所有的 $j=1$，2，$\cdots$，J，$\sum\limits_{i=1}^{I}\mathrm{TR}_{ij}$ 是出售 j 子债券得到的收入；而 REX_i 是归到子债券之外的所谓剩余利益或称为"最终权益"（equity tranche）的现金流，而 R_{qy} 是最终权益投资人所要求的收益率，因此 $\sum\limits_{i=1}^{I}\mathrm{RES}_i$ 就是出售最终权益的收入。DAC 是每个月除权日与交割日间的差异天数，δ 是可能的付款迟延时间，因此 ACI_j 是 j 子债券应收的累计利息。

　　分析至此，我们的最基本的 CMO 建构模型已大致就绪，可以进行优化的运算，以求得该基础资产所能得到的最佳 CMO 结构；而求出的目标函数极大值应该再与购入基础资产的成本比较，如果出售所有子债券以及剩余利益/最终权益的总和大于成本（包含发行费用），就表示可以进行建构、发行这个 CMO，赚取低风险的套利利润（arbitrage profit）。

6.2.3　特异型的子债券

　　除了前面所提的最基本（plain vanilla）的 CMO 架构外，我们也来看一下比较常见的特异性子债券及构建它们的方法。

6.2.3.1　累积型 Z 债券

　　Z 债券的特殊之处在于它开始时是一个零息债券，而且还本排在其他子债券之后，但是在它开始还本之前，本金是逐期随着时间依照它的名目收益率成长（我们姑且可以看成是一种负摊还（negative amortization）），开始还本之后它又成为一个一般的子债券，因此 Z 债券值得我们用整数规划模型的角度来探讨它背后的优化架构。

　　我们保持原来的 J 个一般子债券的假设，让 Z 债券成为第 J 个子债券。于是

$$X_{ij} = \begin{cases} 1 \\ 0 \end{cases} \quad \textit{for all } i = 1, 2, \cdots, I \textit{ and } j = 1, 2, \cdots, J。 \tag{6.27}$$

条件不变，而且

（1）基础资产票面息 C 全面高于 C_j，或者不想购入超过发行额的资产/担保品（non-over-collateralization）时，则

$$C_j = \text{Min}(yj, C), \textit{for all } i = 1, 2, \cdots, J。 \tag{6.28}$$

（2）基础资产的债券票面息较低，而必须探讨必须购入超额资产的可能性（over-collateralization）时，则

$$C_j = y_j, \textit{for all } i = 1, 2, \cdots, J \tag{6.29}$$

与前面的公式（6.7）相同而不必做任何改变。再假设 Z 债券存在于 CMO 架构之中成为第 J 个子债券时，是从第 $L+1$ 期开始还本（$1 \leqslant L \leqslant I$），则

$$W_J = \sum_{i=1}^{I} X_{i,j} \times \text{PRB}_i = \sum_{i=L+1}^{I} X_{i,J} \times \text{PRB}_i = \sum_{i=L+1}^{I} \text{PRB}_i ,$$

$$\tag{6.30}$$

而且 W_J 从第一期（$i=1$）的起始值一定是

$$W_J^* = \left(1 + \frac{C_j}{1200}\right)^{-L} \times W_J。 \tag{6.31}$$

从上面的说明来看，Z 债券的起始值可能不大，然后逐月以 $(1 + C_{J+1}/1200)$ 的速度增长。因此，在其他条件不变的状况下，我们来比较下面两个状况：

（1）如果 W_J 不是 Z 债券，我们能够放进前（$J-1$）个子债券的债券值是 $(\text{TBV}_1 - W_J)$；

（2）如果 W_J 是 Z 债券，我们能够放进前（$J-1$）个子债券的债券值是 $\left(\text{TBV}_1 - W_J^*\right)$。

由于 $W_J^* \leqslant W_J$，更多的本金可以灌入前面的（J-1）个子债券，尤其在利率曲线比较陡峭时[①]，如果比较多的本金能被放进到期日较近、票面利率可以订得较低的子债券上，我们就能因而增进整体的 CMO 出售收入。

假设我们现在已经知道 L 为何，就定义一个新的（6.32）：

$$\mathrm{PRBV}_i = \mathrm{PRB}_i + W_i^* \times \left[\left(1 + \frac{C_J}{1200}\right)^i - \left(1 + \frac{C_J}{1200}\right)^{i-1} \right], \textit{for all } i = 1, 2, \cdots, L。$$

（6.32）

其他的限制条件可写为：

$$X_{ij} = 0, \textit{for all } i = L+1, L+2, \cdots, I \textit{ and all } j = 1, 2, \cdots, J-1, \quad （6.33）$$

$$X_{iJ} = 0, \textit{for all } i = 1, 2, \cdots, L; X_{iJ=1} \textit{ for all } i = L+1, L+2, \cdots, I, \quad （6.34）$$

$$\sum_{j=1}^{J-1} X_{ij} = 1, \textit{for all } i = 1, 2, \cdots, L, \quad （6.35）$$

$$U_{1j} = W_j, \textit{for all } j = 1, 2, \cdots, J-1 \quad （6.36）$$

$$U_{ij} = U_{i-1,j} - \mathrm{PRB1}_i \times X_{ij}, \textit{for all } i = 2, 3, \cdots, L \textit{ and } j = 1, 2, \cdots, J-1,$$

（6.37）

$$U_{ij} = 0, \textit{for all } i = L+1, L+2, \cdots, I \textit{ and all } j = 1, 2, \cdots, J-1, \quad （6.38）$$

$$U_{iJ} = 0, \textit{for all } i = 1, 2, \cdots, L; U_{L+1,J} = W_J \quad （6.39）$$

$$U_{iJ} = U_{i-1,J} - \mathrm{PRB}_i \times X_{iJ}, \textit{for all } i = L+1, L+2, \cdots, I。 \quad （6.40）$$

而整体还本付息的限制成为下列的

$$\mathrm{PRBV}_i + \sum_{j=1}^{J-1} C_j \times U_{ij} \leqslant \mathrm{CC}_i \times \mathrm{PMY}_i, \textit{for all } i = 1, 2, \cdots, I。 \quad （6.41）$$

在最前面的 L 期中，基础资产产生的现金流足以支持前面最多（J-1）个子债券的还本与付息；而从 L+1 期开始，因为我们加入了债券价值的

---

①　指利率收益曲线向右上方急升，中长期利率远高于短期利率。

限制，所以基础资产也自然足以支持 Z 债券的还本与付息了。另外，目标函数原则上没有改变，只除了 $ACI_J=0$。

整体来看，组建包含 Z 债券的 CMO 的最大困难在于 L 是一个无法内生的参数，当 L 一开始变动，则所有的 PRB_i 等参数都跟着变动，因此只有用迭代（iteration）的方法来寻找最适当的 L 值。在本书所提的架构下，有一个比较可行的方法就是：

（1）先用前节中最基本（不包含 Z 债券）的 CMO 优化模型找到一个优化的"解一"。

（2）以最佳"解一"中最长期的子债券开始还本期（M）计算 $M-1=L$ 作为下一个阶段"解二"的 Z 债券本金累积终结点。

（3）以本节包含 Z 债券的优化模型得到"解二"。

（4）然后再以（$L-1$）及（$L+1$）分别作为 Z 债券本金累积终结点而各得出"解三"和"解四"，看哪一边能够持续改善得到更佳解，直到收敛（convergence）或无解的结果发生为止。由于本书提出的 CMO 构建方式是基于优化的求解，而非凭经验摸索，因此应该非常适合这类具有重复性、多可能性、多种基础资产的试验性计算。

6.2.3.2 计划性摊还子债券（planned amortization class，PAC）

依照我们前面建构基本 CMO 的方式予以延伸，假设普通的子债券可能有 J 个（$j=1, 2, \cdots, J$），PAC 子债券也有 J 个（$j=J+1, J+2, \cdots, 2J$），所以新的 X 与 V 矩阵的维度成为 $I \times 2J$。因此，

$$X_{ij} = \begin{cases} 1 \\ 0 \end{cases} \ for \ all \ i=1,2,\cdots,I \ and \ j=1,2,\cdots,2J , \qquad (6.42)$$

$$\sum_{J=1}^{J} X_{i,j} = 1, for \ all \ i=1,2,\cdots,I , \qquad (6.43)$$

$$\sum_{j=J+1}^{2J} X_{i,j} = 1, for \ all \ i=1,2,\cdots,I , \qquad (6.44)$$

以及

$$V_{ij} = \sum_{k=1}^{j} X_{ij}, \textit{ for all } i = 1, 2, \cdots, I, \textit{and all } j = J+1, J+2, \cdots, 2J, \quad （6.45）$$

而且

$$V_{ij} \geqslant V_{i+1,j}, \textit{ for all } i = 1, 2, \cdots, I, \textit{and all } j = 1, 2, \cdots, 2J 。 \quad （6.46）$$

换句话说，一般性的 CMO 子债券与 PAC 子债券是分开来构建的，这由上面的 X 与 V 矩阵的限制条件可以表达出来。更具体来说，PRB_i 现在应该分成两部分：

$$\mathrm{PRB}_i = \mathrm{PRB1}_i + \mathrm{PRB2}_i, \textit{ for all } i = 1, 2, \cdots, I 。 \quad （6.47）$$

其中，$\mathrm{PRB2}_i$ 是 100% PSA 与 250% 还本金流每一期的最小值，也就是本金预定要分配给 PAC 子债券的本金部分，从整体 PRB_i 扣除后剩下来的 $PRB1_i$ 才是用来建构 CMO 的一般子债券。所以，

$$Wj = \sum_{i=1}^{I} \mathrm{PRB1}_i \times X_{ij}, \textit{ for all } j = 1, 2, \cdots, J , \quad （6.48）$$

$$Wj = \sum_{i=1}^{I} \mathrm{PRB2}_i \times X_{ij}, \textit{ for all } j = J+1, J+2, \cdots, 2J 。 \quad （6.49）$$

对于每一个子债券的平均到期时间的限制条件为：

$$\frac{\left(\sum_{i=1}^{I} i \times PRB1_i \times X_{ij} \right)}{W_j} \leqslant \mathrm{ALMAX1}_j, \textit{ for all } j = 1, 2, \cdots, J, \quad （6.50）$$

$$\frac{\left(\sum_{i=1}^{I} i \times \mathrm{PRB1}_i \times X_{ij} \right)}{W_j} \geqslant \mathrm{ALMIN1}_j, \textit{ for all } j = 1, 2, \cdots, J, \quad （6.51）$$

$$\frac{\left(\sum_{i=1}^{I} i \times \mathrm{PRB2}_i \times X_{ij} \right)}{W_j} \leqslant \mathrm{ALMAX2}_j, \textit{ for all } j = J+1, J+2, \cdots, 2J,$$

$$（6.52）$$

$$\frac{\left(\sum_{i=1}^{I} i \times \text{PRB2}_i \times X_{ij} \right)}{W_j} \geq \text{ALMAX2}_j, \textit{for all } j = J+1, J+2, \cdots, 2J \, ,$$

（6.53）

还有

$$U_{ij} = \sum_{k=i}^{I} \text{PRB1}_k \times X_{kj}, \textit{for all } i = 1, 2, \cdots, I, \textit{and all } j = 1, 2, \cdots, J \, ,$$

（6.54）

$$U_{ij} = \sum_{k=i}^{I} \text{PRB2}_k \times X_{kj}, \textit{for all } i = 1, 2, \cdots, I, \textit{and all } j = J+1, J+2, \cdots, 2J \, 。$$

（6.55）

其他的限制条件及目标函数大致可以沿用，只需要把 J 改为 $2J$ 即可。

这里需要特别说明的是，由于 PAC 子债券享受了特别的提早还本保护，所以投资人只能取得较低的收益率或票面利率，而同一次伴随发行的 CMO 其他伴随债券（companion bond）因而必须吸收提早还款的波动性，就必须要用更高的收益率或票面利率来吸引投资人，如何在这两者之间求得 CMO 销售收入的极大化，就是建构 CMO 优化模型所要达成的目的。

在本节中分析的 CMO 多档次子债券的建构，所有子债券的收益率及价格都由市场取得，属于外生的参数，无须假设；再者，因为前提是基础资产是高质量的房贷支持转手证券，因此信用评等及质量并不是必要考虑的因素。

在这些前提下，本节首先针对了一个最基本的 CMO 架构，提出了数学上对应的各种应有的限制条件与目标函数，也做了详细的说明。其实，对于一些比较特异的子债券结构，只要数学上能写出恰当、对应的限制条件，就可以加入模型的运算；不过，当限制条件过多时，运算时间一定会变长，也不能保证一定可解（feasible）。

其次，本节针对了一些比较常见的特异子债券形式——例如 Z（本金累积）债券、计划摊还型（PAC）债券，也在整数规划/优化的架构中做了比较详细的剖析说明，阐述了此一模型解决同类问题的潜力。

其实更重要的是，本节提出的是一个可运用在构建多档次债券发行的优化思维，只要能确切明白建构该债券发行的背后逻辑，就可以运用这类模型在多种不同的基础证券上做多次、重复的运算，求取发行新债券的可能性，增加市场的效率。

第七章 学生助学贷款证券化

第一节 学生助学贷款

7.1.1 学生助学贷款概要

学生助学贷款（简称"学生贷款"）虽然不是用于狭义的消费，但是属于一种广义的无担保消费者贷款，在美国这类贷款整体规模比起房屋抵押贷款、汽车贷款、信用卡应收账款也不算小，而且学生助学贷款担负起了很重要的社会功能，让愿意获取高等教育的莘莘学子能够就学，而这种贷款也有着它的一些特色。

一般而言，高等教育学杂费的来源包括了学生家庭的储蓄、公私部门的学费补助、奖学金以及助学贷款。在高等教育学费节节高升的今日，助学贷款已经成为越来越重要的就学经费来源。根据美国的资料，大约有60%的大学本科毕业生使用了学生贷款，2007～2008学年度内共贷出了850亿美元的学生贷款，2011年更高达1160亿美元。当然，学生贷款的规模与成长取决于各种人口、地理因素和大学入学人数及学费的高低；就以2007年为例，每一个大学本科借款学生的平均负债余额就已高达22,700美元。

从最终贷款人来区分，学生贷款可以分为私部门（如银行）及公部门/联邦政府两类，借款人也可以同时使用私部门与公部门的贷款，大学本科生的借款人大约有10%使用到了私部门助学贷款。私部门贷款与公部门学生贷款的最大不同点在于贷款利率，公部门的学生贷款利率必须依法订定，而且有固定的上限①，但私部门的学生贷款利率往往是浮动的（从指标利率依借款人或共同借款人（cosigner）信用评分来加码）②，而且没有上限，因此一般私部门的学生贷款相对于公部门学生贷款较为昂贵。除非有特别的状况考虑，一般如果学生贷款的借款人发生个人破产状况时，法院通常也不会减免他们助学贷款的债务。

7.1.2　美国的学生助学贷款的重要法规演进

美国联邦政府办理学生贷款有两大主要法源：第一个是 1965 年通过的《高等教育法案》（Higher Education Act，HEA），它的第四章（Title IV）创造了"联邦家庭教育贷款计划"（Federal Family Education Loan Program，FFELP）；第二个是 1993 年通过的《综合预算协调法案》（Omnibus Budget Reconciliation Act），创造了"威廉·D. 福特直接学生贷款计划"（William D. Ford Direct Student Loan Program，FDLP）。使用 FFELP 的学生向私人机构取得贷款（如银行、融资公司、非营利性机构，以及各州政府所设的相关机构），而合格的学生贷款是由联邦政府来提供保证；而使用 FDLP 的学生则直接向联邦政府的教育部（Department of Education，DoED/DE）③申请并取得贷款。

2006 年，国会通过了《赤字缩减法案》（Deficit Reduction Act），针对 1965 年的高等教育法案第四章重新授权，延长了联邦家庭教育贷款计划。在 2007 年，国会又通过了一个新法案——《大学成本缩减及取得法案》（College Cost Reduction and Access Act，CCRAA），这个法案做了几项重要的改变：

---

① 从 2006 年 7 月 1 日开始，所有新的联邦政府支持的学生贷款都是以固定利率承做。

② 一般最常用的利率指标有各银行自己的基本放款利率（prime rate）、伦敦银行间拆放利率（LIBOR，London Inter-Bank Offering Rate）以及美国银行间拆放准备金使用的联邦资金利率（Fed funds rate）。从 2012 年起，有些私部门的放款人也开始提供固定利率的学生贷款。

③ 美国的教育部是联邦内阁中最小的部会，至 1979 年卡特总统时代方才经由《教育部组织法案》（Department of Education Organizational Act）通过由卫生、教育及福利部分拆成立，1980 年正式开始运作。

（1）降低了对于私部门机构的"特别贴补"（Special Allowance Payments）[①]。

（2）提高私部门放款机构向学生借款人收取的手续费。

（3）把对放款的保证比例从100%降到97%。

（4）把私部门追回逾期贷款留存的比例降低。

总的来说，以上的措施大大降低了私部门机构的利润。

2008年金融海啸爆发，国会通过了《保证持续取得学生贷款法案》（Ensuring Continued Access to Student Loans Act，ECASLA），通过这个法案的目的在于确保联邦政府有资金来提供学生贷款，并且稳定学生贷款市场。在这个法案授权之下，联邦教育部建立了两个计划："贷款购买承诺计划"（Loan Purchase Commitment Program，LPCP），以及"贷款参与购买计划"（Loan Participation Purchase Program，LPPP），这两个计划在2009年起了很大的作用，总共有高达485亿美元的学生贷款在LPCP下卖给了教育部，取代了当时非常低迷的金融资产证券化市场的功能。而且基于当时的经济情势，这个法案也在几处松绑，如提高了每人借款上限、降低放款的发放标准（underwriting standards），以及给予家长保证学生贷款（PLUS）宽限期更多的选择。

美国国会于2009年对于联邦政府支持的学生贷款继LPCP及LPPP之后创造了第三个支持的机制，成立"全A融资有限债务公司"（Straight-A Funding LLC）[②]，发行"资产支持商业本票"（asset-backed commercial paper，ABCP），向私部门购入合格的联邦学生贷款。这个融资机制背后有联邦融资银行（Federal Financing Bank）[③]高达600亿美元的流动性额度（liquidity facility）来支持，创立后也发挥了很大的作用，

---

① 如果放款机构收取的浮动利率低于高等教育法案容许时，联邦政府给予利率差额的补贴。

② 这是联邦政府成立的少数特殊目的实体（SPV）之一，而有限债务公司（limited liability corporation，LLC）是美国一种介于合伙与公司之间特殊、具弹性的企业组织形态。

③ 联邦融资银行是美国财政部属下的机构，成立于1973年，成立的主要目的是以最有效率的方式协助解决联邦支持的各类公共融资需求。

在 2009 年年底之前就购入了高达 420 亿美元的学生贷款。

美国在 2010 年经历了联邦学生贷款近年来最大的变革，配合整体联邦政府预算的重新调整与分配，奥巴马总统签署《学生补助及财政责任法案》（Student Aid and Fiscal Responsibility Act, SAFRA）[①]，取消了有 45 年历史的 FFELP 学生贷款计划，而完全代之以 FDLP，同时把联邦直接学生贷款的贷后服务（servicing）分配给非营利组织及一些州立的机构，此举当然造成了承作学生贷款的私部门机构的抗议，但是在缩减政府整体赤字的前提之下，抗议最后还是归于无效。

从本节所叙述的法规演进来看，美国国会（代表美国民众）对于高等教育的重视，历年来的法规也因应了经济状况、政府财政与学生贷款市场的变化而演变，最后体现出来的是联邦政府投入非常庞大的资源，尤其在 2008 年金融海啸发生时，美国联邦政府的救市行动并不是只投注在房屋贷款市场上，而对于攸关国家未来竞争力的学生贷款市场并没有偏废，值得借鉴。

7.1.3 联邦政府支持的学生贷款

联邦政府支持的学生贷款可分为两大类：联邦家庭教育放款计划（FFELP, federal family education loan program）以及威廉·D. 福特联邦直接放款计划（FDLP, federal direct loan program），高等教育机构可以自行选择一者或两者都参加，而这两类放款的各种条件基本上是一样的。两者中的前者是由 1965 年的《高等教育法案》（Higher Education Act）所授权创建，直到 1988 年以前都还被称为"保证学生放款计划"（guaranteed student loan program），1988 年之后改名简称为史泰福（stafford）贷款计划[②]，这个计划是由私部门的机构（如银行）来担任放款人，有些学校

---

① SAFRA 的条文最终包含在《健康保险协调法案》（Health Care Reconciliation Act）中由国会通过。

② 美国国会为表彰从佛蒙特州选出的共和党参议员 Robert T. Stafford 对于高等教育的贡献，把信用保证学生放款计划改名为 Robert T. Stafford 学生贷款计划。

会与某些金融机构合作，但原则上并不限定学生必须向合作名单上的银行申请贷款；后者从 1993 年开始举办，联邦政府的教育部是放款人。

多年以来，在这两大类的联邦政府支持的学生贷款计划之下，总共有四种学生贷款：政府补贴的史泰福贷款[①]、无政府补贴的史泰福贷款、学生父母贷款（PLUS loan）以及整合贷款（consolidation loan）。

我们可以把这四大类贷款的相关条件大致整理如下：

表 7.1　联邦政府学生贷款种类与条件

联邦政府学生贷款种类	政府补贴的史泰福贷款	无政府补贴的史泰福贷款	学生父母贷款	整合贷款
借款利率	3.4%（2012—2013学年度）	6.8%（2012—2013 学年度）	7.9%（2012—2013学年度）	学生贷款利率加权平均[②]
金额上限（详细上限另见表 7.3）	每年 20,500 美元（由就读学校审定），另依学生身份不同有终生上限（学生身份见表 7.2）	每年 20,500 美元，另依学生身份不同有终生上限	学生全额的上学费用减去所获得的奖学金及补助	
手续费	1%		4%（计入本金）	
付息方式	就学期间不必付息	大学本科生就学期间不必付息，利息滚入本金；研究生必须于贷款发放之后立即开始付息	贷款发放后 60 天开始还本付息；学生父母可以选择延至学生离校后开始付息，但就学期间利息累计滚入本金	所有多笔贷款整合为一笔固定利率贷款
还本方式	一般为 10 年还本，毕业后六个月开始还本	大学本科生毕业后六个月开始还本；研究生必须于贷款发放之后立即开始还本	最长 25 年摊还，每月至少还 50 美元	整合之后可能由原本 10 年延至 30 年

---

① 由于美国联邦政府赤字严重，2011 年的《预算控制法案》（Budget Control Act）规定，由 2012 年 7 月 1 日起取消了对研究生以及专业学院（如商学院、法学院、医学院等）学生的这类贷款补助。

② 因为过去数年利率呈现下降趋势，整合贷款的利率有可能比较低。

续表

联邦政府学生贷款种类	政府补贴的史泰福贷款	无政府补贴的史泰福贷款	学生父母贷款	整合贷款
申请资格	学生为美国公民、持有永久居留权或具特定身份；依需要；必须在合格的高等教育机构注册为全时或半时学生	学生为美国公民、持有永久居留权或具特定身份；依需要；必须在合格的高等教育机构注册为全时或半时学生	学生为美国公民、持有永久居留权或具特定身份；依需要及学生父母的信用评分；必须在合格的高等教育机构注册为全时或半时学生	凡有联邦学生贷款者均可向联邦教育部申请

资料来源：作者整理。

联邦学生贷款的上限取决于借款人的身份是否为"自立"（independent）或"眷属"（dependent），"自立"者可以借到比"眷属"更高额的学生贷款，美国政府为此订出了非常详尽的下列 13 个问题作为评断的标准，其中任何一题答"是"就可被认定为是"自立"人。

表 7.2　借款人身份认定条件

编号	问题内容
1	你是否于 1990 年 1 月 1 日以后出生？
2	学年度开始时，你是否再攻读硕士或博士学位？
3	到今天为止，你是否还处于婚姻中状态（包括分居而尚未离婚）？
4	在申请的学年度中，你是否有小孩而必须负担他们一半以上的生活需要？
5	除了小孩及配偶之外，你是否有其他的眷属而必须负担他们一半以上的生活需要？
6	你十三岁以后，是否父母双亡，或者你必须生活在寄养家庭或受法院监护？
7	你是否现在或曾经被法定居住地的州法院宣告为独立的未成年人？
8	你是否现在或曾经被法定居住地的州法院宣告为监护人？
9	你是否现在或曾经被学校或学区的相关人员认定为无成年人监护的无家可归少年？
10	你是否现在或曾经被联邦房屋及城市展部所管辖的庇护所或中途之家的主管认定为无成年人监护的无家可归少年？
11	你是否曾经被逃家少年收容中心的主管认定为无成年人监护的无家可归少年或有无家可归危险的自力生活的未成年人？

编号	问题内容
12	你是否现在美国军队中服役，而且并非处在训练期间？
13	你是否是美国的退伍军人？

资料来源：作者整理。

下表是 2008 年 7 月 1 日以后发放学生贷款所适用的上限：

表 7.3 学生贷款所适用的上限

眷属	每年贷款上限
第一年	$5,500（$3,500 补贴贷款/$2,000 无补贴贷款）
第二年	$6,500（$4,500 补贴贷款/$2,000 无补贴贷款）
第三年以后	$7,500（$5,500 补贴贷款/$2,000 无补贴贷款）
自立者	**每年贷款上限**
第一年	$9,500（$3,500 补贴贷款/$6,000 无补贴贷款）
第二年	$10,500（$4,500 补贴贷款/$6,000 无补贴贷款）
第三年以后	$12,500（$5,500 补贴贷款/$7,000 无补贴贷款）
研究生及专业学院学生	$20,500（$8,500 补贴贷款/$12,000 无补贴贷款）
身份	**终身上限**
大学本科生，眷属	$31,000（补贴贷款上限$23,000）
大学本科生，自立者	S57,500
研究生及专业学院学生	$138,500（补贴贷款上限$65,000）或$224,000（医药、卫生等专业）

资料来源：作者整理。

事实上，特别针对医药卫生领域中学费昂贵与节节上涨的现实，一般的学生及家庭很难自行全额负担这类教育费用，于是美国联邦政府的健康与人力服务部（DHHS，Department of Health and Human Services）曾经在 1976 年到 1998 年 6 月之间举办了一个"联邦健康教育辅助贷款计划"（HEAL，federal health education assistance loan program），由该部辖下的公共卫生署（public health service）来管理：

表 7.4　HEAL 贷款条件

HEAL 贷款对象（专业）	贷款上限	贷款利率	付息方式	还本方式
医科、牙科、整（接）骨治疗、兽医、验光、足部医疗	每年\$20,000，整体\$80,000	浮动：短期国库券（T-bill）+3%	就学期间不付息，利息滚入本金	1. 毕业后九个月或完成住院训练开始 2. 若有其他宽限期，最高不超过四年 3. 最长摊还期 25 年
药剂、整脊、健康领域管理、临床心理学	每年\$12,500，整体\$50,000	浮动：短期国库券（T-bill）+3%	就学期间不付息，利息滚入本金	1. 毕业后九个月或完成住院训练开始 2. 若有其他宽限期，最高不超过四年 3. 最长摊还期 25 年

资料来源：作者整理。

　　HEAL 贷款是先由学生的就读学校审核贷的必要性，再由金融机构依照学生的信用评分来发放，所以整体审核的方式是学生的需求加上学生本人的信用。对于 HEAL 的保证方式是"自力支持"（self-sustaining），每笔贷款的保险费由贷款中扣除，存入一个特别的"学生贷款保险基金"（SLIF，student loan insurance fund），当借款人违约、死亡、残废或破产时，由这个保险基金将这个借款人应付的本金与累计利息直接付给放款人；如果学生贷款保险基金发生短缺时，联邦政府会由预算中拨款支应补足。由于种种原因[①]，联邦政府在 1998 年 9 月底终止了新的 HEAL 贷款，对于医药健康领域学生的贷款并入了一般的史泰福贷款计划。

　　针对极端需要财务协助的医药健康领域的学生，联邦政府事实上还支持另一个称为"健康专业学生贷款"（HPSL，health professionals student loan）计划作为辅助。HPSL 的条件如下表：

---

　　① 其中之一是 HEAL 学生贷款的违约率太高，导致自我保险的机制无法有效持续运作。

表 7.5 HPSL 贷款条件

HPSL 贷款对象	贷款上限	贷款利率	付息方式	还本方式
学校为放款人，专业科系由学校决定	没有特别规定，主要看学校经费多少以及学生家庭的学费负担而定，而且独立审核（与其他联邦学生贷款无关）	固定利率5%	就学期间及宽限期内不付息，在学期间由联邦政府补贴	毕业十二个月之后（宽限期）或注册学分不足一半时必须开始还款 还款期一般为十年

资料来源：作者整理。

7.1.4 其他学生贷款与教育补助

联邦学生贷款并不限于大学本科与研究生。针对所有 12 年义务教育之外的教育（如职业技术学校），联邦政府举办了一个"柏金斯贷款计划"（perkins student loan program），经费由联邦政府提供，经由学校放贷。柏金斯贷款由学校在学年中分次发放给学生，或直接抵付学生需要缴交的学杂费，而学生未来还款的对象是就读的学校。柏金斯贷款与史泰福贷款类似，被归类为"自立者"的学生能获得较为大额的贷款。

表 7.6 柏金斯贷款条件

Perkins 贷款对象	贷款上限	贷款利率	付息方式	还本方式
共有1700多家高中以上的教育机构参与	本科生每年$4,000，总上限$27,000 研究生每年$8,000，总上限$60,000（含本科所借）	固定利率 5%（2012 — 2013学年度）	就学期间及宽限期内不付息，在学期间由联邦政府补贴	毕业九个月之后（宽限期，比如学生在武装部队服役）或注册学分不足一半时必须开始还款 还款期为十年

资料来源：作者整理。

以 2011 年为例，美国全国发放了大约 10 亿美元的柏金斯学生贷款，占全国总发放学生贷款 1160 亿元的 1%还不到，许多使用这种贷款的学生来自于中低收入家庭，常为了生活而必须休学后再回学校，往往要六至八年才能修完大学本科的学位。柏金斯贷款有别于其他的联邦贷款，如果符合一些特定的条件，如学生借款人在毕业之后到低收入地区的中小学校任教达一定的时间，借款人可以申请完全豁免还款，这是柏金斯贷款最大的特色。

我们前面提过，高等教育学杂费的来源包括了学生家庭的储蓄、公私部门的学费补助、奖学金以及助学贷款，因此有必要对于联邦的学费补助金做出说明。美国联邦政府的助学贷款与学费补助金开始于 1965 年的《高等教育法案》，由联邦政府教育部来负责。1972 年的《高等教育法修正案》确定了近代联邦学生财务资助的三大板块：经济机会补助金（economic opportunity grant）、国防学生贷款改名联邦学生直接贷款（也就是日后的史泰福学生贷款的前身），以及联邦补充教育机会补助金（SEOG，supplemental educational opportunity grant）。1978 年的《中等收入学生援助法案》订下了对学生更有利的基本教育机会补助（basic educational opportunity grant），而且为了表彰罗得岛州选出的参议员培尔（Claiborne Pell）对推动高等教育的贡献，正式把基本教育机会补助改称为"培尔补助金"。

培尔补助金补助的对象是来自中低收入家庭，而且从来没有取得四年制本科学位的大学生，某些参与学士后教师培训计划的学生以及 9•11 事件后"父母亲或监护人在阿富汗或伊拉克阵亡"的学生也可获得补助。培尔补助金设立的目的是把这个补助金作为学生缴付学杂费的基础，金额是每人每年$5,550，最多可领十二个学期（semester）。由于美国毒品泛滥，申请培尔补助金时也有一个特别要求，就是学生本人不得有因为持有或贩卖毒品被判处重罪（felony）的刑事记录；如在领取培尔补助金时犯下毒品罪，培尔补助金就会被取消。目前有 5400 所高中以上的教育机构登记参与培尔补助金计划，全国大约有 540 万学生受惠，而且发放最多培尔补助金的几所学校（前十所里的七所）是以营利为目的的私办教育机构，代表这些学校招生员额庞大，而且政府并没有在发放补助时对公、私立学校间有所区别。

SEOG 也是由学校审核，发给有特别需要的学生，每年最多 4000 美元。目前有 3800 所高中以上的教育机构参与，比较特别的地方是学校本身必须提供四分之一的 SEOG 资金。

7.1.5 联邦政府税制配套

以美国的政治、社会习性而言，任何经济制度的安排多半会有税制配套以求完整，教育当然也不例外，政府经由税负的减免又间接对学生的家庭提供了更多的金钱支持，形同另一种补助，加上原有正式的学费补助、学生贷款，与私人部门提供的奖助学金与贷款共同形成了完整的帮助学生获取高等教育的大网。

美国税制上的减免有所得税抵扣（tax credit）与所得扣除额（tax deduction）两种。所得税抵扣是指税务优惠由原来应缴纳的所得税额中直接扣除，也就是对纳税人最有利、最直接的一种税后的所得补贴；所得扣除额则是将优惠的费用从所得中扣除而免于课税，因此优惠的程度比较低。我们整理美国联邦的所得税法对于学生贷款的抵扣相关规定如下表：

表 7.7　所得税抵扣优惠

所得税抵扣要点	"美国机会"抵扣 （American Opportunity Credit）	终身学习抵扣 （Lifetime Learning Credit）
优惠上限	$2,500	$2,000
优惠年限	最多四年（2008 年以后[①]）	无限制
家庭所得[②]限制	单身$80,000；已婚者$160,000	单身$61,000；已婚者$122,000
攻读学位至少"半时"[③]	是	否
退税[④]	最高 40%	否

资料来源：作者整理。

---

① AOC 在 2008 年以前称为 Hope Credit，优惠年限只有两年，每年上限是$1,800（合格学杂费的第一个$1,200 加上$1,200 以上、$2,400 合格学杂费的一半），收入限制达到单身$50,000、已婚者$100,000 以上时渐减，至单身$60,000、已婚者$120,000 以上时就不能再领。另外，中西部各州核定的风灾受灾者可以得到$3,000，学生本人不得有因为持有或贩卖毒品被判处重罪（felony）的刑事纪录。
② 此处所得是指美国税法中所称的调整后收入毛额（adjusted gross income）。
③ "半时"（half-time）指学分修习至少为全日制的一半。
④ 一般的退税优惠最多将纳税人的应缴税额降低为零，但是此处的特殊退税优惠最多可在零所得税的状况下，退税到 AOC 的 40%，这基本上是美国对于低收入家庭的额外照顾。

由于美国毒品泛滥情况严重，适用 AOC 时也有特别要求，就是学生本人不得有因为持有或贩卖毒品被判处重罪（felony）的刑事记录。

我们整理美国联邦的所得扣除相关规定如下表：

表 7.8　所得扣除额优惠条件

所得扣除要点	贷款利息扣除	学杂费扣除	工作相关教育
扣除上限	$2,500	$4,000	教育费用超过"修正后调整所得毛额"（MAGI，Modified Adjusted Gross Income）2%的部分
所得上限	单身$75,000；已婚者$150,000	单身$80,000；已婚者$160,000	无
可扣除费用	纳税年度合格学生贷款的利息	在合格学校必须缴交的学杂费	与工作相关的教育费用
税表上处理	从收入中扣除，而不是列举在一般的列举扣除表中	从收入中扣除，而不是列举在一般的列举扣除表中	报税表附表 A 的列举扣除额
学生身份规定	必须在一个攻读学位或证照的合格教育计划注册达半时以上	必须在一个合格学校中修习一门以上的课程	必须工作，使用列举扣除，并填具附表 C

资料来源：作者整理。

以上我们对于美国政府所提供的学生补助方案做了一个比较完整的描述，目的是要突显美国政府及人民对于高等教育的重视，提供了非常庞大的资源，让有心向学的年轻人能够得到高等教育的机会，提升美国整体社会向上的力量以及强大的竞争力，值得参考。

7.1.6　私人学生贷款

美国自20世纪70年代开始，工资水平的增长即长期陷于停滞不前[1]，

---

[1] 美国联邦消费者金融保护局官方网站：Creating the Consumer Bureau，http://www.consumerfinance.gov/the-bureau/creatingthebureau/。

但是房价、健康保险、交通、养育儿童、税赋等日常开销却节节上涨，驱使美国的一般家庭持续增加负债来应付这些增加的支出，很多金融机构与准金融机构也向消费者提供了日益复杂的消费性金融产品，但是消费者保护的法规却未能及时更新。2007 年金融海啸之前，美国的联邦储备银行长期维持了宽松的货币政策与低利率环境，导致货币供给持续增加、信用供给浮滥，除了造成资产泡沫之外，也同时造成了很多其他的社会与经济问题，其中之一就是众多金融机构与准金融机构为了业务的增长，发生了所谓掠夺式的放款行为（predatory lending practice）。为了解决金融乱象，美国国会在 2010 年通过了《达德—法兰克华尔街改革及消费者保护法案》（Dodd-Frank Wall Street Reform and Consumer Protection Act），在这部长达一千多页的大部头法案中，一项重要的措施就是集中了原来散布在各个联邦机构中的消费者保护功能，在联邦储备理事会之下成立一个崭新、独立的联邦级消费者保护机构：消费者金融保护局（Consumer Financial Protection Bureau），从 2011 年 7 月起开始运作，听取消费者的投诉、负责消费者保护法规的研拟以及从事相关的金融检查，这个机构的使命就是为消费者创造一个公平、透明的金融环境，所涵盖的消费金融领域包括住房贷款、信用卡贷款、私人学生贷款等。

私人学生贷款（private student loan，PSL）一直是大众缺乏了解的一个消费金融项目，数据散于各处，消费者金融保护局与联邦教育部合作，于 2012 年 7 月向国会参、众二院的相关委员会提出了一份名为"私人学生贷款"（Private Student Loans）的报告，这也是第一份对于这类贷款的详尽调查报告。

7.1.6.1 私人学生贷款市场概要

站在 2012 年的年中来看，美国全国的私人学生贷款余额高达 1500 亿美元。由于 21 世纪初期投资人对资产支持证券的高度需求，也带动了私人学生贷款的快速增长，2001 年新承做私人学生贷款为 50 亿美元，到 2008 年已增长到 200 亿美元的惊人规模，年复合成长率在这七年之间高达 21.9%，这种高速的增长可以说是一个相当不寻常的现象，但是在美国多头马车式的监管环境中似乎并没有引起金融监管者及教育主管机构适当的注意与警觉；随着金融海啸的发生，资产泡沫的破灭，2011 年的私人学生贷款新承做额度又掉落到 60 亿美元的水平。

在 2007 年金融海啸爆发之前的两年间，私人学生贷款的放款机构为了增加业务，尽量跳过学校而向大学本科学生们大力直接推销放款，跳过大学参与的比例从 2005 年的 40% 急剧上升到 2007 年的 70% 以上。结果可想而知，放款机构向更多信用较差的学生发出学生贷款，学生们也很可能借入更多不必要的额度，结果是让消费者风险升高，整体私人学生贷款的质量下降。但从金融海啸发生之后，放款机构很明显地采取了收紧管理的措施，最明显的就是放款机构也提高了信用（评分）的门坎，从根本上改进放款组合的质量，同时要求学生放款最好有共同借款人（so-signer），使有共同借款人的学生贷款比例从 2008 年的 67%，至 2009 年已升至 85%，至 2011 年更高达 90%，此举大大降低了违约的概率，也相对提高了未来违约时回收的机会。此外，在 2011 年时，已经有高达 90% 的私人学贷款是经由就读学校审核过，确认借款的学生有借款的必要性与正当性。

从 2008 年的资料[①]来看借款人的身份，整体大学本科生使用私人学生贷款的比例只有 14%，但是有高达 42% 的以营利为目的所设立之私立学校的学生借了私人学生贷款，由于联邦政府对于公、私立学校学生申请联邦学生贷款并未有所区别，而且数据显示居然总共有 40% 的学生并没有足额使用到联邦学生贷款的上限，唯一的可能性就是这些学生没有得到适当、足够的消费者信息，或者是学校与放款机构的有意或无意的缺失，形成了相当严重的消费者保护问题。从 2009 年资料来看，2003—2004 学年度入学的学生毕业后的失业率为 16%，2012 年之前几年有

---

① 美国联邦政府在 2012 年向国会提出的报告尚且在此处只能使用 2008 年的数据，足以证明这方面数据的分散与缺乏。

将近 10%的学生每月必须缴付的学生贷款本息超过他们月收入的 25%；私人学生贷款的违约率在金融海啸之后也急速上升，2012 年中累积的违约金额已经达到 80 亿美元，违约的贷款件数高达 85 万件。由上可见，私人学生贷款至少牵涉到了教育及消费者保护两大领域，美国联邦教育部以及消费者金融保护局各自提出它们的改革建议，如加强学校在审核学生贷款需求的责任、改革监管的框架以确保信息的透明与完整等。

7.1.6.2 私人学生贷款产品

根据美国消费者金融保护局的调查研究，联邦政府所提供的学生贷款、补助金以及税务优惠加起来就占了对大专学生直接财务协助的三分之二，可以见得美国的联邦政府在促进高等教育发展、增进国家竞争力上扮演了极为重要的领导地位；相比之下，私人学生贷款在 2011 年底只占了整体学生贷款余额的 15%，也只占 2010—2011 学年度整体新增 1120亿美元学生贷款的 7%。

私人学生贷款的来源有三大类：第一，银行（凡收受存款的机构皆归入此类）与其他的准金融机构（如融资公司）；第二，非营利机构，其中大多是州政府所设立的相关单位；第三，提供自有资金或信用保证的教育机构。在这三类放款人中，又是以第一类的金融机构与准金融机构为主力，在 2010—2011 学年度整体约 79 亿美元新增私人学生贷款中就占了 60 亿美元。

联邦政府教育部设计了一个"联邦学生补助免费申请表"（free application for federal student aid，FAFSA），有 80%的学生在 2010—2011年学年度内填报此表，作为教育部审核每个学生财务补助的依据。教育部首先计算学生及他的家庭所能自行提供的财源（expected family contribution，EFC），其中包括私人（学生）贷款；同时，就读的学校也提供了该名学生的就学成本（attendance cost）；上述这两者之间的差额就由教育部提供培尔补助金、柏金斯贷款、联邦补贴史泰福贷款、工读收入等来补足。最后，其他的就学补助还有无补贴的史泰福贷款以及学生父母共同贷款（PLUS）。

　　金融海啸之前的 2005—2007 年之间是私人学生贷款增长的高峰期，放款机构使用学校作为行销的通道，劝诱学校把私人学生贷款包含在给学生的财务补助包裹中，尤其金融机构提供了信息平台让学校来一起处理私人学生贷款与联邦贷款，使得私人学生贷款与联邦学生贷款共生。再者，私人学生贷款的产品设计与联邦的史泰福贷款非常接近，例如，学生在校就读时不用还款、联邦不补贴的史泰福贷款在校时不付息（利息累积至本金）、学生毕业后有还款宽限期、学生回校攻读更高学位时延后还款等联邦学生贷款的一些基本条件，基本上也都有包含在一般私人学生贷款条件中，让学生们非常混淆。

　　因此，私人学生贷款与联邦学生贷款的主要差别就在于核贷的依据与利率风险。联邦学生贷款是依据学生的需求来决定发放的额度，但是私人学生贷款还要看学生的信用高低。原则上，近年来联邦学生贷款已全部是固定利率，但是私人学生贷款大多数还是基于借款人信用高低不同而加码不同的浮动利率贷款[①]，根据消费者金融保护局的报告，相较于联邦无补贴学生贷款利率为年息 6.8%[②]，2011 年底私人学生贷款的低端在 2.98%—3.55%，高端在 9.5%—19%[③]；从某些参与调研的放款机构数据显示，比较少数的固定利率私人学生贷款的年息在 3.4%—13.99% 之间[④]。私人学生贷款与联邦学生贷款的最后一个差别在于，学生借款人财务困难的时候，联邦学生贷款计划有好几种宽限、迟延还款、债权重生的办法，不会损及借款人的信用而导致他们日后其他的贷款困难，而且奥巴马政府在金融海啸之后也修订了依所得高低调整还款金额的计

---

　　① 主要使用的利率指标为 LIBOR 及各银行的基本放款利率（prime rate）。
　　② 2008 年至今。
　　③ 只略低于美国一般信用卡利率约 20%（及以上）的水平。
　　④ 在所谓"非联邦"的私人学生贷款中，只有一些州政府的相关机构像联邦政府一样发放低固定利率的学生贷款，不过在美国的分类当中，这类地方政府的放款相对不多，也被归类于私人学生贷款。

划以及债务放弃计划①，但是一般在私人学生贷款并没有这样的设计，对消费者相对不利。

第二节　学生助学贷款的证券化

7.2.1　学生贷款证券化市场

7.2.1.1　学生贷款支持证券年度发行量

根据 SIFMA 的资料（表 7.9，不包含 CDO），美国整体资产支持证券（ABS）分为汽车贷款、信用卡贷款、设备贷款、房屋次顺位抵押贷款、工厂预造房屋、学生及其他等各大类，随着经济的增长、变化以及资本市场的发达，几乎每一类证券化市场自 20 世纪 80 年代开始都呈现持续增长的趋势，在金融海啸前的 2005—2006 年间达到高峰，2006 年整体资产支持证券发行量高达 7539 亿美元，而学生贷款支持证券发行量也在当年度达到空前的 671 亿美元，2007 年开始下滑。

从图 7.1 也可以发现，自 20 世纪 90 年代开始直到金融海啸发生前，美国学生贷款证券化的增长速度高于整体资产支持证券发行的增长速度，使得学生贷款支持证券发行量占整体资产支持证券发行量的比例节节升高；由于学生贷款支持证券的发行量在 2007—2008 年的衰退低于整体资产支持证券，占比到 2008 年时达到顶峰的 20%，到 2012 年底才又降到了 13%的水平。如果我们略去 2008 年的暴冲状况，13%～14%的水平应该是长期趋势上比较正常的现象。

---

① 如果借款人依照原定还款计划摊还本息若干年后，而且还款记录良好，联邦政府就放弃剩余的债权，鼓励学生贷款的借款人还款，建立良好的信用。

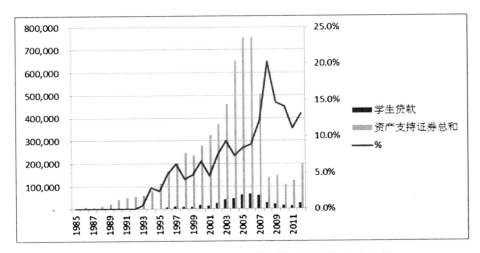

图 7.1 美国学生贷款支持证券与资产支持证券发行量

资料来源：SIFMA；单位：百万美元。

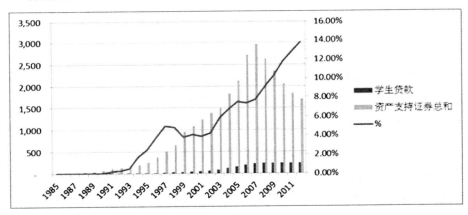

图 7.2 美国学生贷款支持证券与资产支持证券发行余额

资料来源：SIFMA；单位：10亿美元。

表 7.9　美国资产支持证券年度发行量

年度	洗车	信用卡	设备	房屋次顺位抵押	工厂预造房屋	其他	学生借款	总和
1985	1,039.30		191.70					1,231.00
1986	9,763.00		174.00			66.30		10,003.30
1987	6,203.60	2,295.20			182.70	229.70		8,911.20
1988	5,839.50	6,920.30	99.70		789.10	617.90		14,266.50
1989	6,139.70	10,992.90		2,699.30	1,952.20	288.40		22,072.50
1990	13,375.80	22,581.40		5,534.40	1,070.20	644.50		43,206.30
1991	17,466.40	21,821.20	482.80	10,291.80	1,384.10	458.90		51,905.20
1992	24,768.80	17,398.20	2,283.70	6,645.10	2,593.90	1,507.10		55,196.80
1993	24,671.90	19,608.40	3,674.70	8,257.00	2,486.90	3,140.90	339.50	62,179.30
1994	19,515.60	31,522.70	4,323.20	11,009.60	4,662.00	8,101.50	2,402.80	81,537.40
1995	29,965.10	47,385.00	3,462.70	15,758.00	6,141.90	7,237.80	2,862.40	112,812.90
1996	35,737.60	48,736.80	12,391.20	37,521.70	8,117.70	16,203.10	8,047.50	166,755.60
1997	42,123.50	40,570.90	8,321.80	69,034.10	9,581.10	19,871.00	12,563.90	202,066.30
1998	40,901.60	43,070.00	10,142.80	87,069.70	11,893.70	43,797.90	10,229.20	247,104.90
1999	46,579.80	40,676.90	12,527.30	75,709.20	15,009.60	34,502.30	11,092.90	236,097.90
2000	71,026.90	57,143.30	11,464.90	75,520.80	11,277.30	36,055.70	18,562.00	281,050.90
2001	83,946.90	68,618.40	8,499.60	112,209.50	7,149.90	30,897.40	14,883.90	326,205.60
2002	94,659.00	70,336.90	6,419.50	150,774.60	4,619.50	19,353.20	27,739.90	373,902.60
2003	82,525.70	66,730.90	9,451.40	229,074.20	399.20	30,367.90	42,993.00	461,542.30
2004	79,381.40	53,742.30	8,462.80	425,029.10	368.90	36,504.00	48,042.80	651,531.30
2005	106,096.00	67,833.50	10,442.80	460,494.30	439.90	44,969.30	63,239.60	753,515.40
2006	90,440.20	66,899.00	8,777.60	483,913.10	200.60	36,516.20	67,129.20	753,875.90
2007	78,599.80	99,527.20	5,768.90	216,890.20	413.00	44,389.10	61,370.90	506,959.10
2008	36,164.20	59,059.50	3,070.30	3,815.70	307.80	8,870.20	28,204.00	139,491.70
2009	62,748.00	46,094.50	7,655.10	2,070.40	0.00	10,249.50	22,095.90	150,913.40
2010	59,318.61	7,371.69	7,826.40	4,574.79		14,920.50	15,451.98	109,463.97
2011	68,219.07	16,151.77	9,525.52	4,103.97		14,274.77	13,963.40	126,238.50
2012	90,098.21	39,699.19	19,349.40	4,081.48	0.00	20,091.84	26,093.81	199,413.92

资料来源：SIFMA；单位：百万美元。

7.2.1.2 学生贷款支持证券发行余额

　　根据 SIFMA 的资料（表 7.10），美国整体资产支持证券的发行余额自 1985 年的 12 亿美元开始呈现逐年持续增长的趋势，在金融海啸的 2007 年达到高峰的 29,722 亿美元，年复合成长率高达 33.6%；随着金融海啸的发生，整体余额在 2012 年底降到 17,011 亿美元的水平。而学生贷款支持证券发行余额在 2010 年达到 2,400 亿美元，在 2011、2012 年底都还维持在 2,340 亿美元的水平。学生贷款支持证券占整体资产支持证券发行余额的比例并没有出现大转折变化而持续上升，在 2012 年底达到 13.76%，与年度发行量的占比约略相当。

表 7.10　美国学生贷款支持证券与资产支持证券发行余额

年度	洗车	信用卡	设备	房屋次顺位抵押	工厂预造房屋	其他	学生贷款	总和	补充说明：其他-CDO
1985	0.9		0.3					1.2	
1986	10.5		0.7					11.3	
1987	14.2	2.4	0.7		0.2	0.5		18.0	
1988	13.5	9.1	0.5		2.5	2.1		27.7	
1989	14.1	20.0	0.3	2.2	3.4	2.1		42.0	0.3
1990	19.3	42.1	0.9	7.3	4.3	2.9	0.0	76.7	1.3
1991	27.1	59.0	1.2	15.8	4.8	2.6	0.2	110.7	1.3
1992	36.7	70.8	2.1	17.0	6.7	4.2	0.4	138.0	1.5
1993	42.3	75.1	5.2	19.2	8.0	6.4	0.8	157.1	2.0
1994	39.3	98.2	8.4	25.1	10.8	9.3	3.4	194.5	1.9
1995	52.8	129.9	8.5	34.3	16.1	12.7	6.5	260.9	2.5
1996	66.7	167.1	14.3	60.6	22.1	28.7	14.3	373.8	8.6
1997	79.4	191.0	16.8	105.7	28.6	72.4	25.9	519.6	40.9
1998	88.5	199.6	20.7	146.6	37.4	129.2	31.5	653.6	87.7
1999	109.4	213.8	23.8	338.0	47.9	190.3	36.4	959.6	135.9
2000	140.5	236.8	28.1	352.6	52.4	237.8	44.7	1,092.9	174.5
2001	167.0	265.9	26.5	388.6	51.7	291.0	48.1	1,238.8	219.1
2002	187.6	293.3	21.5	452.9	47.9	326.2	58.7	1,388.1	255.7
2003	191.5	303.5	22.7	497.7	39.3	371.3	87.8	1,513.9	295.6
2004	177.3	297.5	24.0	711.5	34.1	457.6	122.5	1,824.4	383.5
2005	195.9	287.2	26.2	843.2	29.4	585.1	159.6	2,126.7	502.2
2006	196.2	291.5	29.0	1,085.3	25.6	897.9	200.6	2,726.0	805.1
2007	181.2	324.4	28.3	1,040.2	22.6	1,145.9	229.6	2,972.2	1,037.6
2008	141.5	315.6	18.6	834.3	20.3	1,056.2	237.9	2,624.3	955.0
2009	128.4	300.3	15.9	679.9	18.0	965.8	239.5	2,347.7	869.8
2010	117.4	216.9	13.1	594.2	16.5	854.7	240.6	2,053.3	769.2
2011	118.4	164.1	13.9	522.0	14.7	766.6	234.6	1,834.3	682.3
2012	143.3	127.9	18.6	469.4	13.2	694.6	234.1	1,701.1	606.6

资料来源：SIFMA；单位：10 亿美元。

7.2.1.3 学生贷款支持证券的基础资产与信用评级

如果再深入查看数据，从图 7.3 可以看到，学生贷款证券化的基础证券是以联邦政府学生贷款为最大宗，私人学生贷款其次，混合式的较少。这种现象比较容易理解，因为联邦支持的学生贷款有联邦政府的信用保证，而私人学生贷款也各有其发行机构的产品特色，基础资产来源单纯的证券化产品比较容易设计与销售。

从图 7.4 可以看到近年以来学贷款证券化的基础债券选择，大约是稳定呈现联邦政府学生贷款占 80%、私人学生贷款占 20%的局面。

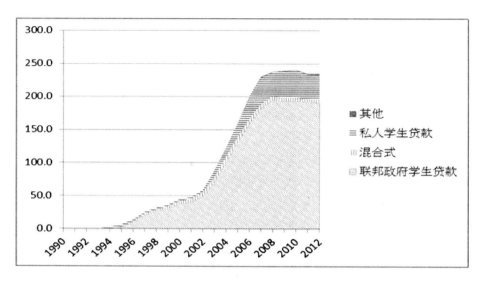

图 7.3　美国学生贷款支持证券基础证券分类

资料来源：SIFMA；单位：10 亿美元。

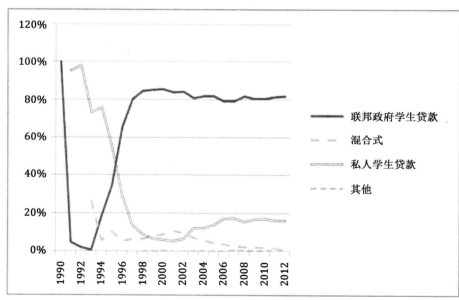

图 7.4　美国学生贷款支持证券基础证券分类变化百分比

资料来源：SIFMA。

由于购买资产支持证券的投资人多半都有信用评级上"投资等级"的限制，美国市场上的资产支持证券的建构框架都是以极大化投资等级的证券发行量为目标，尤其是投资等级证券的利率要求较低，可以有效降低发行机构的融资成本。图 7.5 显示了 2013 年第一季末学生贷款支持证券的信用评级分布状况，投资等级（Baa/BBB 以上）的学生贷款支持证券占了全体学生贷款支持证券的 91.3%。

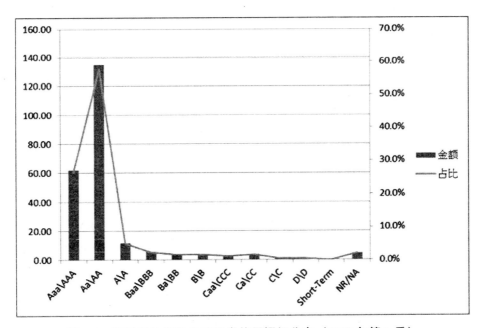

图 7.5　美国学生贷款支持证券信用评级分布（2013 年第 1 季）

资料来源：SIFMA；单位：10 亿美元。

7.2.2 学生贷款的证券化

7.2.2.1 学生贷款支持证券的特色

房屋贷款支持证券是广义的资产支持证券的始祖、也是最大宗，因此基本上大部分的证券化技术都在房屋抵押贷款证券化中率先发展，然后被陆续使用在其他的金融资产证券化当中,学生贷款证券化也不例外。

当然，因为学生贷款是有它自己的特色，这也反映在学生贷款支持债券的证券化设计上。

从前面章节的数据中，可以看出学生贷款证券化的基础债券选择越来越泾渭分明。因为联邦学生贷款有政府的保证（有联邦政府担保），与私人学生贷款（即使现今大部分有共同借款人，但仍然是属于无担保授信）的信用基础大不相同，所以使用单一种类的基础资产让设计证券化产品相对比较容易，投资人对于风险评估也更清楚，所以混合式的基础资产是非常少数的状况。

基本上，一般学生贷款支持债券的发行框架是使用所有人信托（owners trust），设计"优先/滞后"（senior/sub-ordinate）作为最底层的基础框架，以方便信用的增强；另外，虽然借款人每月摊还本金并付息，但是对于投资人多半是采用每季还本及付息。由于联邦政府的信用保证比例已降至 97%，所以一个典型以联邦学生贷款作为基础资产的证券化框架可能会有发行的 97% 的优先类债券得到 AAA 的信用评级，3% 的滞后/信用支持类债券有 AA 的评级；而一个以私人学生贷款作为基础资产的证券化框架会有发行的 90%～92% 的优先类债券得到 AAA 的信用评级，剩下属于滞后/信用支持类债券则会得到各种不同的较低评级。然后，在优先类的债券额券总额中，会再套上一个类似多档次房屋抵押贷款证券化（CMO/REMIC）的依序还本（sequential pay）的框架，切成数个子债券，它们最常见的加权还本期间（weighted average life，WAL）为 1、3、5 以及 8 年以上，发行时的订价也是比照美国相应还本年限的国债①加码。由于联邦学生贷款中的整合贷款的还款期为 25 年，加上学生在学的年数，学生贷款支持证券的名目存续期间可能高达 30 年以上，非常适合在资产负债表上有长期债务的机构（如人寿保险公司及退休基金）来投资。

---

① 美国纽约储备银行代理联邦财政部标售的国债目前都属于到期一次还本型。

由于所有的资产支持证券的基础资产债权都容许借款人提前还本，所以在一级市场订价发行以及二级市场交易时都有提前还本的假设：一般联邦学生贷款证券化发行时的假设是在 0～10%间的 CPR，最常见的数字是 7%；而在二级市场中，从 2%到 20%都有。联邦支持的整合贷款（consolidation loan）的发行假设常为 100% CLR（consolidation loan ramp）[①]。

无论联邦或私人的学生贷款，有很多的贷款在学生借款人在学期间不用付息，累积利息滚入本金[②]，加上学生贷款可以有延迟还款的条款，因此在进行证券化时要特别考虑，这是与传统优质房屋贷款证券化最大不同的地方[③]，所以在建构一个学生贷款证券化时要至少采用一些措施，以确保这个证券化框架的健全，这些典型的措施包括：

（1）超额抵押（over-collateralization，OC）：提供适当的、高于资产支持证券数量的基础资产。

（2）准备金账户（reserve account）：基础资产付息远高于资产支持证券需要付息的部分以及各种费用所需保留在此账户，以备现金流量不足时使用，一般设在基础资产的 0.25%。

（3）在本金只剩发行 10%时，发行机构有权赎回所有剩余债券。

7.2.2.2　一个典型的联邦学生贷款证券化的框架

我们用图 7.6 来表示一个典型的联邦学生贷款证券化的框架，注意到联邦政府的信用保证在实务上是一个再保险制度（re-insurance），通常是由一个州政府设立的机构作为第一线的信用保证人，对于违约的学生贷款先做赔付，然后再向联邦政府的教育部求偿。私人学生贷款证券化的框架与图 7.6 所表示的联邦学生贷款证券化类似，基本上的差别只是没有联邦教育部参与而已。由于奥巴马政府已经取消了史泰福贷款，联邦学生贷款全部改由教育部直接发放，融资也由财政部全部负责，预期

[①] CPR 在 120 个月中从 0%上升到 8%，之后停留在 8%。

[②] 这个方法称为负摊还（negative amortization），除了利息之外，放款的手续费（points）也常被滚入本金，也就是学生完成学业后，积欠借款本金大于入学时实际借入的本金。

[③] 金融海啸前，很多次级房屋贷款的发放有大量滥用负摊还的现象。

未来以联邦学生贷款为基础资产的证券化必将大幅萎缩，但是私人部门学生贷款证券化的框架将不至于会有太大的改变。

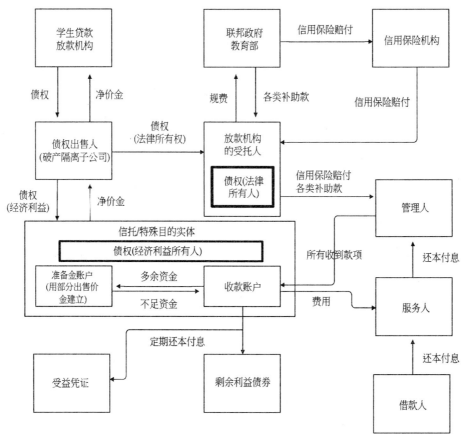

图 7.6 美国学生贷款支持证券化"所有人信托"框架

资料来源：Salomon Smith Barney；作者整理。

7.2.2.3 学生贷款证券化的风险

由于学生贷款的种种特性，学生贷款支持证券也必然会有一些独特的风险特性，建构这些资产支持证券的资本市场分析师以及投资人都需要有深入的体认与理解，信用评级公司也会把这些因素、特色列为重要的评级考虑依据，而这些因素变化的影响或冲击，往往必须仰赖多种参数的模拟才能得知：

1. 主要结构性风险

（1）保险赔付请求被拒绝。如果放款机构在发放学生贷款时发生错误，未依照正常、完整手续办理，因而当贷款发生违约时被信用保证机构拒绝赔付，因此在很多证券化框架中包含有债权出售人买回超出某一比例有瑕疵债权的条款。

（2）自我保险机制设计不全。因为学生贷款证券化使用"优先/滞后"机制作为第二层的（自我）信用增强方式，如果没有规定投资人能尽快启动准备金账户冲抵违约债权的本金损失，滞后债券投资人只能等到所有各期债券到期后才能得到正确的结算。

（3）负权益。有相当多的学生贷款证券化的发行有 1%～3%负权益的现象，也就是基础资产比各期债券本金总和还少了 1%～3%，这是学生贷款证券化的特殊现象，主要是因为基础资产的价格大于面额再加上发行成本的缘故，但由于通常有多余加码（excess spread）账户的设计，基础资产付息高于各期债券应付利息保留在信托内作为支撑，这个负权益的现象在 2～3 年内就可望消失。

（4）基差风险。如果投资人的融资成本的基准与资产支持证券浮动利率基准不一样，显然就对投资人的资产负债管理产生了基差风险。

（5）流动性风险。依照美国的经验，在证券化发行之后的初期，违约状况的发生会导致从借款人收回的款项低于预期，而向信用保证机构请求赔付也需要作业时间，需要几个月的时间才能恢复正常，因此有好的"优先/滞后"机制、准备金账户设计以及短期流动性支持机制非常重要。

（6）基础资产混杂。在所有人信托机制下，基础资产的法律上所有权是由合格信托人（eligible trustee）所持有，由于同一信托人可能持有多个不同资产池的资产，如果管理不善，会导致政府补贴的计算错误。

2. 次要结构性风险

（1）服务人质量风险。由于服务费的付出优先于对于各期债券的付息，如果服务人服务质量不佳，更换服务人会受到联邦教育部严格审核且费用可能更高，会弱化证券的体质，通常如果服务人也是原始学生贷款的放款机构时风险较低。

（2）法规风险。美国学生贷款市场相当集中，因此法规的变化对于市场份额高的放款机构冲击较大，这种法规风险已经发生数次。当政府在低利率市场宣布借款人可以从事债券整合时，马上导致大量的提前还款，迫使一些较小型服务人退出市场，使得服务费用升高。然后，2012年联邦政府停止了史泰福计划，等于宣告这个证券化市场的停滞。

3. 前期融资及循环

很多学生贷款证券化的框架有"融资前账户"（pre-funding account）的设计，金额为资产池的 10%～20%，时限为一年，这个账户的特定功用可以包括购入负摊还的部分或是借款人其他的债权以便日后做成整合债权等。也有一些学生贷款证券化的框架不用融资前账户的设计而代之以"循环"或两者兼采。所谓"循环"就是初期的本金回收并不用来赎回优先型债券的本金，而是用来购入更多的学生贷款，尤其是借款人因为继续进修而产生的新贷款，以降低因为借款人可能债务整合而带来的提前还款风险，从而降低了证券化现金流的不确定性。当然，融资前账户以及循环账户都可以设限，以免本金回收期间会被无限制延长。

4. 担保品拍卖及其他赎回条款

很多学生贷款证券化的框架规定，受托人在发行后十年拍卖所有的基础资产，有的框架更代之以或者兼采由"多于加码账户"强迫赎回所有发行在外而尚未清偿的受益凭证或债券。由于发行十年之后，学生贷款本金通常也已大部分清偿，所以影响不大，也正因为这个条款，学生贷款支持证券的最终到期日往往不超过十年。

7.2.3 学生贷款的政府资助企业

由于在 20 世纪 70 年代以前学生不容易从金融机构取得学生贷款，美国联邦政府鉴于在住房贷款方面设立了如联邦国民住房抵押贷款协会这样的政府资助企业取得了初步成功的经验，在 1972 年经由国会通过《高等教育法案》（HEA）授权，为学生助学贷款成立了一家营利性的私营公司[①] "学生贷款行销协会"（student loan marketing association，SLMA），非常类似于联邦国民住房抵押贷款协会在住房贷款领域中的功能，收购联邦政府保证的学生助学贷款创造二级市场，但是立法强调它不可直接发放学生贷款，一般人使用它的字母缩写而昵称为女性化的"莎莉美"（Sallie Mae）。如同其他的政府资助企业一样，莎莉美帮助政府遂行公共政策，经由立法享有美国联邦政府的融资协助、免交大部分的联邦及地方税、享受比银行低的资本要求。

从 1973 年起，联邦财政部下辖的联邦融资银行（Federal Financing Bank，FFB）担负起了融通莎莉美的任务；但是由于联邦的融通将于 1984 年停止，莎莉美 1981 年起以政府资助企业的身份自行在 "机构债" 市场发债。因为游说国会成功，莎莉美于 1981 年获得国会同意可以购买非联邦政府保证的学生贷款并扩充营业范围[②]，在 1983 年获得国会同意发行更多特别股以及无投票权普通股给原始股东以外的投资人，1984 年 4 月莎莉美发行的投票权股票在纽约证券交易所挂牌上市。由于经营得法，莎莉美的资产在 1989 年时已达 400 亿美元，1990 年时持有超过一半联邦政府保证的学生贷款，获利状况非常良好，从所持有的学生贷款赚取服务费是它的核心业务。在 1992 年，莎莉美经由国会通过《高等教育法案修正案》，把所有无投票权的普通股改为有投票权的普通股，继续朝向降低政府影响力的方向迈进。

---

① 股东限于一些参与联邦保证学生贷款计划的银行及学校。
② 此点与房利美和房地美的状况类似。

由于 20 世纪 80 年代发生了"储贷机构危机",政府及国会都觉得有加强金融监管（包括政府资助企业监管）的必要；但从莎莉美的角度来看，固然"政府资助企业"的身份有助于取得低廉的融资，但是也限制了公司的成长，因此也有了改组的想法。1992 年的《高等教育法案修正案》让莎莉美所有无投票权的普通股改为有投票权的普通股，但是最重要的是政府实施了一个"（政府）直接放款"的先导计划（上限五亿美元，为期五年），试点节省付给私部门的各项费用，如果实施情况良好，先导计划就会成为永久性质，国会甚至另外考虑成立一家专做学生放款的银行，让莎莉美备感威胁。

真正的挑战在 1993 年发生，国会通过了《学生贷款改革法案》（Student Loan Reform Act），克林顿政府正式实施永久性的直接放款项目（FDLP）与原有的 FFELP 并立，目标是要使 FDLP 达到政府保证学生放款的 60%的份额；同时该法案还加入了由放款机构负担的"发放费"、降低政府保证的额度及放款利率，而对莎莉美立即冲击更大的是政府对于莎莉美在 1993 年 8 月 10 日后购入的学生贷款加收 0.3% 的所谓"抵充"费（offset fee）[①]。在这样的大环境改变之下，莎莉美的股价从 1992 年开始直到 1993 年法案通过时跌掉了 40%，市值少了 25 亿美元，更加深了莎莉美想要"私有化"的决心。

莎莉美是政府资助企业中使用利率掉期等衍生性金融工具的先驱，探索如何能降低融资的成本，又在 1985 年率先发行了学生贷款支持债券，发现学生贷款支持债券是很好的融资工具，能够取代"机构债"的功能。莎莉美经过股东的意见整合，说服国会于 1996 年通过了《SLMA 重组法案》（SLMA Reorganization（Privatization）Act）让莎莉美私有化，把它从一家联邦特许的准公营、业务范围狭窄的政府资助企业在成立了 34 年后变成了一家州注册的业务广泛的私人、上市的金融服务公司，美

---

① 最终对莎莉美的冲击从 30 降低到 10～15 基点；莎莉美估计私部门在每一笔学生放款平均每年少了 0.4%的收入，对整个学生放款产业的冲击非常惊人。

国联邦财政部内还成立了"莎莉美监察处"（Office of Sallie Mae Oversight，OSMO）来监督私有化的过程，私有化在 2004 年顺利完成。

总的来说，莎莉美私有化的原因有三[①]：第一，无法控制的政治风险；第二，经理人想要接受新科技、新环境挑战的决心，这包括了政府资助企业逐渐消失的融资优势以及资产支持证券的兴起；第三，莎莉美的创新精神以及充分掌握私有化的机会。莎莉美私有化成功的关键在于该公司运营得法产生的利润增长：从 2000 年底到 2004 年底的四年间，整体联邦政府保证的学生贷款余额从 2000 亿美元增长到了 3280 亿美元，私人学生贷款的发放从 1996 年到 2003 年之间增长了 4 倍，莎莉美掌握到了这个巨大的业务机会，它发放新学生贷款的能力抵消了逐渐失去政府资助企业保护伞的不利，莎莉美的股票市值从 1999 年到 2004 年增长了两倍而达到接近 230 亿美元。

虽然莎莉美的私有化本身在美国还不无争议，但是在政府的眼中，这家政府资助企业在美国独特的社会、经济、学生贷款产业环境中成功完成了它的阶段性任务（目前已有数十家金融机构参与这个市场，学生贷款余额也达数千亿美元之多），是政府资助企业中少数非常成功的范例。

---

① US Department of Treasury, Office of Sallie Mae Oversight. Lessons learned from the privatization of Sallie Mae (draft)[R/OL]. March 2006.

第八章　企业债权证券化

债权证券化是一般通称的金融资产（尤其是债权）证券化最广义的说法，英文名称是 collateralized debt obligation（CDO）。

在 20 世纪 80 年代，美国的资本市场在房屋抵押债权证券化上面有了非常蓬勃的发展，市场从单纯的转手证券（pass-through）成长出了多档次证券化（collateralized mortgage obligation，简称 CMO），房屋抵押债券媲美甚至超越国债，成为固定收益市场的主流。另一方面，收受存款的金融机构的资产负债表在同时间也经历了相当程度的增长，为了降低监管资本（regulatory capital）上遭受到的压力，金融机构就仿效房屋抵押债券市场多档次证券化，发明了债权证券化（collateralized debt obligation，或简称 CDO），这也包括信用连结债券（credit-linked note，简称 CLN）：以放款为主要基础资产的称为放款证券化（collateralized loan obligation，简称 CLO），以企业债券为主要基础资产的证券化称为债券证券化（collateralized bond obligation，简称 CBO）。一般提到 CDO、CLO 或 CBO 时，这些名词既可以表示证券化的发行实体，又可以表示发行实体所发行的各个债券或受益凭证，视上下文义而定。

在债权证券化发展的历程中，一个非常重要的创新就是信用违约交换（credit default swap, CDS）。信用违约交换结合了实体债券证券化的基础框架，促成了合成（synthetic）债权证券化的诞生，加上对冲基金产业自 20 世纪 90 年代起的快速增长与推波助澜，为 2007—2008 的金融海啸埋下了种子。

第一节 信用衍生性产品及企业债权证券化

信用衍生性产品及企业债权证券化市场的发展，开始于 20 世纪 80 年代，大约可以用十年一段为划分的基础[1]。

8.1.1 信用风险证券化的诞生

第一阶段在 1990 以前，是信用风险市场发展的萌芽阶段，已有少数的金融机构把自身资产负债表上的信用风险转移出去，另外也有一些早期的信用衍生性金融商品被发明出来，但是当时是市场/价格风险产品轰轰烈烈发展的阶段，如期权、期货、利率调期等，信用风险并不是资本市场的主流，SIFMA 的 CDO 发行余额统计也只是从 1990 年开始而已。

出人意料地，债权/信用风险的证券化起源于高收益债券，也就是俗称的垃圾债券（投资评级以下的债券）。Drexel Burnham Lambert（DBL）的麦克·米尔肯（Michael Milken）在 20 世纪 70 年代起逐步开创了新发行的高收益债券市场[2]，而且他很聪明地创造了一个包含投资银行、债券发行人与投资人的完整市场体系，基本上主宰操控了整个高收益债券市场的运作。前述的这些机构投资人中包含了几家储贷机构，是高收益债券的主力投资人，其中一家是帝国储贷公司（imperial savings association）。帝国储贷在 1983 至 1986 年间总共向 DBL 购入了 16 亿美元的高收益债券，它资产的 10%是高收益债券，持有高收益债券的数量高居所有美国储贷机构的第二名。由于当时金融监管规定储贷机构资产最高只能持有 11%高收益债券，帝国储贷为了减低流动性及监管资本的

---

① Smithson, Charles. Credit Portfolio Management[M]. Hoboken, NJ: Wiley, 2003.
② 在此之前，所谓的垃圾债券属于"堕落的天使"（fallen angel），也就是投资评级的债券因信用评级遭到调降至投资等级以下。

压力，在 DBL 的协助之下于 1987 年发行了以（高收益）债券为基础资产有史以来的第一个债权证券化（CDO），也是 CBO。

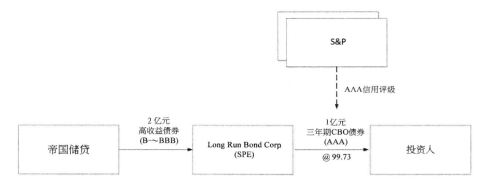

图 8.1 帝国储贷的第一个 CBO

资料来源：作者整理自 Bratton，Levitin（2012）。

由图 8.1 可以看出，这个 CBO 是一个非常经典、规范的证券化，帝国储贷提供了 2 亿美元信用评级为 B-～BBB 的高收益债券给特殊发行实体 Long Run Bond Corp.作为基础资产，用超额担保（over-collateralization，或简称 OC）的方式只发行了 1 亿元的三年期 CBO 债券；也正是由于基础资产的质量与分散度，加上百分之百的超额担保，帝国储贷及 DBL 说服了标普与穆迪两大信用评级公司给予了 AAA 的评级，于是 Long Run Bond Corp. CBO Ⅰ 的三年期债券可以用三年期国债加码 85 基点（basis point）、价格为 99.73 的好价钱售出，其中三分之一卖给了其他的储贷机构，其他的卖给了退休基金及共同基金[①]。事后来看，Long Run Bond Corp. CBO Ⅰ 是 "实体债权证券化"（cash CDO）的先驱，是一个很重要的创新：个别信用评级较低的债权资产组合经过适当的处理，可能转换成为一些信用评级较高及较低资产的新组合，创造出了资产的流动性。

[①] 帝国储贷应当保留了剩余权益（residual/equity），以收取 CBO 超额担保所造出的巨大剩余现金流。

　　由于 Long Run Bond Corp. CBO I 使用了百分之百的超额担保，对于帝国储贷并非是最经济的做法，因而 1988 年的 Long Run Bond Corp. CBO II 仿效房屋抵押债券市场中多档次证券化（CMO）的做法，使用了一个"优先/滞后"（senior/ sub-ordinate）的框架。

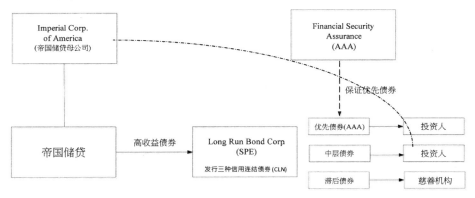

图 8.2　帝国储贷的第二个 CBO

资料来源：作者整理 Bratton, Levitin (2012)。

　　在这个新框架中，帝国储贷将资产负债表中一些高受益债券卖给 Long Run Bond Corp.，然后由这个特殊发行实体发行了三种信用连结债券：优先、中层、滞后。帝国储贷找到了信用评级为 AAA、专门承做信用保险的 Financial Security Assurance 公司为优先债券提供信用保险，让优先债券得到了 AAA 的信用评级，顺利出售给投资人；中层的债券则由帝国储贷的母公司 Imperial Corp. of America 承接；位于最下层、最先承受信用违约损失的滞后债券，就捐给了加州圣地亚哥市的两家慈善机构。在这个框架之下，帝国储贷可以说是完全把基础资产的风险转移出去，因此会计上的"出售"处理是非常完整的。

　　事实上，尽管日后帝国储贷发生危机，帝国储贷的这两个先驱的债券资产证券化本身并没有酿出任何的风波，完全达成了当时要出售信用风险、增加资产流动性，以及降低监管资本压力的任务，充其量只能说是稍微助长了垃圾债券的销售，也并没有能够引领大规模债券证券化的风潮。

第三个 CDO 则是由麦克·米尔肯的另一个大客户"第一执行公司"（first executive corporation）所发行。第一执行公司是一家人寿保险公司，以高利率出售了很多的年金产品，因此向 DBL 购入了大量的高收益债券作为投资面的资产，是当时全世界持有最大量高收益债券的投资人。保险监管部门发现了第一执行公司财务上不规范的异常状况，该公司于1988 年陷入了财务危机，必须要注入新资本或者停止销售而逐渐缩减规模，于是该公司找了监管规定的漏洞，成立了六家特殊发行实体，将总共 7.89 亿美元的高收益债券转移给这六个特殊发行实体，换取同额的证券化债券，以降低监管资本的压力。最终，第一执行公司钻漏洞的行为被发现，整个证券化的行为被认定为无效，第一执行公司也最后以破产清算收场。

自此，起源于美国西岸加州的第一波债券证券化落幕，下一波的债权证券化将由东岸的主流金融机构引领风骚。

8.1.2 信用风险证券化的演进

第二个阶段从 1991 年开始到 90 年代的中后期，信用风险的中介市场逐渐开始成形，大型的银行与证券商开始运用财务工程的技术进行本身信用风险的转移，而投资人也进入市场用前所未有的方式寻求投资于信用风险产品的机会。

8.1.2.1 全美银行带起的传统银行放款证券化

约在 1997 年间，美国的大型区域性银行全美银行（NationsBank）[①]首先发难，发行了第一个传统、阳春的放款证券化（CLO），其后跟进的就有日本长期信用银行（Long Term Credit Bank）的 PLATINUM、日本兴业银行（Industrial Bank of Japan）的 PRIME、住友银行（Sumitomo

---

① 后来经过多次并购，包含美国商业银行（Bank of America），成为全国性的巨型商业银行。

Bank）的 WINGS、三和银行（Sanwa Bank）的 EXCELSIOR、波士顿银行（BankBoston）的 BANKBOSTON、蒙特利尔银行（Bank of Montrael）的 LAKESHORE、法国兴业银行（Sociéte General）的 POLARIS、百利银行（Banque Paribas）的 LIBERTE，以及里昂信贷银行（Credit Lyonnais）的 LEAF，在资本市场中出现新局。下面图 8.3 表示了最简单的运用总信托框架的 100%完全出售放款的现金流量债权证券化：

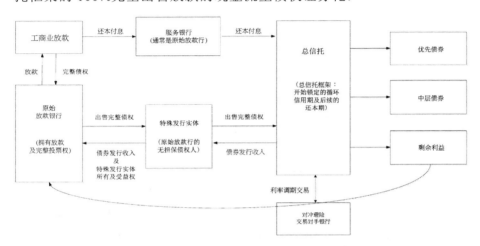

图 8.3 完全出售放款的现金流量债权证券化

资料来源：作者整理自 Tavakoli（2008）。

8.1.2.2 信孚银行[①]

信孚银行（Bankers Trust）是当时衍生性金融交易的先行者，它有两个信用风险交易的范例。

经由范例一的交易，对手银行 B 承受了信孚银行的交易对手风险，运用完全收益交换（total return swap，或称为 total rate of return swap；前者名称多用于欧洲，后者名称多用于美国）把企业客户 A 的信用风险转移给信孚银行，腾出了客户的信用额度及本身的资本。但因为当时市

---

① 信孚银行的英文名称是 Bankers Trust Company，母公司名称为 Bankers Trust New York Corporation。

场上对于完全收益交换接受度还不高，因此信孚银行转身(back-to-back）在企业债券市场中放空企业 A 发行的一些企业债券，作为（不完美的）避险对冲。

我们用图 8.4 来表示上述信孚银行的第一个交易：

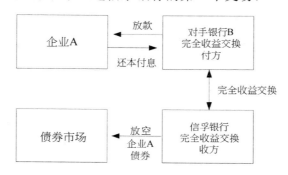

图 8.4　信孚银行早期信用风险交易范例一

资料来源：作者整理。

在完全收益交换中，完全收益交换的付方往往是参考资产的法律所有人，而完全收益交换的收方经过交换成为了参考资产价格及违约风险的所有人。完全收益交换的付方虽然表面上在资产负债表上拥有较高风险的参考资产，但经由完全收益交换，将此参考资产的"风险"出售而让它变成了收取浮动利息的低风险资产；完全收益交换的收方在资产负债表上并未拥有参考资产，但经由完全收益交换而实质上拥有了参考资产的经济利益及风险。因此，完全收益交换是经由交换参考资产的经济利益与虚拟的浮动债券利息，以表外（off- balance sheet）的方式来做多或做空资产（或信用风险）的方法。

Swap 在我国常被翻译成"调期"。事实上，除了最初的 interest rate swap 的交易双方把长、短期利率"调换"之外，其他后续发明的各种 swap 就是两个现金流/风险的互换，与利率期限结构没有必然的关系，所以作者认为把 swap 称为"交换"比较恰当。

下列的图 8.5 说明了完全收益交换的重点：

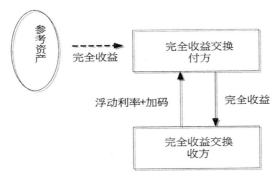

图 8.5 完全收益交换示意图

注：参考资产：股票、债券、放款、指数、大宗商品；完全收益：股/利息收入+（期终价值–期初价值）。

资料来源：作者整理。

信孚银行的第二个交易是为自己而做。信孚银行是当时衍生性金融产品创新的佼佼者，有五家日本银行（信用评级当时为 A）向信孚银行出售了相当数目的期权，而这些期权已经在"价内"（deep in-the-money）具有相当的利润，加上当时整体日本银行业的经营非常困难，信孚银行为了对冲这些日本银行的信用风险来保护尚未实现的利得，决定用出售信用连结债券的方式作为避险。

信孚银行依据了期权大约的曝险金额（期权上的利润），向投资人发售了五年期的信用连结债券，信用连结债券的对象就是向信孚银行出售期权的五家日本银行，各具有一定的信用曝险比例。虽然信用连结债券的发行人是信孚银行，但当任何一家日本银行出现违约状况时，信孚银行有权（从市场上用大幅折价的方式买入并）将这家违约银行早先发行的债券交付给信用连结债券的投资人，取代还本。信孚银行运用信用连结债券的方式把五家日本银行的信用风险转卖给投资人，虽然（如同第一个交易范例一样）并不是完美的对冲避险操作，但万一日本银行发生信用违约的状况以至于无法收到期权交易的利得，经由信用连结债券的操作也可在相当程度上回收到一部分，不至于血本无归。

这个交易可以用图 8.6 来表示：

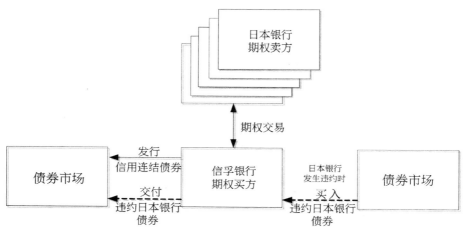

图 8.6 信孚银行早期信用风险交易范例二

资料来源：作者整理。

8.1.2.3 摩根银行[①]

在这第二个发展阶段当中，其实最重要的创新就是信用违约交换（credit default swap）的"发明"以及运用信用违约交换所组建的合成式债权证券化（synthetic CDO），这些创新发明的动机也是创造资产的流动性，降低金融机构监管资本的压力。

摩根银行（J.P. Morgan）是美国的蓝筹银行，一直与美国的最大型企业有业务往来，资产负债表逐渐庞大，但是由于银行之间业务竞争激烈，这些企业放款的利润很微薄，而且占用了比较多的风险资本，虽然银行之间有一个买卖放款的市场，但是摩根银行因为要维持与客户之间的关系，也无法将这些放款出售给其他的银行，因此亟思有所突破。1989年时，美国艾克森石油公司（Exxon）旗下的瓦尔达斯号（Valdez）超级油轮在阿拉斯加海域漏出大量原油，严重污染当地海域，缠讼多年，被法院处以总共超过 50 亿美元的损害赔偿，因而 1994 年时该公司向摩根

[①] 摩根银行当时的名称是摩根保证信托公司（Morgan Guaranty Trust），是 J.P. Morgan 与 Guaranty Trust 公司合并后的商业银行，在美国本土传统上着重于批发式的银行业务与最高端的私人银行业务。

银行申请 48 亿美元的信用额度作为支应。由于长久的往来关系，摩根银行难以拒绝，于是摩根银行的衍生性产品专家经过研究，找到了欧洲复兴银行（EBRD）。因为欧洲复兴银行有很充裕的资金与信用额度，而且判断艾克森石油公司违约的概率很低，于是与摩根银行达成协议，同意由摩根银行向欧洲复兴银行定期交付一些费用，如果艾克森石油公司发生债务违约时，由欧洲复兴银行担负所有的信用风险来补偿摩根银行，信用违约交换于是诞生。

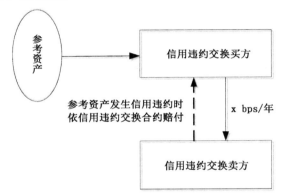

图 8.7　信用违约交换示意图

参考资产：单一债券、放款；一篮子债券、放款；指数等。
资料来源：作者整理。

信用违约交换有下列几点特征值得一提。

（1）参考资产的信用违约称为信用违约事件（credit events），在每一个信用违约交换合约中的定义可能都不同，赔付条件也不同。

（2）信用违约交换与完全收益交换不相等，因为前者只针对信用违约事件，而后者还包括了参考资产整体价格风险的对冲避险。

（3）严格来说，信用违约交换非常近似于卖权（put）或保险，卖方的收入与潜在风险并不对称，但由于初期的市场参与者多半来自于利率交换领域，使得这个产品被命名为一种"交换"。这个产品后来在 2008 年的金融海啸中扮演了非常重要的角色，导致了美国保险巨人 AIG 濒临破产而被政府接管。

（4）信用违约交换促成了合成债权证券化的发展。

紧随着信用违约交换的发明，摩根银行把这个新发明运用在自己的放款债权证券化上，发明了另一个新产品 BISTRO（broad index secured trust offering），可以翻译为"大范围指标担保信托债券"，这是第一个包含了信用违约交换的债权证券化，开了合成（synthetic）证券化的先河，日后造成 21 世纪第一个金融海啸的众多次级房贷证券化中也有着 BISTRO 的身影。

摩根银行发行 BISTRO 的基本动机与前述的帝国储贷类似，首先是想降低资产所占用的监管资本；再者，摩根银行当时享有 AAA 的信用评级，不但融资成本很低，银行的流动性远超过帝国储贷，不需要出售放款，加上要与蓝筹客户维持关系，也不能把放款出售而造成客户方面不良的印象，所以只能另辟蹊径，于是针对各种不同的证券化方式做了试算，最后发现合成式的放款证券化 BISTRO 对于摩根银行最为有利，能降低最多的监管资本要求。

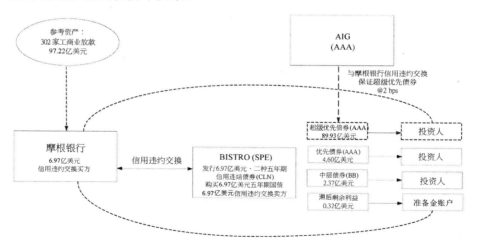

图 8.8　摩根银行的第一个 BISTRO

资料来源：作者整理。

摩根银行 BISTRO 的参考资产是高达 97.22 亿美元的工商业放款，总共涵盖了 302 家往来的企业客户。经过深入分析，摩根银行认为这 97.22 亿元放款的违约风险不会超过 6.97 亿美元，摩根银行因此建立了特殊发行实体 BISTRO。这第一个 BISTRO 的特色如下：

（1）BISTRO 发行两种五年期信用连结债券，总共 6.97 亿美元：中层债券 4.6 亿美元，以及滞后债券 2.37 亿美元。摩根银行将整体框架及资料展示给信用评级机构，结果中层债券获得 AAA 的评级，滞后债券获得 Ba/BB 的评级，面向资本市场发行。BISTRO 用发行信用连结债券所得的 6.97 亿美元，购买 6.97 亿美元的美国国债。

（2）同时，BISTRO（卖方）与摩根银行（买方）以 97.22 亿美元的参考资产为依据，进行 6.97 亿美元的信用违约交易，以 6.97 亿美元的国债作为信用违约交易卖方的担保。BISTRO 用摩根银行交付的信用违约"保险费"加上同批 6.97 亿美元的美国国债利息收入，支付信用连结债券的利息，多余的部分则存入一个 3200 万美元的准备金账户，这也是一个由摩根银行保有的剩余权益账户。

（3）一旦参考资产组合中的放款发生违约情事时，首先由 3200 万美元的准备金账户赔付，其次则依滞后、中层债券的顺序由 BISTRO 依照信用违约交易的约定赔付，资金的来源就是出售 BISTRO 所持有的美国国债。

在此，我们就可以大概明白"大范围指标担保信托"这个名称的意义了：

（1）BISTRO 的参考资产是高达 97.22 亿美元的工商业放款，总共涵盖了 302 家往来的企业客户，因此可以称之为"大范围"的风险分散。

（2）参考资产留在摩根银行资产负债表上，作为信用风险"指标"。

（3）BISTRO 发行的信用连结债券付息是以国债的利息收入为主要来源，勉强可以说是"担保"；此处，"担保"的另一重意义是让摩根银行参考资产的信用风险由美国国债来担保。

（4）BISTRO 的参考资产无法置换，所以基本上是属于静态、被动的型态，应该适合于使用"信托"的法律框架。

从整体框架上来看，97.22 亿美元参考资产去除了信用连结债券及 BISTRO 准备金/剩余利益后剩下的 89.83 亿美元的曝险，产生信用违约的机会微乎其微，甚至低于 AAA 评级的债券，因此产生了"超级优先债券"（super senior）的名词。由于构建 BISTRO 必要的现金流计算，超级优先债券的利率极低而不可能有投资人会购买，因此 BISTRO 无法发行这些超级优先债券[①]，摩根银行希望能顺势保留在自身的交易账（trading book）上，一般大众[②]也相信摩根银行用了 7.29 亿元的 BISTRO 神奇地以小搏大解决了 97.2 亿元的放款问题，同时让摩根银行的资产负债表几乎没有扰动。然而，摩根银行的 BISTRO 神奇的初步框架被联邦储备理事会认为不完整而不予接受，逼得摩根银行找上了有 AAA 评级的 AIG（American Insurance Group），以 0.02%（2 bps）向 AIG 直接买了 89.83 亿美元的信用违约交换来加强超级优先债券的信用，方才得到联邦储备理事会的认可，完成了整个交易。

BISTRO 推出之后，市场为之风靡，于是摩根银行趁势向其他银行推荐这项产品，担任其他银行建构 BISTRO 的顾问，同时也担任起类似 AIG 的角色，以自身当时 AAA 的信用评级向这些 BISTRO 提供信用违约交换作为超级优先债券的信用保障。当摩根银行累积出了相当多的超级优先债券的信用违约交换之后，它又去找 AIG 承接了这些信用风险。由此可知，AIG 早在 20 世纪 90 年代就已积极地从较低的企业信用风险以保证"超级优先债券"的方式跨入了信用违约交易的领域。

---

① 如果发行 89.83 亿美元的超级优先债券，BISTRO 必须加码购入 89.83 亿美元的额外国债，即使到今天也是一个非常大的额度，实务上也不见得可行。

② 大部分的文献都没有提到最后摩根银行与 AIG 所必须进行的巨额信用违约交换，有些文献甚至将这个"创新"归功于花旗银行于 1999 年在欧洲推出的 C-Strategic（后改称 C*Star）放款证券化。

8.1.2.4　国民西敏银行[①]

就在摩根银行正式推出合成式的债权证券化 BISTRO 之前，国民西敏银行（National Westminster Bank）于 1996 推出了一个名为 ROSE（Repeat Offering Securitization Entity Funding No. 1）的"现金流量式"放款证券化（cash flow CLO），其目的首先是要降低监管资本的要求，同时增加银行资产的流动性。

相对于合成式的 BISTRO，ROSE 放款证券化比较简单，它具有下列几个特色：

（1）ROSE 设计的目的是用来证券化循环使用信用额度（revolving credit facility）类的工商业放款，因此采用了信用卡应收账款证券化所习见的总信托（master trust）式的特殊发行实体。在总信托框架之下，有一个闭锁期（lock-up period），发行银行可以添加或者置换不同的借款，避免发行额度因借款人还款而剧烈变动。

（2）购买 ROSE 发行债券的投资人除了按"某一约定比例"持有参考/基础资产的经济利益之外，并没有一般债权人享有的其他权利，债权人的权利（如债权人会议的投票权）完全由发行银行独享。这种投资人与发行银行之间的权利关系，是由"次参与利益"（sub-participation interest）协定来约定，这也简化了债权管理。

（3）ROSE 发行的债券投资人依赖国民西敏银行管理基础资产，这些放款并没有从国民西敏银行剥离，加上国民西敏银行并没有做适当的建构工作，因此 ROSE 发行的债券信用评级无法独立，最高也无法超过当时国民西敏银行的ＡＡ评级，而且当国民西敏银行信用评级发生变动时，ROSE 债券的信用评级也会受到波及，因此这种证券化属于（银行信用）连结型的框架（linked structure）。

（4）由于国民西敏银行并没有在发行 ROSE 时充分使用优先/滞后的

[①] 国民西敏银行（National Westminster Bank）已被苏格兰皇家银行（Royal Bank of Scotland）并购。

框架做好分切组建（tranching）的工作，因而没有能发行 AAA 评级的债券，纵使在监管资本上得到很大的节省，但是在融资成本上并没有达成最佳的效果。

（5）现金流量证券化发行的债券付息可能是固定利率或浮动利率，但是基础资产的付息可能是基于各式各样的利率指标，因此在总信托的层级可能会有利率交换的安排（包括固定/浮动交换以及基差交换），把发行债券付息的方式统一，便于投资人购买，因此这些"交换"的对手银行信用也可能对发行债券的信用评级产生影响。

在绝大多数的债权证券化中，原始放款行通常都会保有滞后的剩余利益[①]。另外，ROSE 这类框架在美国可能直接由总信托作为特殊发行实体就可以达成"出售"的资产负债表目的，总信托与特殊发行实体两者合而为一。

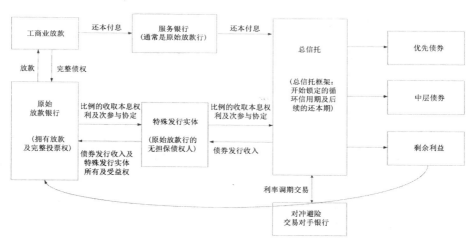

图 8.9　ROSE 放款证券化

资料来源：作者整理自 Tavakoli (2008)。

---

① 债券市场惯例一般称优先及中层债券为 notes，剩余利益为 certificate。

8.1.2.5 瑞士银行①

在国民西敏银行推出 ROSE 放款证券化之后，瑞士银行（Swiss Bank Corporation）为了降低监管资本的压力，同时兼顾瑞士银行替客户守密的法律以及美国、开曼群岛的税法，运用所谓"黑盒子"的方式，在开曼群岛设立了名为"冰河融资有限公司"的特殊发行实体，用信用连结债券的型态，面向欧洲投资人推出了债权证券化。在 1997 年的当时，资本市场中的债权证券化产品不多，加上瑞士银行的信用评级是仅次于 Aaa/AAA 最高评级的 Aa1/AA+，因此创新的冰河融资证券化得到投资人的热烈反应，额度从计划中的 15 亿美元追加提高到 17.4 亿美元。

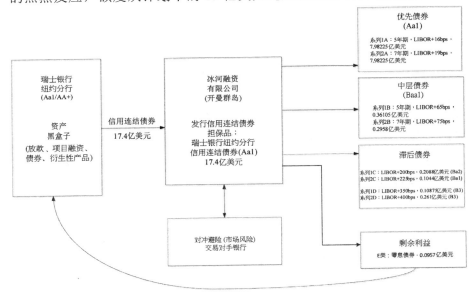

图 8.10 瑞士银行冰河融资的黑盒子债权证券化

资料来源：作者整理 Tavakoli（2008）。

瑞士银行冰河融资这种"黑盒子"式的证券化有下面几个特点：

---

① 当时是 Swiss Banking Corporation（简称 SBC），是瑞士三大银行之一，后与瑞士联合银行（Union Bank of Switzerland，简称 UBS）合并，以瑞士联合银行为合并后的英文银行名称，中文则简称瑞士银行。

（1）因为瑞士银行法有替客户保密的义务的规定，违反者可被处以最高达 15 年的有期徒刑，因此这种"黑盒子"的证券化方式有其必要性。放在黑盒子资产池里的资产包括了放款、项目融资、债券及衍生性产品，只有瑞士银行纽约分行少数的高级职员知晓内容，以确保资产池中的客户身份等资料不外泄。

（2）瑞士银行设定发行的对象是欧洲投资人，由于开曼群岛对于税务上的优惠，因此冰河融资公司设在开曼群岛，把各国税务干预降到最低。又因为纽约分行需要降低监管资本的压力，而且发行（信用连结）债券的利息支出可以从企业所得中扣除，因此由纽约分行发行信用连结债券给冰河融资，作为冰河融资发行下一层信用连结债券的担保品，因此是用"整批"（wholesale）的方式把资产的信用风险以瑞士银行的名义一次转售出去，是一种非常创新的做法。

（3）瑞士银行把内部的信用评级系统调整到与穆迪、标普两大信用评级机构一致，并得到两家评级机构的认可，因此黑盒子的做法才能够实际运作。另外，冰河融资公司这个特殊发行实体是仿效信用卡应收账款证券化，采用了"总信托"的法律/会计形式，给予了瑞士银行替换"黑盒子"资产池中基础资产的自由。

（4）由于基础资产的多样性，瑞士银行在冰河融资的层级做了各种对冲避险来调整现金流，把冰河融资发行的信用连结债券在到期日方面分为五年期及七年期两种，尤其是把优先债券设计成了一次还本的债券，最容易被投资人接受。

（5）因为冰河融资发行的信用连结债券是以瑞士银行发行的信用连结债券为担保品，建构的方式是选择了发行超过 91% 的 Aa1/AA+ 级优先债券。换句话说，冰河融资的发行方式让债券评级不但没有能够超越瑞士银行的信用评级，反而受到瑞士银行信用评级的牵制。

冰河融资证券化非常成功，但是这种类似国民西敏银行 ROSE 证券化的银行信用连结式债权证券化有它先天的缺点，也就是一旦原始债权银行的信用评级遭到调降，这些证券化债券也会遭到相同的命运。另外，当时瑞士银行的声誉良好，信用评级高，而且证券化的金融产品本来也就不多，因此"黑盒子"证券化当时能够广被投资人所接受，但随着大环境的演变，整体经济波动增加，银行的信用评级也时时受到严格的检验，今日的投资人可能已经很难接受这种"黑箱作业"，但是这种"黑盒子（银行）信用连结式证券化"仍然是证券化发展历史进程中值得一提的创新。

8.1.3　信用风险证券化的发展

对冲基金的诞生最早可以追溯到 20 世纪 20 年代，一直多以股票的多空对冲交易为主要交易策略，基金规模也相对较小。直到 20 世纪 80 年代中期，所罗门兄弟证券公司的债券自营对冲交易部门获利丰厚，交易人员出走，网罗诺贝尔经济奖得主修斯（Myron Scholes）以及默顿（Robert Merton），创立了长期资本管理公司，从 1994 到 1998 年倒闭之前，凭借高杠杆的运作方式，曾经连续数年创下年收益 40%以上的佳绩，引起各大跨国银行的效尤，纷纷成立自营对冲交易部门，也有更多的交易员离开大型金融机构，成立独立的对冲基金，追求高收益，蔚为风潮，至今不衰。

根据对冲基金顾问公司汉纳西集团的资料（如图 8.11），2007 年金融海啸之前对冲基金产业管理资产已达 15,350 亿美元的规模，基金家数也高达 9,550 家。时至今日，由于对冲基金以往并不需要登记，所以并无精确的统计数据，但一般相信全球对冲基金产业掌管资金超过 2 万亿美元，基金家数也早已超过 1 万家。在前美国联储主席葛林斯潘长期维持低利率政策的影响之下，货币供给充足，信用泛滥，导致投资人风险胃纳增加，争相追逐较高收益的金融产品，这也部分反映在上述对冲基金产业高速增长的现象上，而对冲基金又成为了推动资产证券化这一阶段发展的重要推手，以摩根·史坦利（2012）说得最为露骨：

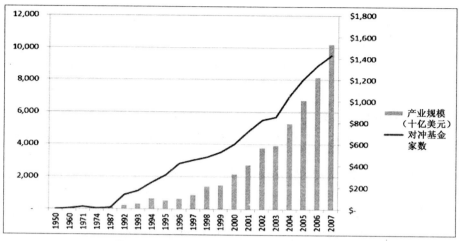

图 8.11　对冲基金产业规模（每年年初）

资料来源：Hennessee Group LLC.

　　放款（债权）证券化是为了因应不同的私人投资需求而建构的固定收益基金，运用杠杆的方式让剩余利益（即滞后债券）达到更高的风险/收益型态。①

　　摩根·史坦利公司是美国投资银行的翘楚，而摩根·史坦利（2012）是它正式的行销文件之一，所以上面引用的这段话完全点出了债权证券化在这一阶段高度发展的真相：对冲基金或者其他追逐高收益的投资人为了追求高收益（高风险的另一面）投资收益最高的资产证券化所产生的滞后债券或"剩余利益"，推动了债权证券化的高速增长；从"剩余利益"的观点出发，它正是杠杆整个证券化基础资产的产物。由于对冲基金并没有放款作为基础资产或参考资产，拜摩根银行的 BISTRO 技术之赐，让运用信用违约交换的合成式债权证券化越来越受到欢迎，最终成为 2007 年发生的金融海啸的要角。

----

　　① "CLO are managed, structured fixed income funds that are levered in order for the equity to achieve a higher risk/return profile consistent with various investment alternatives."

在 21 世纪初始直到 2007 金融海啸发生时，最典型、最受到瞩目的合成式债权证券化以高盛证券公司所主导构建的 ABACUS2007-AC1 证券化为代表（如图 8.12），而在金融海啸中获利最丰厚的对冲基金约翰·宝森公司（John Paulson & Co.）扮演了非常重要的角色。

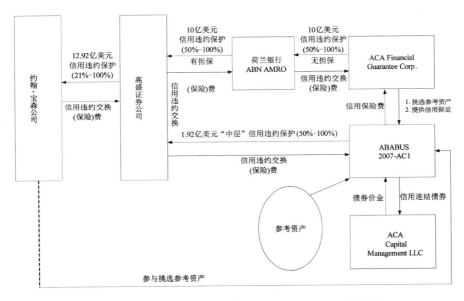

图 8.12　高盛证券公司的 ABACUS2007-AC1 证券化

资料来源：作者整理。

从图 8.12 可以看出，ABACUS 证券化基本上并没有脱出 BISTRO 的框架，而最大的不同在于它的发起人高盛证券公司并未拥有任何的基础资产[①]，整个证券化的基础是经过挑选的 20 亿美元次级房贷债券作为基础/参考资产，信用风险的转移完全经由一连串的信用违约交换来支持，更详细的 ABACUS2007-AC1 证券化实际发行状况如下图 8.13：

---

① 这类资产证券化通称为"套利式债权证券化"（arbitrage CDO）。

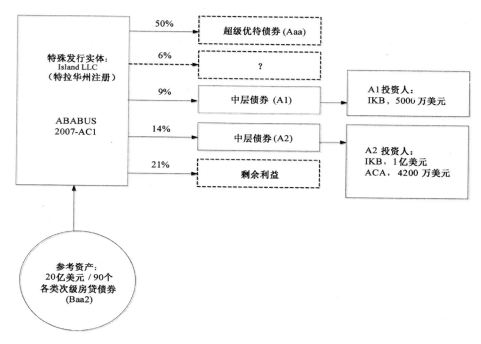

图 8.13　ABACUS2007-AC1 证券化债券实际发行状况

资料来源：作者整理。

ABACUS 2007-AC1 的交易建构重点如下：

（1）高盛证券找到 ACA 保险集团作为资产挑选人，选出各种债券作为证券化的参考资产，最终敲定了 30 个次级房贷债券共 20 亿美元。

（2）ACA 集团里的 ACA 财务保证公司（ACA Financial Guarantee Corp.）对于 ABACUS 证券化发行信用连结债券提供下列的信用保险：（1）参考资产最初的 21%（相当于 4.2 亿美元）信用违约损失不赔付，这部分相当于剩余利益，也是承担风险的第一道缓冲；（2）参考资产 21%～44% 的信用违约损失 100% 赔付，这相当于 14% 信用评级为 A1 与 9% 信用评级为 A2 的中层债券。由于高盛证券总共只向 IKB（一家德国银行）及 ACA 集团旗下的 ACA 资本管理公司（ACA Capital Management）售出了 1.92 亿美元的中层债券，ABACUS 由 ACA 承担的中层曝险就是这 1.92 亿美元。

（3）最上层的（虚拟）超级优先债券为 10 亿美元，也是由 ACA 财务保险公司来保险。由于高盛担心 ACA 的风险承担能力，因此找到荷兰银行（ABN AMRO）作为高盛与 ACA 之间的中介交易对手，每年的信用违约（保险）费是 450 万美元。

从上面的交易重点看来，ABACUS 2007AC1 的证券化虽然是基于一批虚拟的参考资产组合，但是整体的信用风险转移机制是经过了精心的客制化。ACA 集团作为主要的信用保险提供者，承担了挑选参考资产的任务，同时由于它对于自己挑选的参考资产很有信心，ACA 集团麾下的资产管理公司也投入购买了 4200 万美元的 A2 评级信用连结债券①。但事后从图 8.12 及 8.13 来看，ABACUS 沦为一个少数法人机构之间的赌局，这个赌局背后的其他交易才是 ABACUS 2007AC1 整体的真正重点所在：

（1）ABACUS 2007AC1 的发起事实上源于约翰·宝森，他在金融海啸之前看坏次级房贷市场，因此他所主持的对冲基金积极布局放空与次级房贷相关的债券，规模空前，也逐渐引起一些其他投资人及金融机构的跟进。约翰·宝森一直在寻求各种放空次级房贷的途径，先去找了后来在金融海啸中险遭灭顶②的贝尔·史登斯公司，寻求合作发行类似 ABACUS 2007AC1 的证券化，很讽刺地被贝尔·史登斯公司以不符职业道德的原则而拒绝，反而是市场名声最高的高盛公司欣然同意合作。

（2）约翰·宝森的基金公司积极介入了参考资产的挑选，特别提供了一大批它认为会发生信用违约的次级房贷债券名单，背后的理由当然秘而不宣；而高盛作为证券化的发起人，居然负责去说服 ACA：约翰·宝森会成为信用连结债券的投资人，因此约翰·宝森利益与 ACA 一致，

---

① 实务上金融机构如银行购买本行保证的票券消化资金而整体信用风险不变，是非常普遍的做法，称为"购买自保票"。

② 联邦储备理事会最后说服摩根金融集团收购贝尔·史登斯公司，解除金融体系的危机，后在公众舆论压力之下，摩根将收购价格由美股 2 美元上调至 10 美元。

约翰·宝森的建议可以考虑接受。ACA 不疑有他，将很多笔约翰·宝森公司建议的次级房贷债券纳入了参考资产组合，从此 ACA 不自知地踏入了约翰·宝森公司所设下的赌局陷阱。

（3）由于 ACA 乐观认为 ABACUS 2007AC1 的信用违约规模不应该超过 20%，因此设定了 20% 以下不赔的约定；在名为证券化、实为赌局的另外一边，约翰·宝森的对冲基金向高盛公司用信用违约交换方式购买了信用违约率 20% 以上的全额信用保险。在 BISTRO 原来的证券化模式下，理论上违约概率极低的超级优先债券通常是由发起人拥有，没有必要一定要出售，约翰·宝森向高盛购买这一部分高达 50% 的信用违约交换，代表约翰·宝森认定 ABACUS 2007AC1 的"虚拟"超级优先债券发生违约的概率也很高。

（4）高盛此时早也已采取了与约翰·宝森相同的放空次贷大战略[1]，担心 ACA 的风险承担能力，因此找到大型的荷兰银行（ABN AMRO）作为高盛与 ACA 之间的中介交易对手承作高达 10 亿美元、针对超级优先债券的信用违约交换，每年的信用违约（保险）费是 450 万美元。虽然荷兰银行成为了高盛与 ACA 的中介交易对手银行，但它也担心 ACA 的风险承担能力，又回过头来向高盛买了 2700 万美元针对 ACA 公司本身信用的信用违约交换，认为应该可以解除了对于 ACA 的曝险，形成了一种"螳螂捕蝉，黄雀在后"的各怀鬼胎、尔虞我诈局面。

（5）总计高盛公司在 ABACUS AC1 证券化过程中，产生了对于 ACA 的公司信用曝险 2700 万美元[2]，以及没有对冲（位于超级优先债券与中层债券之间）约 5% 的 ABACUS 2007AC1 信用违约交换。

到 2007 年秋天，如同约翰·宝森的对冲基金所预计的结果，84% 的

① Cohan（2011）。
② 依照此金额推论，荷兰银行显然只关心 ACA 是否能够负得起总共六年的信用违约（保险）费，而非更重要的高达十亿元的超级优先债券的信用违约风险。至于高盛是否在市场上能够对冲，在文献中并无记载，但无论如何高盛用 2700 万美元（2.7%）的（再）保险（re-insurance）轻易就让荷兰银行承担了 6 年、10 亿美元的风险，杠杆比例高达 37:1，而且保费更是依照 2700 万美元的一个小百分比来缴付，更是合算。

ABACUS 2007AC1 参考资产发生了信用违约的状况；到了 2008 年 1 月时，情况更为恶化，99% 的参考资产遭到信用评级机构调降信用评级，使得 ABACUS 2007AC1 的投资人全军覆没。荷兰银行与高盛公司清结信用违约交换，赔付高盛公司 8.41 亿美元[①]，高盛公司马上就把这笔巨款依合约赔付约翰·宝森的对冲基金。荷兰银行转身向 ACA 依两者之间的信用违约交换合约求偿，但 ACA 已经因周转不灵被保险监管机构下令接管，最终荷兰银行只从 ACA 的接管人处拿到了 1500 万美元现金以及一张没有太大价值的剩余资产分配收据。高盛也因为中间有 5%～6% 未对冲的信用风险"缝隙"，也损失了至少约一亿美元，只有约翰·宝森的对冲基金大获全胜。

由于 ABACUS2007AC1 的损失金额过于庞大，又牵涉到大型的荷兰银行以及 ACA 保险公司被接管，引起了美国证管会的注意，在 2008 年 8 月开始调查，最终证管会向法院提起诉讼，其理由就是高盛公司当初隐藏约翰·宝森对冲基金的企图[②]，向 ACA 游说接受约翰·宝森对冲基金对于参考资产的选择的行为涉及诈欺，结果高盛公司很迅速地在三个月内向证管会投降，以空前的 5.5 亿美元的罚款与证管会和解，高盛集团的声誉也大受打击[③]。

早在金融海啸之前三年的这一篇论文中，Gibson（2004）用一个简单的模型分析发现，合成式债权证券化的剩余利益（最滞后的债券）的占比很小，却承担了第一阶的信用风险，固然风险最大，但是中层债券即便是得到信用评级机构授予了中低投资等级的评级，如果信用增强不够的话，它们的信用违约风险事实上更远超过相同评级的正规企业债券，

---

① 扣除收入，荷兰银行（或并购它的苏格兰皇家银行）最终损失为 7.99 亿美元，损失金额仅次于 ACA 集团。

② 证据显示，高盛的交易员 Fabrice Tourre 甚至告诉 ACA，约翰·宝森对冲基金会如同一般的对冲基金投资人购入高收益的剩余利益（承受信用违约风险的第一道缓冲），因此约翰·宝森对冲基金所承受风险甚至会先于 ACA，两者的利益应该是一致的，结果与事实完全不符。

③ 高盛负责该项目的经理人 Fabrice Tourre 也被 SEC 以"证券诈欺"罪名在联邦法院提出民事告诉，2013 年夏天纽约曼哈顿的陪审团判决此罪名成立，必须缴交罚金；2014 年 5 月他决定放弃上诉。

而其中最大的影响因子就是参考资产池中各个债权、债券之间的相关性；再往深一层说，它们都暴露在同一"经济循环风险"之下，这也正是金融海啸时真实发生的情况。另有一个例子就是 Magnetar 对冲基金，它精心挑选了一些最可能违约的次级贷款债券（如同约翰•宝森对冲基金），发起构建了一个证券化，Magnetar 也如同一般流行的做法购买了剩余利益（以建立可信度），并售出中层债券，但却同时对于中层债券买入信用违约交换作为保护，结果这个证券化的参考资产违约状况果然严重，而且因为中层债券发行金额远大于剩余利益，因此这个"做多（小）剩余利益、做空（大）中层债券"的设局，让 Magnetar 对冲基金获利丰厚，因此我们可以推断这种设局的例子在金融海啸中应该不只限于约翰•宝森对冲基金、高盛公司及 Magnetar 对冲基金而已。

第二节　企业债权证券化的市场、要素与类型

8.2.1 企业债权证券化市场规模

8.2.1.1 美国企业债权证券化市场的规模

SIFMA 对于债权证券化的记录开始于 1990 年。根据表 5.2 的资料，1990 年底总共只有约 12.695 亿美元的发行余额，但是到 2007 年底发行余额超过了 10,376 亿美元，在 17 年间年复合成长率为非常惊人的 48.36%。相较于整体不含债权证券化的资产支持证券发行余额，在 2007 年两者都达到尖峰之时（不含债权证券化的资产支持证券发行余额为 29,722 亿美元），债权证券化发行余额达到资产支持证券发行余额（不含企业债权证券化）的百分之 35%；两者合计更达到了美国当年国内生

产总值的 28.7%[①]。金融海啸之后，受到基础/参考资产大量违约以及投资人风险胃纳改变的影响，两者都呈现下降的趋势，但是债权证券化对于不含债权证券化的资产支持证券发行余额的占比升高两年后才再下降，2011 年又回到 35%的水平。

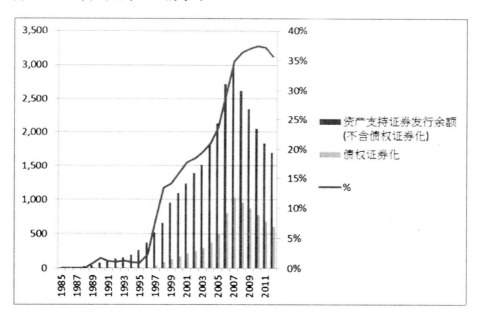

图 8.14 美国资产支持债券发行余额与债权证券化发行余额

资料来源：SIFMA；单位：10 亿美元。

8.2.1.2 全球企业债权证券化市场的规模

根据 SIFMA（表 8.1）的资料，全球证券化发行的余额在 2008 年间达到 13,575 亿美元的高峰,金融海啸之后逐渐回落,2012 年底仍有 8,490 亿美元的规模。

---

① 根据世界银行的资料（http://data.worldbank.org/indicator/NY.GDP.MKTP.CD?page=1），美国 2007 年的国内生产总值是 139,618 亿美元。

表 8.1　全球债权证券化的发行余额

年度	CDO	CLO	其他	合成式融资	合计
1989		345			345
1990	125	1,145			1,270
1991	125	1,145			1,270
1992	125	1,385			1,510
1993	614	1,493			2,107
1994	903	1,493			2,396
1995	977	1,582		375	2,934
1996	4,099	15,253		1,291	20,643
1997	18,277	32,677		2,667	53,621
1998	43,970	54,176		6,143	104,289
1999	72,913	72,136		10,524	155,572
2000	115,369	95,255	65	17,991	228,680
2001	152,647	122,045	65	26,847	301,604
2002	159,737	126,625	939	52,195	339,496
2003	179,745	139,404	1,839	82,222	403,210
2004	194,305	159,306	3,108	165,068	521,788
2005	213,785	200,418	5,304	269,470	688,976
2006	266,952	308,232	8,341	476,229	1,059,755
2007	307,782	401,962	9,097	620,507	1,339,348
2008	356,385	459,128	8,973	533,025	1,357,511
2009	297,847	471,834	6,154	472,241	1,248,076
2010	256,229	434,504	5,408	403,392	1,099,533
2011	211,132	387,849	4,346	350,375	953,702
2012	180,584	401,822	3,568	263,026	849,000

资料来源：SIFMA；单位：百万美元。

　　图 8.15 清楚地说明了全球债权证券化发行余额的分布变化状况。图 8.15 显示债权证券化于 1989 年起是先以金融机构将放款证券化为主；其后企业债券作为基础资产的比重也逐渐增加，但最高也只到达约一半的水平，2012 年底落至 21%；不归类为 CLO 及 CDO 的结构式融资大致是呈现增长后有些回落，至 2012 年底时达到了发行总余额的 31%。

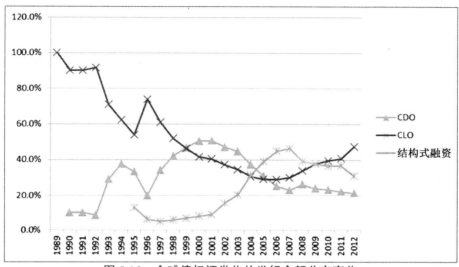

图 8.15　全球债权证券化的发行余额分布变化

资料来源：SIFMA。

另外值得一看的是债权证券化每年的发行币别：

表 8.2　全球债权证券化的发行币别

年度	澳元	欧元	英镑	日元	其他	美元	合计
2000	6	7,432	374	3,355	212	56,609	67,988
2001		20,068	718	1,219	0	56,449	78,454
2002		19,577	1,461	3,761	127	58,149	83,074
2003	15	21,029	77	5,395	435	59,678	86,630
2004	119	26,856	1,929	2,121	226	126,571	157,821
2005	102	42,257	5,006	4,491	486	198,923	251,265
2006	2,440	92,750	6,106	4,959	2,443	411,947	520,645
2007	419	122,421	6,198	2,272	6,213	344,078	481,601
2008		29,164	2,772	451	4,753	24,746	61,887
2009		234	199	254	1,392	2,257	4,336
2010		4,318	77	42	436	3,793	8,666
2011		22,033		633		8,466	31,131
2012		1,195			9,697	47,196	58,088

资料来源：SIFMA；单位：百万美元。

从下面的图 8.16 来看，债权证券化的主要角币别仍然是美元及欧元两大主要国际贸易货币以及投资货币，其他的货币多半只是充当配角而已。2009 年时，相对于美元占总发行量的 52%，欧元仅约占 5.4%；但 2010 年时欧元占总发行量一跃而到了 49.82%，超越了美元的 43.77%；2011 年时，欧元债权证券化更占了总发行额的 70.77%，美元则萎缩到了 27.19%；但是到了 2012 年，美元又回到了 81.25%的霸主地位，欧元债权证券化戏剧性地萎缩到了 2.06%。这数年之间，美元与欧元发行量的剧烈消长，很显然地与两大经济体面临的经济、金融危机以及政府所对应采取的货币、监理政策所带来的信用、汇率的激烈变化有很密切的关联。

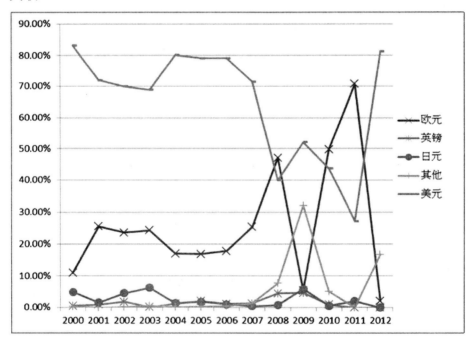

图 8.16　全球债权证券化的发行币别分布

资料来源：SIFMA。

8.2.2 企业债权证券化的要素

债权证券化的名目品项繁多，是一个专业、批发式的市场，并不是一般散户投资人或圈外人所能够轻易接触，但是想要了解债权证券化，可以从下列四个方面着手①：基础/参考资产（underlying assets）、发行档次构建（tranching）、发行目的（purpose）以及信用保护框架（credit structure）。

8.2.2.1 基础/参考资产

债权证券化之所以为债权证券化，就是因为它的基础资产是各种企业的金融债权。我们在前文中了解到，债权证券化的起源是 20 世纪 80 年代起收受存款的金融机构为增加融资流动性、降低监管资本的压力而从事的金融创新，最先使用的基础资产是各式债券及放款，当债权证券化经过一段时间的发展以后，信用违约交换加入成为了债权证券化的要角，而且证券化发行的债券又居然也可以成为其他债权证券化的基础资产或参考资产了。

表 8.3　全球债权证券化的基础/参考资产分类

年度	高收益债券	高收益放款	投资级债券	混合式担保品	其他	其他（信用违约交换）	证券化	合计
2000	11,321	22,715	29,892	2,090	932		1,038	67,988
2001	13,434	27,368	31,959	2,194	2,705		794	78,454
2002	2,401	30,388	21,453	1,915	9,418		17,499	83,074
2003	10,091	22,584	11,770	22	6,947	110	35,106	86,630
2004	8,019	32,192	11,606	1,095	14,873	6,775	83,262	157,821
2005	1,413	69,441	3,878	893	15,811	2,257	157,572	251,265
2006	941	171,906	24,865	20	14,447	762	307,705	520,645
2007	2,151	138,827	78,571		1,722	1,147	259,184	481,601
2008		27,489	15,955				18,442	61,887
2009		2,033	1,972				331	4,336
2010		1,807	4,806		321		1,731	8,666
2011		20,002	1,028		8,126		1,975	31,131
2012		36,574	62				21,452	58,088

资料来源：SIFMA；单位：百万美元。

从表 8.3 中可以看到基础/参考资产的一些消长变化：在金融海啸之

---

① 参考 Melennec（2000）及 J.P. Morgan Securities（2001）。

后，各国中央银行无不使用宽松的货币政策，让利率维持在较低的水平，企业的利息支出负担大减，理论上周转不灵、信用违约风险也较低，高收益企业债券反而成为投资人追逐的对象，因此高收益企业债券从参考资产的名单中消失，投资人对于投资等级的债券也有惜售的现象；其他债券的运用在2004—2006年间最为风行，而在金融海啸发生之后大减。

比较令人意外的是，信用违约交换其实并不是债权证券化参考资产的主流。再者，我们发现高收益放款一直是基础资产中的一个要角，在2011～2012年甚至占所有参考资产的63%以上，从这个角度也看到了大型杠杆收购交易在此阶段的热度。

表 8.4　全球债权证券化的基础/参考资产分类百分比

年度	高收益债券	高收益放款	投资级债券	混合式担保品	其他	其他（信用违约交换）	证券化	合计
2000	16.7%	33.4%	44.0%	3.1%	1.4%		1.5%	100%
2001	17.1%	34.9%	40.7%	2.8%	3.4%		1.0%	100%
2002	2.9%	36.6%	25.8%	2.3%	11.3%		21.1%	100%
2003	11.6%	26.1%	13.6%	0.0%	8.0%	0.1%	40.5%	100%
2004	5.1%	20.4%	7.4%	0.7%	9.4%	4.3%	52.8%	100%
2005	0.6%	27.6%	1.5%	0.4%	6.3%	0.9%	62.7%	100%
2006	0.2%	33.0%	4.8%		2.8%	0.1%	59.1%	100%
2007	0.4%	28.8%	16.3%		0.4%	0.2%	53.8%	100%
2008		44.4%	25.8%				29.8%	100%
2009		46.9%	45.5%				7.6%	100%
2010		20.9%	55.5%		3.7%		20.0%	100%
2011		64.2%	3.3%		26.1%		6.3%	100%
2012		63.0%	0.1%		0.0%		36.9%	100%

高收益放款通常是高杠杆交易（highly leveraged transaction，HLT）的产物，因此有时也称为高杠杆交易放款，而一般所谓的高杠杆交易也就是自20世纪80年代以来历久不衰的"杠杆式收购"（leverage buyout）。杠杆式收购以及其高杠杆式交易放款的发生步骤大致如下：

（1）收购方（通常是私募基金）找到要收购的目标上市公司，先以很小的资本额成立一个特定的收购公司（acquisition company）。

（2）收购方精细计算被收购方的企业价值，找出一个比较可行的融资方案后，承诺未来以收购公司的股票为担保、向银行团进行巨额融资。因为收购公司本身的资产很小，融资（贷款、债券）的信用评级都不会高，就是一般俗称的投资等级以下/垃圾/高收益债权。

（3）收购公司对被收购方发起合意或敌意的收购行动，成功之后就与被收购的公司合并，于是收购公司的债务就成为了合并后公司的债务。

（4）通常合并后的公司会先下市，然后用裁员、改善运营、出售资产的方式取得大笔的现金流量用来偿还借款、发给投资人巨额现金股息，最终把这家新公司再度上市挂牌。

由于高杠杆交易放款风险高，占用金融机构的监管资本也较多，也难怪金融中介机构（包含银行及证券公司）都赶快把高收益放款拿出来证券化了。

8.2.2.2　发行档次构建

一般债权证券化通常会发行多档次的债券组（tranche）以及剩余利益，所有的这些证券的构建组成都是根据信用违约保护的优先级别与偿还的时机；剩余利益可比拟于一家公司的股票，它的请求权是排在其他债权之后的，"剩余利益"也被称为"最滞后债券"（junior subordinated notes）、"特别股"（preferred stocks）或是"收益债券"（income notes），它的作用是吸收第一波的信用违约损失，以降低其他债券组的信用风险，但是持有它的投资人也有权收取证券化所有多余的现金流，非常类似于一家普通公司的股东持有股票。图8.17代表一个典型债权证券化的分组框架：

债权证券化分组购建的目的也是要在满足投资人需求的条件下，尽量降低发行的成本，让剩余利益的现金流最大化；而最上层的优先债券（A、B组）的信用评级最高，发行利率最低，因此一般债权证券化会尽量让最上层的优先债券组金额极大化；中层的C、D组会占5%～15%；剩余利益会占2%～15%，最终的结构组成会取决于基础资产池本身的信用风险及分散度。

债券建构分组　　　　　　　信用评级

图 8.17　债权证券化的典型分组框架

资料来源：JPMorgan Securities (2001)；作者整理。

下面的图 8.18 是截至 2013 年第 1 季底的美国资产证券化的信用评级分布状况：

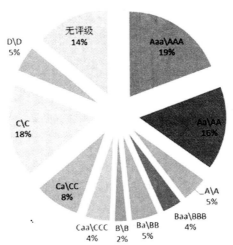

图 8.18　美国资产证券化信用评级分布状况（Q1/2013）

资料来源：SIFMA。

我们注意到图 8.18 呈现的数据代表的是美国在 2013 年第一季的债权证券化的信用评级状况，优先及中层债券组的比例远小于前段所说的债权证券化发行惯例，其原因不外乎债权证券化发行的各种债券历经多次调降信评以及很多已发行的优先组债券已经还本完毕。

债权证券化的"优先/滞后"的结构有几点值得一提：

（1）"优先/滞后"的结构也可以用信用违约交换交易制造出来，BISTRO 的框架就是最好的范例，而前文中高盛证券以 BISTRO 为基础框架而发行的 ABACUS 2007AC1 更显示信用风险的转移可以完全客制化，与"保险"一样有扣抵额（deductible）与再保险（re-insurance）的设计。

（2）由于滞后债券先于优先债券承担基础/参考资产发生的信用违约风险，因此风险较高、信用评级较低，所以它们的票面利率会更高，而且当基础资产池的现金流量万一不足时，滞后债券的利息会遭到迟延。

（3）由于资产池中的企业债权常必须逐渐购入，而且初期就可能会有各种还款、甚至信用违约情况发生，因此债权证券化多采用与信用卡应收账款证券化类似的"总信托"方式，让发起人可以在一定的锁定期（lockup period）内替换、补充基础/参考资产，因此 A-1 组债券就可能被设计成"循环信用额度"，也方便发起人用来调整整体的杠杆度。

（4）为满足投资人需求，同一信用层级的债券也有可能被切分成固定、浮动利率两组。

（5）如果资产池的资产质量不足以让特定的证券化达到最理想的分组建构效果时，发起人也有可能寻求其信用评级够高的其他银行或信用保险公司针对某些"债券组"提供增强信用的保证或保险，以确保证券化的顺利发行，其主要考虑当然就是最佳的整体发行成本。

8.2.2.3　发行目的

从发行的目的来看，证券化主要可以分为"资产负债表证券化"以及"套利证券化"，完全看证券化背后的目的以及基础/参考资产的来源而定。

　　正如前文所说，债权证券化的起源就是金融机构为增加资产的流动性以及降低监管资本不足的压力，所以有了资产负债表证券化的诞生，也有人称之为"现金流量证券化"（如帝国储贷），不但可以减低监管资本面临的压力，也同时缩减了资产负债表；然而，有时金融机构并不急于缩减资产负债表，因此证券化也可以用"合成"的方法达成（如瑞士银行的"冰河融资"证券化），成功地把信用风险移出给证券化的投资人，让金融机构面临的监管资本压力得以减轻。

　　当债权证券化市场逐步成长，引出了新的一批参与者的兴趣，他们主要是对冲基金业者：一方面对冲基金希望能投资在证券化所产生的高收益剩余利益；另外一方面，基金管理人从市场上购入各种债券，充作债权证券化发起人，赚取交易资产的利润以及债券化的管理费，"套利证券化"于此诞生，不少的基金管理人/证券化发起人也回头来投资在自己主导的证券化发行的债券或剩余利益中（如 ABACUS 2007AC1 中的ACA 集团）。

　　最早的债权证券化都是以现成的资产（已存在于资产负债表上的放款或债券）作为基础资产，但在 20 世纪 80 年代末也逐渐有了专为债权证券化而创造出的资产出现，最早出现的这类证券化购买了日本银行可以充为资本的金融债券，后来又有一些小型的美国银行跟进，这类证券化被称为"一级市场证券化"（origination CDO），可以算是资产负债表证券化与套利证券化之外的一种目的完全不同的证券化，不过并不是资产证券化的主流。

　　其实，资产负债表证券化与套利证券化两种主流债权证券化之间，有异有同：固然两者的发起人不同，资产的来源不同，表面的目的不同，但是前者的发起人（银行）必然要从整体的资产融资成本（包含负债与监管资本的计提）上取得利益，这就要经由保留（投资）剩余利益来实现，这个做法与追求高收益而投资于剩余利益的对冲基金是一样的，也就是等同于赚取套利的利益。在实务上，一个证券化是否成功发行取决于风险与收益最高的剩余利益是否有投资人承购，通常由银行主导的资产负债表证券化很快就可以安排好剩余利益的投资人（常常是发起银行自己本身），但是套利证券化的发起人往往只会投资于部分的剩余利益。

表 8.5 全球债权证券化发行依目的分类

年度	套利 证券化	资产负债表 证券化	合计
2000			67,988
2001			78,454
2002			83,074
2003			86,630
2004			157,821
2005	213,306	37,959	251,265
2006	454,971	65,674	520,645
2007	431,862	49,738	481,601
2008	47,938	13,949	61,887
2009	3,443	893	4,336
2010	3,491	5,175	8,666
2011	5,359	25,773	31,131
2012	35,877	22,210	58,088

资料来源：SIFMA；单位：百万美元。

根据 JPMorgan Securities（2011），截至 2011 年时，套利证券化的发行案数占了将近整体四分之三的 74%，但是由于资产负债表证券化个案金额较大，因此发行的金额由两者各占一半。再由表 8.5 来看，2000—2004 年 SIFMA 还没有详细的分类，但在资产泡沫由形成到破灭的 2005—2007 年共三年间，套利证券化的金额远超过了资产负债表证券化数倍，打破了平分秋色的局面；金融海啸之后，两种证券化的发行量都急速下降，套利证券化的萎缩相对更大，但近两年又有了回升的现象，套利证券化的发行金额在 2012 年又开始超越资产负债表证券化。

8.2.2.4 信用保护框架

信用保护框架与前节的档次构建不同，档次构建是指证券化后端的债券发行分组，而档次构建是指为了保护证券化发行债券、尽量降低信用违约损失而选取、调节基础资产的方式或框架，一般有"市场价值"与"现金流量"两种。

表 8.6　全球债权证券化发行依信用保护框架分类

年度	现金流量及混合式	市场价值	合成式	合计
2000				67,988
2001				78,454
2002				83,074
2003				86,630
2004				157,821
2005	206,224	620	44,421	251,265
2006	410,504	43,638	66,503	520,645
2007	340,376	92,754	48,471	481,601
2008	43,596	16,950	1,341	61,887
2009	2,561	1,521	254	4,336
2010	8,221		445	8,666
2011	30,349	768	14	31,131
2012	58,026	62		58,088

资料来源：SIFMA；单位：百万美元。

在市场价值框架之下，基础资产必须定期做市价评估（mark-to-market），同时基础资产为了因应市价变动而必须施以折扣（haircut），如果折扣后的基础资产的市价低于尚未清偿的证券化债券面额，则证券化的管理人就必须依照证券化合约来出售一些基础资产以偿还一部分已发行的债券，直到尚存的基础债券的（折扣后）价值超过尚未清偿的证券化债券面额为止，所以市场价值框架是一种动态的信用保护框架。

现金流市场价值量框架则是一种静态的信用保护框架，而且占了市场上发行的债权证券化的绝大多数（如表 8.6 所示）：首先，在这个框架之下基础资产通常不需要做定期的市价评估；其次，除非证券化本身出了问题而导致证券化的管理人必须出售基础资产、或者优先债券的投资人在证券化本身发生违约时可以出售资产池之外，一般是没有出售基础资产的必要性的。再者，基础资产池中已经选定资产的违约概率、违约的相关性以及违约时的期望损失/回收程度决定了证券化的还本付息的范围，也进而决定了优先与滞后债券最终的发行定价与配比，而不会再做后续发行后的改变。

8.2.3　企业债权证券化框架类型

综合上一节中的证券化四大要素，我们得到下列的汇总表 8.7：

表 8.7　债权证券化（CDO）发行的四大要素

基础/参考资产	发行档次构建	发行目的	信用保护框架
CLO *一般工商业放款 *高杠杆交易放款 **CBO** *投资等级企业债券 *高收益企业债券 *新兴市场主权/企业债券 *各类资产支持债券（包括债权证券化发行债券及剩余利益） *已违约债券 ------------------ 资产可以由市场取得（基础资产）或者用合成方式取得（参考资产）	*不同的债券组数目 *顺序/快慢/同时还本 *固定或浮动票面利率 *优先债券得到优先还本的不同机制 *特定债券组迟延发行 *循环额度债券组 *第三方信用保证/增强	**资产负债表型** 金融机构发起人原则上希望缩减资产负债表规模并降低监管资本的压力，通常将资产卖给证券化并保留剩余利益 **套利型** 基金管理人希望扩大资产管理规模，（对冲基金）投资人希望买入高收益投资。基础或参考资产常需要一段时间累积购入	**市场价值式** 施以适当折扣的基础资产价值与未偿还的证券化债券面额比较：前者如果较低，则部分基础资产必须出售，用以偿还部分已发行债券 **现金流量式** 债券化结构要能基本上确保优先债券不受基础/参考资产信用违约影响；如果基础资产组合质量恶化，优先组债券会优先分配到现金流

资料来源：作者整理。

由于资产负债表型的证券化不太可能采用市场价值式的信用保护框架，因此把债权证券化的四大要素加以排列组合，在实务上最多也只能得到下列三种债权证券化框架如表 8.8：

表 8.8　债权证券化（CDO）实务上的三大框架

	资产负债表型现金流量式	套利型现金流量式	套利型市场价值式
发行目的	缩减资产负债表、降低监管资本压力	套利:剩余利益投资人经由无追索权的结构式融资赚取高度杠杆的投资回报率,资产管理人赚取管理费	套利:剩余利益投资人经由无追索权的结构式融资赚取高度杠杆的投资回报率,资产管理人赚取管理费
信用保护框架	现金流:优先/滞后结构能让剔除信用违约部分后的基础资产现金流仍顺利让各组债券付息还本	现金流:优先/滞后结构能让剔除信用违约部分后的基础资产现金流仍顺利让各组债券付息还本	市场价值:当基础资产减值太多,则部分资产会被出售用以偿还部分发行的债券
发起人	商业银行	资产管理人 保险公司	资产管理人 保险公司
资产种类	各类企业放款、债券,资产支持证券（含房贷）	投资等级以下的放款、债券,新兴市场债券,资产支持债券（含房贷）	各种有价证券,包含债券、可转债、股票、已违约债券等
基础/参考资产取得来源	单一金融机构的资产负债表	从一级或二级市场购入	从一级或二级市场购入
现金/合成式曝险	实体基础资产或合成式参考资产都有	完全以合成方式组建,或是以实体资产为主,加入少量合成式参考资产	以实体基础资产为主,少有用合成式的参考资产
特殊债券发行	因为有些放款资产是循环额度,所以可能有一个循环额度的债券组	因为资产是由市场购入,所以可能设计入一个延迟发行/付款的债券组	为因应超额担保的要求,可能会包含一个循环额度的债券组
剩余利益投资人	通常全数由资产出售人保留	资产管理人通常会保留一部分	资产管理人通常会保留一部分

	资产负债表型现金流量式	套利型现金流量式	套利型市场价值式
杠杆倍数	20～50 倍	7～12 倍	4～5 倍
利率衍生工具的使用	很少,因为放款多半是浮动利率订价	可能会使用利率调期/交换及利率上限(caps)来对冲固定利率资产及浮动利率债务之间的差距	可能会使用利率调期/交换及利率上限(caps)来对冲固定利率资产及浮动利率债务之间的差距
单笔发行规模	10 亿～100 亿美元	CBO: 2 亿～5 亿美元 CLO: 3 亿～6 亿美元	5 亿～15 亿美元
资产交易	基本上没有或很少	有限	最多
发行期间	依照基础资产的剩余年限或合成式资产的存续期间而定;对于以固定利率发行的债券,三年后以票面以上价格赎回	五年投资期,加上七年分期还本期,优先组债券加权平均还本期7～9 年,中层债券10～13 年	发行期间以五年居多,最后三个月分期还本;对于以固定利率发行的债券,二至三年后以票面以上价格赎回

资料来源:作者整理。

第九章　结论与建议

第一节　美国次贷危机的经验与教训

9.1.1　大时代的背景

2007 年从美国开始爆发的次贷危机直到今天还是余波荡漾，国际社会还没有能从它所引起的全球性的经济衰退完全走出，国际金融体系也还是处于相当脆弱的状态。因此，住房贷款、次级房贷、资产证券化等名词在很多国人的心目中仍然是熟悉却又陌生、不愿触碰的课题；然而美国爆发的次贷危机实在是有它的时代背景，以笔者多年研究美国资本市场的心得，次贷危机可以说是一个"完美风暴"（perfect storm）。换句话说，金融危机聚集了美国所有累积多年的历史、社会、经济条件而终于在 21 世纪第一个十年中后期从房贷市场引爆，如果我们能够对于这个巨型的金融风暴做一个客观的历史解读，对于中国未来在金融资产证券化的进展上应该会有很大的帮助。

整个资本市场的巨大变化、创新大体起自于 20 世纪 80 年代，这已经在第三章中有相当多的阐述，但是 20 世纪 80 年代的国际政治、军事变化最先所带来的巨大影响却往往被经济学者所忽略。当时，美国的里根总统（Ronald Wilson Reagan）①称苏联为"邪恶帝国"，誓言要把苏联

---

① 美国第 40 任总统，1981—1989。

从地球表面上铲除，然而美国最终让苏联与苏联所领导的华沙公约组织解体的并不是真正使用到军事力量，而是美国以"星战"（star wars）①为名，逼使苏联与美国展开军备竞赛，最终以强大的经济压力使得苏联体制解体，让美国成为 20 世纪末唯一的超强霸权。

里根在经济上是放任自由主义（libertarianism）者，他主张减少对商业的管制、减税、缩小政府规模。里根就任时，美国经济处于停滞性通胀（stagflation），为了解决两位数的通货膨胀，他支持联邦储备理事会主席保罗·沃尔克（Paul Volcker，第 12 任主席，1979—1987）以戏剧性提升银行利率来达成压制通胀的计划。紧缩的货币供给使美国经济在 1981 年 7 月开始急剧衰退，并在 1982 年 11 月降到谷底，几乎打破了大萧条以来的经济衰退纪录。然而里根政府的经济政策似乎奏效，美国经济在经历了 1981—1982 年的衰退后，在 1983 年开始了戏剧性的复苏，而这波经济增长还能持续到里根任期结束之后一段时间，成为美国历史上为期最长的经济扩张之一。

里根主张减税会帮助经济复苏、制造更多工作机会，最终将使政府获得更多税收；但此同时，里根的冷战军事大战略也巨幅增加了军事预算，终于导致联邦预算赤字达到了空前的地步。为了解决预算赤字，里根政府必须大量发行国债从国内及国外筹资，使得美国也从原本世界最大的债权国转变为世界最大的债务国，这一点也加速推动了美国固定收益资本市场的发达。

事后来看，里根政府的各项经济政策影响颇有争议性，比如说里根主张小政府，但是里根政府也造成了空前的赤字和空前的繁荣，所以他还是被美国人认为是美国历来最伟大的总统之一。里根所留下最大的政治遗产（legacy）就是放任自由主义，也因为他在任内借助强大的经济力量击垮苏联是不争的事实，大众也被企业及一些学者逐渐顺势引导到

---

① 美国官方正式的名词是 Strategic Defense Initiative。

"放任自由主义/资本主义/市场经济至高无上"的论调上去，其中以日裔美籍学者福山为其中的代表人物[①]。

在这种方便论调的思考下，美国的资本主义经济击败了苏联的计划主义经济，所以资本主义社会是人类最终极的社会、经济制度，而资本主义经济制度又与市场经济密不可分，所以市场经济是最好的制度，一切经济活动都应该由市场力量来决定，政府应该让干预、管制降到最低或者根本不应该来干预，这种论点顺理成章成为美国企业的主流论点，作为游说国会、排除政府监管的理论基础。

9.1.2 美国的公部门

9.1.2.1 两院制国会

在施行联邦制的美国，国会制度基本上分为参议院与众议院两院，两院制国会的起源是因为建国者希望拥有一个贴近且跟随民意公论的"公议院"，但因为州有大小，所以又设立平等代表各州的参议院，规定法案须经两院均批准方能通过。参议院代表各州，原则上每州选出两名参议员，总共 100 名，任期四年；众议院则相当于欧洲国家的下议院或平民院，代表一般平民，依照各州人口多少来选举，总共 435 名，任期两年。由于美国的政治是采用行政、立法、司法三权分立制度，这些行使立法权的 535 位参、众议员在社会上拥有比较高的地位与比较大的影响力，理论上他们代表了广大的民意来监督政府的施政；但在另一方面，每几年一次的改选也造成了他们很大的经济压力，需要有足够的财源来从事竞选活动，因此美国的国会议员们历年来为自己通过了种种的法律，以合法的形式来接受各类政治献金，这就为企业的游说活动开启了方便之门，其中就有非常大量的合法献金来自于资源丰富的金融业，对于金融业自 20 世纪 80 年代起推动的降低/解除监管（deregulation）起了比较

---

① Fukuyama, F. The End of History and the Last Man[M]. New York: Free Press, 1992.

大的作用。

9.1.2.2 "联邦、州分权"制度与金融监管的多头马车

当初北美的十三州殖民地联合起来从英国独立，对于一个强有力的中央政府非常担忧，因此采用了联邦制度，对于联邦政府与州政府之间的权力划分做了很多的规定，联邦政府固然拥有国防、外交等的权力，但是各州政府其他方面也拥有相当大的自治权，因此在不少地方就会产生联邦与地方/州制度平行的现象，其中最明显的一个就是金融业：就以银行业为例，一家银行可以选择在联邦注册或选择在州政府注册；储贷业也很类似，一家储贷机构（savings & loan association, savings bank）也可以选择在联邦或某一个州来注册。

选择在联邦政府注册的银行一般称为 national association（N.A.），它的主要监管单位是联邦财政部下属的货币监理署（Office of the Comptroller of Currency, OCC）；这家银行加入了存款保险之后，也接受联邦存款保险公司（Federal Deposit Insurance Corporation, FDIC）的监管；再者，在联邦注册的银行通常也可能会加入地区性的联邦储备银行成为会员，也会间接受到联邦储备银行的监管；如果这家银行是一家银行控股公司的子公司，这家银行控股公司则会受到联邦储备理事会的监管；如果这家银行控股公司[①]是一家上市公司，这家公司也会受到证券交易委员会（Securities Exchange Commission, SEC）以及它所挂牌的证券交易所的监管；而银行控股公司的证券子公司是受 SEC、证交所、证券商自律组织的监管；任何金融机构下属的主要国债交易商（primary government securities dealer）则是受纽约联邦储备银行的直接监管。选择在某一州注册的银行的主要监管单位（primary regulator）则是该州的银行监管单位，最常见的州监管单位就是州的银行厅（department of banking supervision），其他的监管单位则基本上与联邦注册的银行类似。

---

① 银行控股公司的证券子公司是受证管会、证交所、证券商自律组织的监管。

至于储贷机构以及政府资助企业的金融监管就更加混乱，我们已经在前面的第四章中做出讨论。

总的来说，基于历史发展的原因，美国的金融业以及金融业的监管呈现了一种"联邦与州制度平行分立存在、多头马车共同监管"的现象，结果是金融业者可以依自己的需要，选择监管最低的地方分别注册控股公司及子公司。当同一家金融机构受到多个监管机构监管的时候，监管机构之间权责划分并不明显，各监管机构之间又常出现官僚之间彼此不相往来、缺乏协调的状况，往往出现监管落入无人地带的情形。

9.1.2.3 金融监管机构的怠惰及监管制度的疏失

我们知道，20 世纪 20 年代的美国对于金融体系、资本市场的监管都还是处于一种比较不成熟的阶段，投机风气猖獗，终于导致了 1929 年的股票市场大崩盘，也间接促成了 20 世纪 30 年代的大萧条（很容易让我们看到 2007 年次贷危机与 1929 年股票市场大崩盘的相似之处）。于是美国在 20 世纪 30 年代从事了很大幅度的金融改革，出台了相当多的立法，对后来数十年影响比较大的重要法案就包括了《证券法案》《证券交易法案》《投资公司法案》《1933 年银行法案》（通常因为提案的两院国会议员的名字而被称为《格拉斯—斯蒂格尔（Glass-Steagall）法案》）等，奠定了美国近代金融市场监管、发展的基础。尤其《格拉斯—斯蒂格尔法案》①确立了商业银行与投资银行的分业经营，也让投资银行脱离了商业银行的阴影而能独立自由发展，再加上其他法案的配合与国际政治、经济情势的大环境演变，当美元成为全世界最通用的贸易、投资货币的同时，让美国的直接金融/资本市场出现了持续长久的发展，更让美国的资本市场成为了全世界最大的资本市场，从事直接金融的投资银

---

① 美国克林顿政府于 1999 年向国会提交由 1991 年布什政府推出的监管改革绿皮书（Green Book），经国会通过，形成了《金融服务现代化法案》（Financial Services Modernization Act）（亦称《格雷姆—里奇—比利雷法案》（Gramm-Leach-Bliley Act）），废除了 1933 年制定的《格拉斯—斯蒂格尔法案》有关条款，从法律上消除了银行、证券、保险机构在业务范围上的边界，结束了美国长达 66 年之久的金融分业经营的历史。

行、各类基金与基金管理公司、证券交易所，甚至包含保险公司等机构形成了我们今日所谓（略带贬抑意味）的"影子银行"系统，从事直接金融的活动，与从事间接金融的主流银行体系分庭抗礼。由于我们在前节提到的多头马式车的金融监管制度、冷战结束后自由放任的时代气氛、容易被游说的国会，加上主要的金融监管机构的最高主管如财政部长①、证管会的主委很多都来自于证券业界②，对于资本市场的所有发展多持以"少干预"的态度，美国素来受人敬重的第 13 任联储会主席格林斯潘对于"市场力量万能"的想法更是予以一贯的支持（比如坚决反对对于对冲基金的监管），这在文献中都有非常详细的记载。③

　　针对住房抵押贷款市场而言，尽管银行、储贷机构，甚至于投资银行，都属于被联邦或各州政府监管的对象，但是美国住房贷款的发放很大一部分又来自于"房贷公司"（mortgage company），从业人员自称为"房贷银行家"（mortgage bankers）。房贷公司其实就是专营住房贷款的财务/融资公司，它们从金融机构取得短期融资额度从事房贷的发放，然后把手中累积（warehouse）的各式住房贷款转卖给金融机构或予以证券化，赚取手续费，所以房贷公司虽不属真正的银行，但也确实是一种从事金融中介业务的公司。虽然房贷公司从事放款，但并不如同传统的银行一样收受存款，所以在美国的制度里并不受到银行监管机构的监管，而是接受地方政府一般性的管理，这也形成了住房贷款市场监管上一个很大的漏洞，美国因此出现了几家巨型的房贷公司，在次贷风暴中倒闭，其中最有名的就是"全国房贷公司"（Countrywide），这些公司在次贷风暴之前多年就早已用"掠夺"（predatory）的方式向低收入的民众推销各

---

　　① 最著名的有鲁宾（Howard Rubin）（克林顿时代）、宝森（Henry Paulson）（小布什时代）都来自于美国最大的投资银行高盛公司（Goldman Sachs，简称 GS），由于财政部长是美国内阁的首席部长，因此有人戏称美国政府是 Government Sachs。

　　② 另有所谓的"旋转门"（revolving door）现象，很多监管官员于离开政府部门后加入当初被自己监管的对象公司。

　　③ 美国 2009 年通过的《诈欺执法及回收法案》（Fraud Enforcement and Recovery Act）授权成立的"金融危机调查委员会"（Financial Crisis Inquiry Commission）于 2011 年出版的超过 540 页的"金融危机调查报告"（Financial Crisis Inquiry Report）。

式各样的"次级房贷"①，业务量越大、赚得越多，最终让这些客户与自己本身都成为次贷风暴的受害者。所以在一个金融监管的环境之中，如果有监管的小漏洞出现，最终整体监管效果就会出现大漏洞，所以美国政府亡羊补牢，在 2011 年通过的《华尔街改革及消费者保护法案》做了补强，成立了"金融消费者保护局"（Financial Consumer Protection Bureau）专责消费者在财务金融方面的保护。

另外一个虽然与次贷风暴没有直接关系、但也是一个大问题的就是政府资助企业"半官半民、非官非民"的身份。虽然房利美、房地美在当年成立之时确实是政府机构，但是在民营化之后却因为享有联邦财政部的流动性额度，而在资本市场中享受到了准政府机构的融资待遇，企业获利因而极为丰厚，但是管理层丑闻层出不穷；另一方面，政府半强迫房利美、房地美购入大量的次贷支持债券以完成住房政策目标，最终导致了这两家企业在次贷风暴中必须被政府接管以避免破产②，使得这两家公司的民间投资人蒙受到巨大的损失。

9.1.2.4 政府的住房政策及联储的货币政策

我们观察美国的房贷市场，依照住房的质量、借款人的信用以及房贷的金额，大概可以分为下列四大块：

（1）借款人信用最差的市场：这是一个非常特别的市场，所以产生了所谓的次级房贷，也是 2007 年次贷风暴的主角，是美国政客为了选票而政策上特别关注的对象；

（2）具有特殊身份或资格的住房贷款市场：这个市场的借款人合于联邦退伍军人事务部或联邦住房署保证的资格，他们的房贷得到这两个机构的保证后，再加以吉妮美（GNMA）保证后可以发行转手债券，具有准国债的性质；

---

① McLean, Beathany, and Joe Nocera. All the Devils Are Here – The Hidden History of the Financial Crisis[M]. New York: Penguin, 2010.
② "大到不能倒"（too big to fail）。

（3）一般的住房贷款市场：这是不符合联邦退伍军人事务部或联邦住房署保证的房贷的住房贷款市场，通常称为"传统房贷"（conventional mortgage），每笔放贷金额较大，房利美与房地美也是这个市场的主要参与者。

（4）最高端的豪华住房/别墅市场：这是一个特别的小众市场，一般也不是政策上要关注的对象。

从上面的四个市场区隔来看，后面的三类市场基本上没有问题，问题出在针对第一类的住房政策上面，等于政府（更确切地说，是人民选出的总统为了实现选举诺言）硬是要房贷业把住房贷款发放给不具备信用条件的人。

美国政府从 20 世纪 30 年代的大萧条时代起就非常深刻了解"住者有其屋"的重要性，这可以从美国历年以来的住房政策、法案中得知（如本书第四、五章中所讨论），到了 20 世纪末、21 世纪初，美国联邦的住房及都市发展部为了总统选举的承诺向房利美及房地美施压，希望能够对于低收入、信用较差的民众也能加大力度提供住房贷款，然而由于政府资助企业发放房贷的标准（underwriting criteria）较高，无法对达不到发放标准的借款人通融，因此这类所谓的"次级房贷"的发放就转向了没有被监管的民间"房贷公司"，比较正规的政府资助企业因而逐渐降低对于房贷市场的主导力量；同时，住房及都市发展部对于其监管下的政府资助企业（房利美与房地美）又网开一面，允许它们买入次级房贷支持的房贷债券以满足政策的要求，用间接迂回的方式达成了他们想要的政策目标，为后来爆发的次贷危机埋下了直接的种子。

另外一个广被讨论的危机起因就是联邦储备理事会长期的宽松货币政策。从图 6.2 来看，格林斯潘所主持的联邦储备理事会自 20 世纪 90 年代起就长期维持了宽松货币政策，利率持续走低，固然这个政策促成了美国长期的经济扩张，物价膨胀也还在控制之下，达成了联邦储备理事会的主要政策目标，但也无可否认地促成了资产泡沫（这也从来不列在联邦储备理事会的主要政策目标之内），推动了房价的大幅上涨，鼓励了民众在房地产市场加码投机，而原本不应该取得房贷的低信用民众也被不被监管的恶质房贷公司以种种掠夺式的推销行为给予房贷，最终成为次贷风暴的受害者。

9.1.3 美国的私部门

9.1.3.1 证券公司的上市及经营管理

我们前面提到，1933 年的《格拉斯—斯蒂格尔法案》强迫商业银行将它们的证券业务分拆独立，形成了所谓的证券业/投资银行业，而投资银行业者从开始就绝大部分是"合伙"（partnership）的企业组织形态，因为在一般合伙的经营上合伙人对于合伙的负债担负无限责任，合伙人必须在相互之间有非常大的信赖度，合伙的经营对于风险管理也必须非常严格，合伙的资本与业务也很难有大的增长[①]。另一方面，美国本土并没有受到第二次世界大战战火的直接波及，战后成为世界的超级强国，很多的大企业出现了持续增长的状况，对于资金的需求也持续增加，无论是股权或是债券筹资的规模都越来越大，以合伙制经营的老式投资银行渐渐觉得它们有限的资本很难应付日渐庞大的企业筹资所带来的承销需求，而且合伙的薪酬制度让它们很难在人力市场上与它们的企业客户竞争取得优秀的人才，因此从 20 世纪 80 年代开始兴起了投资银行上市的风潮，一方面如同它们的客户一般可以从资本市场上取得更多的资本，另一方面也可以用股票作为吸引、激励人才的工具。

投资银行上市想要达成的目标与一般企业并无二致，投资银行上市之后所面临的运营压力和挑战与一般企业也完全相同，这可能也是投资银行的经营管理阶层所始料未及的；更明白地说，投资银行的证券研究

---

① "合伙"的合伙人的薪资多半有限，合伙资本的累积大多来自于未分配盈余的累积与强迫性的合伙人分红的再投入。当资深的合伙人退休时，他们所累积的资本也只能逐年提出，而新加入的资浅合伙人的分红相对比较低，合伙资本的累积也会因而较慢。

部门经常性地（理论上客观地）针对个别产业及公司出版研究报告，预测盈利/亏损，推荐买进或者卖出个股，但当投资银行自身也成为上市公司之后，它们也成为别的投资银行研究部门评论的对象，因此投资银行的经营管理阶层也要绞尽脑汁保持公司的营收与获利的成长，一旦发现任何可以赚钱的机会，就会奋不顾身地如狼群般的一拥而上，这是普遍存在的心态和现象，如果经营管理阶层自己本身缺乏风险意识、较先进的经营观念或者运气实在太差，就会酿成大祸，这种例子历年来所在多有。就以最近的 2007 年的次贷危机为例，就有两家非常具有代表性对比的投资银行：高盛及雷曼兄弟[①]，这两家公司的设立时间相当接近，早年时业务也旗鼓相当，雷曼在证券承销方面在华尔街一度居于领导地位，直到 20 世纪 80 年代以后高盛逐渐超越雷曼，甚至在 2007 年的次贷危机中大赚一笔，而雷曼兄弟公司则惨遭灭顶。在次贷危机之后，有相当多的华尔街专业人士把在这些公司工作的内幕情形写书出版，让大众得以在事后近距离了解投资银行的经营实况以及华尔街高管的特写，值得阅读研究。

　　高盛公司一向以它的团队合作文化自豪，也因为获利良好，总能吸收到高素质的人才[②]，对于风险控管尤其重视，并没有因为挂牌上市而有所懈怠。在次贷风暴爆发之前，事实上高盛也在大力冲刺房贷债券的业务，在资产负债表上也存有巨额（包括次级房贷）的各种房贷等待证券化，与其他的投资银行做法并无二致，然而当约翰·宝森（John Paulson）的对冲基金上门来购入巨量的信用违约交换的时候，高盛的交易部门、研究部门、财务部门、风险管理部门携手合作，做出正确的判断，整个公司如同海上的巨型航空母舰转向，不但在一年之内将公司大量的各种房贷以及相关债券尽量卖出，更运用各种衍生性金融工具反手

---

① 雷曼的原文是 Lehman，中文音译应为"李曼"比较接近原音。
② 如同前文所说，高盛有两位总裁（都是从基层专业人员做起）任上被总统任命为财政部长。

大量放空房贷，过程惊心动魄①，最终结果是不但能从次贷风暴中全身而退，获利更是丰厚，是大型跨国金融机构中的异数。

再来比较雷曼兄弟的状况。雷曼兄弟内部在 20 世纪 80 年代中期因为部门之间获利的消长而爆发激烈的斗争，交易部门得胜②；投资银行部门的两位高管彼得森与斯瓦兹曼出走，创立了私募基金黑石集团③，因祸得福而后成为巨富。就在这次政治斗争之后，债券交易部门成为雷曼兄弟的主流，当时已经崭露头角的债券交易员迪克·福德在之后的数十年间扶摇直上，最终坐上了总裁的大位，是雷曼兄弟在次贷风暴中破产倒闭时的最高负责人。

我们在此来比较一下雷曼兄弟与高盛公司：

（1）雷曼兄弟一向业务、利润挂帅，对于人才的态度就是以成败论英雄，并不刻意从内部培养人才，人员的素质与忠诚度相对都较低，与高盛完全不同。

（2）迪克·福德是一个老式的、从事单纯买卖的债券交易员出身，对于新业务、新产品与（致命的）风险的认知可能有其局限。在雷曼兄弟倒闭前的最后一段期间，迪克·福德在公司内具有绝对的权威，但是与真实世界似乎完全隔绝，而仅仅依赖一些也并不完全专业的亲信来从事日常的经营管理④，在发生危机之前甚至撤换了提出警讯的风险长。

（3）雷曼兄弟虽然一向获利状况不错，但也常被视为是低一等的二线投资银行，因此心有不甘，大肆杠杆扩张资产负债表（尤其是在投资自有资金于房地产方面），企图赶上高盛。事实上，高盛的自有资金投资的商业模式是运用设立私募基金来杠杆客户的资金，比雷曼兄弟杠杆自

---

① Cohan, William H,. Money and Power: How Goldman Sachs Came to Rule the World[M]. New York: Doubleday，2011.

② Auletta, Ken. Greed and Glory on Wall Street: The Fall of the House of Lehman[M]. New York: Random House, 1986.

③ 彼得森（Peter Peterson）名字中彼得的字源为希腊文的石头，他本身也正是希腊移民的第二代，而斯瓦兹曼（Steve Schwarzman）犹太名字中的斯瓦兹是德文黑色的意思，因此两人把基金命名为"黑石"。

④ Vicky, Ward. The Devil's Casino[M]. Hoboken, NJ: John Wiley, 2010.

己的资产负债表的风险低很多。

（4）我们前面提到，高盛公司各部门通力合作，安然度过了次贷风暴，然而在雷曼兄弟内部却恰恰相反，真的可以说是左、右手在做完全相反的事情：房贷债券部门①持续购入巨量的房贷与相关证券，甚至买入次级房贷公司，发放大量的次级贷款，形成一条有完整上下游的次级房贷生产链条，完全没有节制；而位于不同楼层的高收益（垃圾）债券部门却观察到了类似于高盛公司看到的状况，于是决定以各种金融工具对于房贷债券与房贷产业中的公司放空，最终虽然在次贷风暴中获利了数十亿美元，但也没有能够挽回雷曼破产的命运②，从这里就可以看出雷曼兄弟管理出现大问题，在劫难逃。另外，还有一个广为流传的雷曼兄弟没有被政府拯救而破产的可能原因，但是一直都没有得到证实：由于雷曼兄弟以高盛公司作为假想敌，因此高盛公司出身的财政部长韩克·宝森借市场力量之名拒绝对雷曼兄弟施以援手；韩克·宝森本人对此说法当然予以严词否认。

9.1.3.2　信用评级公司的上市、经营管理与监管

美国在次贷风暴中发现到另一个金融系统的重大弱点就是他们引以为傲的信用评级公司及信用评级产业、制度。

其实美国的信评产业与投资银行遭遇到非常类似的问题，而且可能还有过之而无不及。美国的三大信用评级公司之中，除了惠誉（Fitch）的母公司是未上市的赫斯特公司（Hearst Corporation）之外，穆迪信评与标普的母公司都是上市挂牌的公司，因此这两家信评公司也遭遇到需要营收与获利成长的经营压力，与投资银行业完全相同；但是当投资银行面对经营挑战时，自己可以去开拓各种新业务来满足股东的要求，然而信评公司的主要收入来源限于对投资银行的客户发行的债券做信用评

---

① 迪克·福德的亲信格莱戈理（Joseph Gregory）在末期任雷曼兄弟集团的总经理（president），权倾一时，于雷曼兄弟破产前辞职。格莱戈理早年任职于房贷支持证券部门多年，主管销售业务。
② McDonald, Lawrence G, Patrick Robinson. A Colossal Failure of Common Sense: The Inside Story of the Collapse of Lehman Brothers[M].New York:Crown, 2009.

级，客户选择信评公司，信评公司收了客户的评级费理论上却不一定能够给客户发行的债券一个合于客户期待的评级，产生了非常巨大的利益冲突，到现在也没有好的解决之道。

其次，也许是基于怠惰或其他不明的原因，各大信评公司在评级复杂的 CDO 的时候，从早期起就不约而同地使用了比较简化的模型，而且在设定最关键的一些参数①时，并没有去做追踪与符合实际的调整，导致在次贷风暴期间大批的房贷债券/CDO 信用状况恶化后被信评公司集体降等，让投资人跳脚。在正常状况下，信评公司身为"国家认可的统计评级组织"（nationally recognized statistical rating organization，NRSRO）所授予的信用评级被投资人奉为圣旨，因为很多的投资机构对于债券的投资有评级上的限制，信评的结果不但决定了该债券的需求，而且也从而决定了债券的定价；但是在次贷风暴时，信评公司的辩解竟然是"评级仅供参考而已，风险应由投资人自负"，令投资人无所适从。

第二节　我国推动金融资产证券化的思路

相比于美国先进的金融与资本市场，我国的资本市场——尤其是金融资产证券化方面——可以说还只是处于发展比较初级的阶段，复杂精巧的程度远远不及，而我国自从 1992 年开始推动金融资产证券化，一时风起云涌直到 2005 年左右停滞下来，今天我国面对的大环境已经有了巨大的改变，主观与客观条件均已比当时成熟，推行金融资产证券化的需求应该更加迫切。

---

① 如基础资产违约的概率与违约的相关系数、损失回收率等。

9.2.1 人民币国际化、利率自由化的基础

随着我国经济的发展，国际贸易地位逐年强化，累积的外汇储备早已超过三万亿美元，而且在可见的将来应该还会继续增加，未来人民币在国际贸易的地位势必更加强固，人民币成为"硬货币"（hard currency）的国际化必不可免，因此美元的经验应该可以作为我国的参考。

货币具有四个基本的功能：价值标准、交易媒介、价值储存与延期支付。当人民币国际化以后在境外广泛流通时，除了必然被作为交易的媒介之外，必然有很庞大的数量被短期或长期"储蓄"起来，但是人民币本身并不能够对储蓄者或投资人提供收益或利息，因此一定要发展出足够的金融工具给人民币的持有人。我们从第五章的讨论中发现，就以美国的房贷支持转手债券来看，在 2012 年底的发行余额达到了 57,873亿美元，相当于美国 2012 年国内生产总值 156,848 亿美元的 37%。美国的房贷支持转手债券能够达到这样的发行规模，当然是受惠于美元的国际地位；换句话说，也就是美元作为国际贸易主要货币的战略地位以及政府资助企业的优越信用地位，吸引了全世界的投资人来购买美国政府资助企业保证或发行的房贷支持转手债券；再往前一步推论，也可以说是来自全世界各地的债券投资人提供资金，帮助美国民众买自有住房。根据国家统计局在 2014 年 1 月 8 日发布的 2012 年国内生产总值核实公告，我国 2012 年的国内生产总值为人民币 519,470 亿元，如果简单假设中国平均房价对每人平均所得的比例与美国的同等比例接近，人民币的国际贸易地位与美元并驾齐驱，再调整买房头期款的比例[①]，其他条件不变，可以粗略推论中国（虚拟的）房贷支持转手债券发行余额在 2012 年底就有人民币 14.95 万亿元的潜力，这还只是将房贷证券化而已。其次，2013 年的中国已经位居世界第二大经济体，也是世界的主要贸易强

[①] 美国买房头款通常是房价的 10%，中国则常高达 30% 以上。

国，然而一般公认为作为中国经济发展血脉的金融体系发展远远落后于实体产业的发展，一个比较落后的金融体系会不断拖累到未来中国的整体发展速度，所以金融自由化也成为"十二五"的重要目标之一，其中利率自由化更是金融自由化的重要课题。因为利率代表了资金的价格，自由化的利率是市场经济最重要的具体指标之一，一个运作良好的利率市场会让资金的分配更有效率，导引资金在经济体系中作更有效的运用，无庸赘言。

笔者认为我国利率自由化的未来具体表现就是要有一个具有多样化金融商品（包括现货及各种衍生性金融商品）、参与者众多、交易活泼的利率商品市场，也就是通常一般所称发达的"固定收益市场"（fixed income market）——尽管这个市场事实上也有很多浮动利率的商品。这里所谓的金融商品多样化至少可以更具体理解为"（短、中、长）到期时间多样化""信用（评级）多样化""还本付息结构方式多样化"，这三种多样化的方式混合搭配的结果千变万化，让发行方与投资方各自根据自己的需求做出选择，而这些按照各自需求所做的选择就会产生市场机能决定的利率。举例来说，中央政府可以依照收支的需求来发行固定或浮动票面利率、到期日不同、多次付息或零息的国债，规避信用风险的投资人就可以依照自己对于利率风险的偏好来进行投资；同样地，企业也可以依据自身的需要发行短期的商业本票或中长期的企业债券，这些企业债券会依照各自经营的状况得到不同的信用评级，企业债券的投资人就会各自对于信用风险的偏好或限制来投资。

然而，如果每一种金融商品只有相对非常小量的供给，参与者有限，商品多样化本身并不能够自动保证市场上的利率有足够的空间来充分反映所有的信息，或者说所谓的市场利率并不足以反映资金的真正价格，达到有效率分配资源的目的，笔者认为这也是我国在1992年开始从事金融资产证券化时所遭遇到的状况。由于金融资产证券化的政策大方向被市场所认同，因此一时之间各方风起云涌，各种金融资产、现金流纷纷成为了证券化的基础资产，讽刺的是这种高涨的热度反而使得证券化的努力失效，每一笔新发行的证券化都只有相当有限的数量，这种没有刻意造成的过度细化（over-segmentation）阻碍了市场大力成长的契机，导致整个金融资产证券化的努力失去了动能。据作者观察，把四大资产管理公司收购的银行不良资产打包后以资产证券化方式出售，可能也是推动金融资产证券化背后的主要动力之一。一般来说，正常的金融资产证券化应该尽力寻求使用信用最优良的基础资产，避免使用不良资产①，因此在发展成熟的资本市场中以银行不良资产作为基础资产的可行性应该较高，这也必然会是一个批发、专家的市场，并非普罗大众所应或所能参与；如果在推动金融资产证券化的初期就从事这一类的证券化，就只能被视为特殊个案，除了达成一些短期的目标之外，对于全面推动金融资产证券化的助益比较有限。

因此，笔者认为要获得金融资产证券化初步的成功必须仰赖于首先建立基于一种可以持续成长的优良基础资产、一个标准化产品的金融资产证券化的大型市场，目标设定为建立起第一个活泼的一级和二级市场，取得投资人的认同，从实践中建立我国金融资产证券化可长可久的基础架构，顺利取得正规化的金融资产证券化的实战经验，作为日后发展必然走向全面国际化的人民币金融资产证券化市场的坚固基础。笔者也认为，美国过去将近80年间的金融资产证券化的成功经验确实可以作为中国做"蛙跳式"发展的宝贵参考，这将会在后节中讨论。

9.2.2 银行资产负债表的重整与强化

自从改革开放以来，中国社会、经济的发展突飞猛进，至今已成为世界上第二大经济体，但是社会主义市场经济的体制还未完善，与实体经济配套的金融在快速发展的同时凸显出了一些问题，如国际收支不平

---

① 第八章中提到高盛公司组建的 ABACUS CDO 就是一个讽刺的反例。

衡、流动性过剩、金融体系不健全、直接融资比例低、城乡区域金融发展不协调、对"三农"和中小企业金融服务相对薄弱等；而在现行的金融架构中，由于资本市场不发达、其他融资市场及融资工具缺乏，国内的银行不仅成为整个金融市场最基本的融资渠道，而且成了保证经济快速增长必不可少的要角。目前我们可以说，我国的金融体系是以银行为主导，银行的服务体系是我国金融服务体系的核心[①]。换句话说，中国现有的银行体系担负了融通整体经济的责任。

根据国家统计局在 2014 年 1 月 8 日发布的 2012 年国内生产总值核实公告，我国 2012 年的国内生产总值为人民币 519,470 亿元。相较之下，根据中国银行业监督管理委员会于 2013 年 3 月 1 日发布的银行业金融机构 2012 年底 4 季度资产负债情况表，银行业金融机构总资产为人民币 1,336,224 亿元（相当于国内生产总值的 2.57 倍），总负债为人民币 1,249,515 亿元，核心资本充足率 10.62%，资本充足率 13.25%，存贷比 65.31%[②]。中国的银行业能够维持如此优良的运营指标，作者认为其中很重要的一个原因就是银行充分利用目前的监管法规空隙，创造出中国所独有的"银信合作"，把信贷资产转到了（资产负债）表外。近年来银行业和信托业间不断拓展业务合作，合作模式也创新频现，合作规模屡创新高，无论在金融经济理论方面，兼业说、金融功能学说、资产专用学说、规模经济和范围经济等理论在不同程度上支持了银行业和信托业的跨业合作，但是银信合作真正的作用就是为银行规避存贷比与监管资本[③]的管制。

9.2.2.1 银信合作的实践

自 2002 年批准商业银行可以代理信托资金收付业务的《信托投资公司资金信托管理暂行办法》出台以来，银信合作经历了"磨合期"、"融

---

① 李志辉. 中国银行业的发展与变迁[M]. 上海：人民出版社，2008.
② 2013 年第三季，核心资本充足率 9.87%，资本充足率 12.18%，存贷比 65.63%。
③ 北京青年报. 央行副行长预测五大行明年将首现 405 亿资本缺口[EB/OL]. 2013 年 5 月 5 日。

合期"和"渗透期"三个阶段。第一阶段：银信合作刚刚起步，双方均在探索磨合，信托公司希望借助银行广泛的网点和客户资源来突破规模瓶颈，但是银行从中获取的代理费用有限，加之担心客户流失，所以对待合作的态度较为消极。第二阶段：银信合作转入正轨，双方不断探索新型合作模式，主要有合作推出"信贷资产信托化"产品和"银信连接理财"产品两类。随着合作的深入，商业银行开始意识到信托公司的制度优势和手段灵活，开始主动与信托公司拓展新的合作领域和开发新的信托产品，以此调整商业银行存贷比例、财务结构、表外资产规模以及中间业务收入比例等。而当个人理财业务对于商业银行有法可依后，银信合作有了更大的施展空间。第三阶段：银信合作不断深化，双方突破业务层面的合作开始股权渗透，银行和信托公司通过收购重组建立了银行系的信托公司，开始了股权层面上的深度合作，这方面的案例有交通银行收购重组湖北国投以组建交银国际信托公司、民生银行与陕西国信签订合作协议、建设银行收购国元信托、招商银行与西藏信托签署购并意向等，银信合作的发展使得信托业资产规模飞速增长。

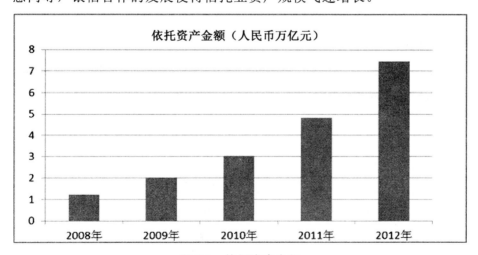

图 9.1　信托资产金额

资料来源：中国信托业协会网站 http://www.xtxh.net/。

由图 9.1 可以看出信托资产近五年增长迅速，2009 年至 2012 年年同比增长率分别为 65.57%、50.50%、58.25%、55.30%，都在 50% 以上。在我国经济步入逆周期时代，我们当然要问为什么信托业仍然能继续保持逆势高速增长：其实，催生信托业高速增长的信托市场取决于财富积累的厚度，与经济发展周期不一定存在简单的正相关关系。当社会财富累积还薄弱时，信托市场不会因为经济高速增长就简单扩大其规模，这就是我国改革开放后最初 20 年虽然经济高速增长也没有形成深厚信托市场的原因；相反地，当社会财富累计较为深厚时，信托市场也不会因为经济发展处于弱周期就简单缩减其规模，而且当社会财富积累到相当程度后，经济下滑反而会更加催生民众通过信托等方式进行理财，从而实现财富保值增值的强烈需求。我国经过 30 多年的高速发展，已经积淀了深厚的社会财富，形成了巨大的信托需求，而包括信托公司在内的理财服务供给则仅仅在近 10 年间才得以初步发展，还远远不能满足巨大的理财需求。即使在经济增速放缓的背景下，供给不足仍然是当前我国理财市场的主要矛盾，甚至加深了这一矛盾，理财市场的巨大需求还远未得到释放，这决定了包括信托业在内的理财行业的发展拐点还远未到来，这就是信托业逆周期增长的内部原因。

而目前规范信托法的制度和灵活的信托业者使信托业适应市场环境创新信托产品[1]，构成了信托业实现逆势增长的外部原因。在上述近年来信托资产高度增长的背后，最大的增长力量来自于"银信合作"[2]，图 9.2 显示银信合作的金额在 2013 年已经接近人民币 8000 亿元，图 9.3 显示了银信合作在证券投资信托占比变化，可以看出银信合作在 2010 年度增长较为缓慢，但 2011 年后增长势头迅猛；而银信合作在信托业证券投资信托中占比在 2011 年度有所下降，但仍保持在 50% 以上，而在其他各年均处于 70% 以上的高位水平且变化较小，可见银信合作业务及产品是信托业的主要经营领域，信托业对银行业的依附较强。

---

① 华夏诗技. 银信合作：4.1 万亿信托资产的躁动[EB/OL]. 2012 年 1 月 9 日.
② 21 世纪经济报道. 银信合作新模式绕道而行银行表外信贷不降反增[EB/OL]. 2012 年 4 月 5 日.

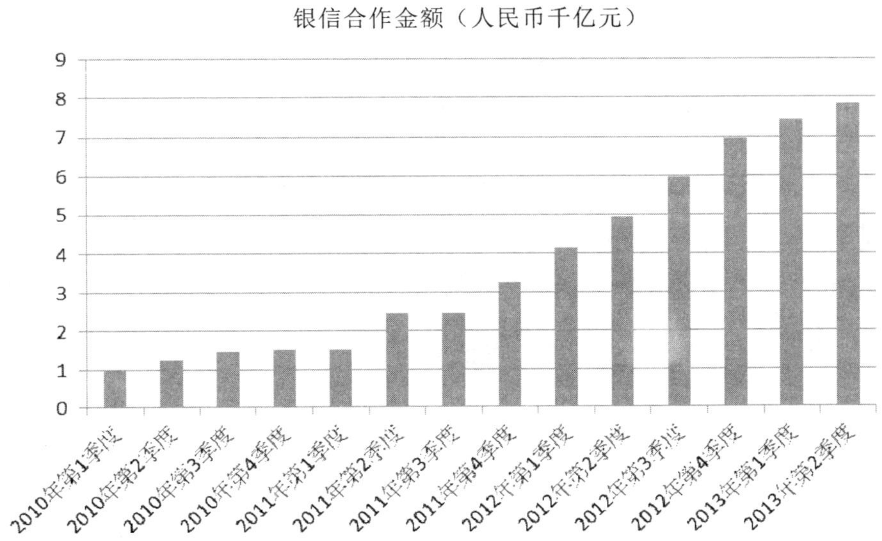

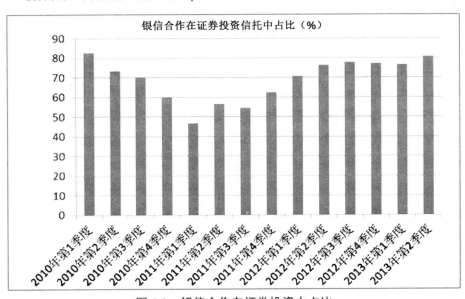

图 9.2　银信合作金额

资料来源：中国信托业协会网站 http://www.xtxh.net/。

图 9.3　银信合作在证券投资中占比

资料来源：中国信托业协会网站 http://www.xtxh.net/。

9.2.2.2 银信合作的监管变动

银信合作开展以来，银监会和人民银行根据银信合作中暴露的诸多问题出台法规进行规范，主要政策变动梳理如下：

表 9.1 银信合作监管政策变动历程

时间	法规	主要内容
2002 年	《信托投资公司资金信托管理暂行办法》	批准商业银行可以代理信托资金收付业务
2008 年	《银行和信托公司业务合作指引》	开始专门对银信合作业务进行规范
2009 年	《进一步规范银信合作有关事项的通知》	规定了银信合作理财产品不得投资于理财产品发行银行自身的信贷资产或票据资产
2009 年	《关于规范信贷资产转让及信贷资产类理财业务有关事项的通知》	规定商业银行在进行信贷资产转让时，转出方不得安排任何显性或隐性的回购条件；禁止资产转让双方通过即期买断加远期回购协议等方式规避监管
2010 年	《关于修订〈信托公司监管评级与分类监管指引〉的通知》	明确要求信托公司"加强主动管理能力，实现内涵式增长"，并通过评级的方式进行分类监管
2010 年	《信托公司净资本管理办法》	将信托公司的净资本、风险资本计算标准与银信合作产品挂钩
2010 年	电话通知	通知各信托公司暂停银信合作业务
2010 年	《关于进一步规范银行业金融机构信贷资产转让业务的通知》	对银行业金融机构的信贷资产转让业务提出了更严格的要求
2010 年	《关于规范银信合作理财合作业务有关事项的通知》	强调信托公司应独立自主管理，同时要求银行将此前发生的银信合作的信贷资产在 2010 和 2011 年两年内全部转入表内，并按照 150% 的拨备覆盖率计提拨备
2010 年	《理财、资金信托专项统计制度（试行）》	意在密切监测银行理财资金和信托资金的动态，防范"影子银行体系"膨胀，导致社会融资规模管控失效

时间	法规	主要内容
2011 年	《关于印发信托公司净资本计算标准有关事项的通知》	规定了融资类和投资类业务的风险资本计算方法、业务范围等
2011 年	《关于进一步规范银信理财合作业务的通知》	进一步提高了对银信合作业务的监管要求，明确了银信合作业务的风险归属，引导银信合作业务去信贷化，并借此鼓励信托公司转变经营方式，加强自主管理

资料来源：根据朱小川《简评近年银信合作监管政策的变化、效果及挑战》、银监会网站及人民银行网站整理。

监管机构对银信合作最初是采取观望甚至鼓励的态度，之后才为了控制信贷规模，抑制经济过热，银监会开始整顿银行通过与信托公司合作进行贷款转让、移出报表等以突破信贷额度目标的行为，从而防范"影子银行"增大金融系统风险。银监会主要从银信合作业务范围和银行信贷资产转让问题两个方面出台了相关监管法规，这些通知制定的内容多为限制性条款，折射出了监管层对银信合作潜在问题的担忧。最初监管只是从表面的业务合作形式上加以规范，对银信合作规模没有起到很好的规制效果，之后从信托公司资本充足的角度予以监管，收效较佳。

9.2.2.3 银信合作中存在的问题

银信合作发展过程中，多次受到监管部门的规制，并出现叫停情况，这表明银信合作存在需要矫正的问题：

（1）银信合作地位不平等。在银信合作的过程中，银行与信托公司占据着不同的地位，有着截然不同的话语权；银行牢牢把握着主动权，而信托公司多处于从属地位。由于银行通过发行理财产品募集资金，又自己找到借贷客户，信托公司在合作过程中几乎没有话语权，仅是扮演"工具"角色。正是由于自身的弱势地位，使得信托公司在银信合作中的产品信托报酬率仅有千分之三，但即便利润如此微薄，信托公司也往往不愿意主动放弃这项业务，原因在于这是一块相对安全、稳定的收益来源。信托公司话语权的微弱来自于自身定位的模糊；表面上，信托公司的主营业务是"信托业务"，但这一定位过于宽泛，信托公司确切的业务范围仍不清晰。按照银监会的说法，信托公司是"受人之托，代人理财"的专业机构，但在专业理财机构的定位下，信托公司面临和银行、券商、基金、保险公司的竞争，比如做贷款和银行竞争，做证券投资遭遇券商和基金的竞争等，在中国金融分业经营、分业监管的格局下，信托业非但不能成为和银行、证券、保险并列的第四大行业，其生存的监管环境、法律环境难言乐观。

（2）信息披露的欠缺。目前银信合作理财资金的投资结构不合理，运用到信贷方面的资金一直处于高位，投资方式过于集中不利于金融产品风险的分散，会加大合作业务的风险；信贷类的银信合作使银行能够规避信贷方面的限制，不利于其稳健经营，也影响了央行的信贷调控政策，该类合作产品比例过大会影响整体的经济运行。因此，银监会在2010年8月12日发布《关于规范银信合作业务有关事项的通知》，要求银信合作业务余额中融资类业务余额占比不得高于30%，使得融资类业务比例开始下降，但是商业银行依然会采取其他方式如组合投资的途径来规避监管，很多银信合作理财产品并不披露给与其合作的信托公司：2012年1～4月发行银信合作产品2,793个，透露参与信托机构的数量有785个，占比28.11%。而且银信合作理财产品的投向也模糊不清，银信合作的监管新规出台之后，由于限制了融资类银信理财产品的比例，使得融资类产品被隐藏在组合投资类产品之中，而且不公布具体的投资比例。

（3）金融市场的监管模式不完善。首先，我国金融行业的市场约束力量还比较弱，不但加大了政府的监管成本，而且无法使金融行业的风险得到有效反映。在银信合作业务的发展过程中，从2008年12月到2011年1月政府连续下发了数十个关于银信合作业务的规范文件，但是针对一项业务的监管会导致其他业务创新，监管又要规范新业务，使监管方疲于应付：比如针对信贷资产转让的规范文件导致信托贷款类银信合作业务飞速发展；针对信贷类银信合作业务的规范使组合投资类产品成为主流。其次，分业监管的监管模式可能导致监管的真空。目前，银行和信托业都处在银监会的监管之下，对于银信合作可以由银监会单独监管，但是随着不断的金融创新，银信合作中融入证券业、保险业和基金等，目前的监管体制就可能会出现监管的真空，如果这些监管的问题无法得到解决，未来跨行业金融产品的发展将会成为中国金融体系的一大隐忧。

9.2.3　金融服务业发展的机遇

综合上节所提的几点银信合作中存在的问题，从金融资产证券化的角度来看其实非常直观，"银信合作"就是一种非正式的金融资产证券化；银行为了规避存贷比与资本的监管而与信托业者合作，将众多的企业贷款借用信托业的业务执照包装成所谓的"理财产品"之后，分散卖给需要投资理财产品的大众，这种方式反映的是下面几个金融体系及金融业根本的问题：

（1）银信合作面对的是一般的"零售大众"，法人机构无法大规模地参与这个"非正式"金融资产证券化的过程，阻断了保险公司、基金业和证券业的可能成长机会。

（2）银信合作的产品多半是短、中期的理财产品，对于亟待发展的人民币长期资本市场与人民币国际化、利率自由化没有任何的助益。

（3）目前银信合作的产品逐渐集中于信贷类，大大地削弱了央行及银监会对于银行流动性、信贷的监管，显示我国监管制度已经出现了重大漏洞，并且把信贷的风险移转给了不知情的投资大众，对投资大众的保护肯定比较不足。

（4）银信合作的法律规范远低于正式的金融资产证券化，信托业依附于银行业长期不利于正规的信托业发展。

再以保险业来说，一个国家或地区保险业发达的程度有两个最主要的衡量指标：保险密度（每人平均保险支出）、保险渗透度（保费收入对国内生产总额的比率），比较中国大陆、台湾地区与世界的平均[①]：

表 9.2　中国大陆、台湾地区与世界保险发达程度比较

地区	2011 年总保费收入（亿美元）	排名	2011 年全球占比（%）	2011 年保险密度（美元）	排名	2011 年保险渗透率（%）	排名
中国台湾	784.16	13	1.71	3,371	17	17.0	1
中国大陆	2218.58	6	4.83	163	61	3.0	45
世界	45915.23	—	100.00	661	—	6.6	—

　　首先从上表来看，台湾地区与中国大陆同文同种，台湾地区保险发达的程度应该可以作为中国未来保险业的参考；其次，将中国保险业发达的程度与全世界平均比较，中国在 2011 年的保险密度仅为全世界平均的四分之一，中国的保险渗透率仅为世界平均的一半不到，或许专家学者们对于中国未来保险业的增长速度还有所争议，但是中国保险业的未来成长潜力是毫无疑问的。假设其他条件不变，我们可以预见中国的保险密度很容易就向上翻倍，中国保险业就会增加 2,200 多亿美元的保费收入，相当于人民币 1.32 万亿元，保险公司势必要将这笔巨额收入用来购买有收益的长期资产，作为匹配其长期负债之用。保险业是金融业中堪称最复杂的行业，保险业与政府公办的各类社会保障制度相辅相成，对社会的安定祥和具有关键性的力量，因此如何协助保险业健康成长并确保保险业能有充足的投资渠道也是金融政策制定者的一个非常重要的课题，笔者认为金融资产证券化就能为保险业提供一个未来中长期投资的出口。

　　另外，根据中国证券投资基金业协会于 2013 年 1 月 11 日发布的"2012 年度基金管理公司基本经营数据"显示[②]：截至 2012 年 12 月 31 日,全行业已开展业务的 72 家基金管理公司管理资产规模合计 36,225.52

　　[①] 赖清祺. 海峡两岸保险业发展之前景[EB/OL]. (台湾) 财团法人保险事业发展中心，2013 年 6 月 1 日（资料来源：Swiss Re：Sigma 数据库）.
　　[②] http://www.amac.org.cn/tjsj/xysj/jjgssj/382618.shtml.

亿元，其中：管理的非公开募集资产（社保基金、企业年金和特定客户
资产）规模 7,564.52 亿元，占全行业管理资产规模的 20.88%，公募基金
（封闭式基金和开放式基金）规模 28,661 亿元，占全行业管理资产规模
的 79.12%。公募基金产品 1,173 只，其中：封闭式基金 68 只，净值规
模 1,412.99 亿元，占全行业管理资产规模的 3.90%；股票型基金 534 只，
净值规模 11,475.28 亿元，占全行业管理资产规模的 31.68%；混合型基
金 218 只，净值规模 5,646.17 亿元，占全行业管理资产规模的 15.59%；
债券型基金 225 只，净值规模 3,779.70 亿元，占全行业管理资产规模的
10.43%；货币市场基金 61 只，净值规模 5,717.28 亿元，占全行业管理
资产规模的 15.78%；QDII 基金 67 只，净值规模 629.58 亿元，占全行业
管理资产规模的 1.74%；

　　2012 年全行业管理资产规模较 2011 年增长 30.53%，其中非公开募
集资产规模增长 28.79%，公募基金规模增长 30.99%，增长相当快速。
但是值得注意的有下列几点：全行业已开展业务的 72 家基金管理公司管
理资产规模合计 36,225.52 亿元，只占我国 2012 年国内生产总值（人民
币 519,470 亿元）的 7%；管理的非公开募集资产（社保基金、企业年金
和特定客户资产）规模 7,564.52 亿元，占全行业管理资产规模的 20.88%；
公募基金中债券型基金 225 只，净值规模 3,779.70 亿元，占全行业管理
资产规模的 10.43%。

　　再来比较一下全球基金管理行业的数字。根据美国权威的退休金及
投资（Pensions & Investments）杂志在 2013 年 11 月 3 日发布的统计[①]，
2012 年底全球前 500 大基金管理公司共管理了 682,955.92 亿美元的资
产，其中美国的基金业者就占了 236 家（占 500 家的 47.2%），共管理了
332,473.84 亿美元的资产（占 500 家管理资产的 48.7%），这个金额超过

---

　　① http://www.pionline.com/article/20131111/INTERACTIVE/131109935/the-pitowers-watson-world
-500-worlds-largest-money-managers.

了美国 2012 年国内生产总值（162,446 亿美元①）的两倍。全世界的基金业在 20 世纪 80 年代就逐渐开始了整并，基金行业成为了跨国的行业，美国的基金业能够在全球占有如此重要的地位，相信与美元的国际地位有很大的关系。因此，假设其他条件不变，未来我国经济持续增长以及人民币国际化之后，我国的证券投资基金业自体增长与从事国际并购，整体管理资产的规模也应该有从国内生产总额的 7%增长到国内生产总额 2 倍的潜力，这代表的重要意义是未来人民币资本市场自由化与增长的巨大机会，引导资金从间接金融流向直接金融，整体金融服务业各个业种规模、水平的向上提升会降低目前银行业的资本压力与监管风险，更重要的是让整体社会资源能更有效地分配与运用。

下表 9.3 列出了美国前 15 大基金管理公司及前 15 大管理法人资产的基金管理公司，可以看出前 15 大基金管理公司及前 15 大管理法人资产的基金管理公司有 80%的重叠，而这些在两边都能排名的大型业者之中，它们所管理的"法人资产"（相当于我国的非公开募集资产）至少都在 50%以上，这是由于欧美先进国家立法要求公私机构都各自实施退休金提拨，而这些机构多半把退休金的投资管理外包给有规模经济的基金业者，这是让专业的基金管理业能够壮大的很重要的原因。

另外，我们可以看一下这些巨型基金公司所管理的固定收益/债券类的资产比例。从下面的表 9.4 可以看出，美国大型基金管理公司所管理的固定收益资产的比例远高于我国的证券投资基金业，这当然是因为美国的资本市场比较先进，有众多的固定收益产品可以作为投资的标的，因此我国如果参考美国资本市场发展的经验作为借鉴，也一定要发展固定收益的产品，光是凭着国内目前发行的国债以及有限的企业债券市场可能是远远不足未来发展所需的。

---

① http://data.worldbank.org/indicator/NY.GDP.MKTP.CD.

表 9.3　美国前 15 大基金管理公司及前 15 大管理法人资产的基金管理公司

美国前15大基金管理公司		美国前15大法人基金管理公司	
全球管理资产排名	百万美元	全球管理资产排名	百万美元
1 BlackRock Inc.	3,791,588	1 BlackRock Inc.	2,593,089
2 Vanguard Group Inc.	2,215,216	2 State Street Global Advisors	1,671,477
3 State Street Global Advisors	2,086,200	3 PIMCO	1,427,957
4 Fidelity Investments	1,888,296	4 Vanguard Group Inc.	1,331,066
5 PIMCO	1,624,346	5 BNY Mellon Asset Management	1,253,701
6 J.P. Morgan Asset Management	1,426,402	6 Fidelity Investments	971,282
7 BNY Mellon Asset Management	1,385,863	7 J.P. Morgan Asset Management	791,624
8 Deutsche Asset & Wealth Management	1,244,439	8 Prudential Financial	790,860
9 Prudential Financial	1,060,250	9 Amundi	787,942
10 Capital Research & Management Co.	1,045,571	10 Wellington Management Co. LLP	757,356
11 Amundi	959,790	11 AXA Investment Managers	636,342
12 The Goldman Sachs Group Inc.	854,000	12 Legal & General Investment Mgmt.	634,976
13 Franklin Templeton Investments	781,769	13 Capital Research & Management Co.	579,867
14 Northern Trust	758,943	14 Northern Trust	561,158
15 Wellington Management Co. LLP	757,729	15 Legg Mason Inc.	553,176

资料来源：P&I，Northern Trust；作者整理。

表 9.4　美国前 10 大固定收益基金管理公司

美国前10大固定收益基金管理公司			
全球管理资产排名（十亿美元）	固定收益资产	总管理资产	占比
1 PIMCO	403.3	1,624.3	24.8%
2 State Street Global Advisors	290.6	2,086.2	13.9%
3 BlackRock Inc.	286.6	3,791.6	7.6%
4 Fidelity Investments	251.9	1,888.3	13.3%
5 Northern Trust	240.8	758.9	31.7%
6 Prudential Financial	209.3	1,060.3	19.7%
7 TIAA-CREF	180.9	510.9	35.4%
8 BNY Mellon Asset Management	166.8	1,385.9	12.0%
9 Vanguard Group Inc.	156.1	2,215.2	7.0%
10 Legg Mason Inc.	152.8	648.9	23.5%

资料来源：P&I；作者整理。

第三节 加快我国金融资产证券化的政策建议

本书在前面章节已经针对我国当前面临的人民币国际化、利率自由化、金融体系过于依赖银行的宏观环境以及金融资产证券化面临的微观环境做了比较广泛的讨论，认为当前时机已经成熟，现在正是我国大力推动金融资产证券化的良好时机；另外也对当前世界上金融资产证券化历史最悠久、最先进的美国制度的优劣做了比较详尽深入的研究与讨论。在这些研究的基础上，笔者也认为目前国内对于金融资产证券化确实存在着法规不明确、会计与税务发展没有跟上、基础资产产权定义不明、信用增强方式有限、信用评级公司经验有限、产品流动性不足等现象，但笔者并无意针对特别的技术问题（如会计、税务方面）做细节钻研，而是基于上面的研究及笔者的经验，对于未来中国推动金融资产证券化的大方向与政策上做出专业的建议。

9.3.1 金融资产证券化法规的完善

我国自 1949 年以来形成了中华人民共和国特有的法律框架与制度，纯粹以法学的角度来看，还是比较接近于通常所称的"大陆法系"的刚性法律系统；另外一方面，我们用来作为这方面主要学习对象的美国是属于"海洋"法系的习惯法系统，加上美国虽然实行金融资产证券化已超过 80 年，但是实际上并没有一部所谓的"金融资产证券化法"，而是经过 80 年的积累沉淀，各种相关（证券、信托、租税等）法规及法院判例散见于各处。美国的整体金融资产证券化的制度固然是我们参考学习的对象，但是大陆法系注重对概念的界定，大陆法系国家/地区在进行资产证券化专门立法时就有比较明确的规定，或者对证券法的相关条款进行修改以明确将资产支持证券包含在证券的定义范围之中，因此已经实行金融资产证券化的大陆法系国家或地区的经验就是未来我国推动资产证券化比较实际的参考。

法国是大陆法系国家中第一个通过专门证券化立法的国家[①]，资产证券化的明确规定肇始于 1988 年 12 月通过的第 88-1201 号法令（该法后来经过数次修订，现编于法国货币与金融法典的第 L.214-5，L.214-43 至 L.214-49 条），创设了"证券化投资基金"（FCC），其功能和地位相当于法国的特殊发行实体（SPV），便于资产证券化业务的开展。"证券化投资基金"不是一个法律上的实体，而是拥有应收账款池、并向投资者发售证券的联合所有载体平台，一般由资产管理人（储蓄银行）和"证券化投资基金"的管理公司联合组建；虽然"证券化投资基金"不是独立的法律主体，但它可以发行被认定为证券的具有不同期限、不同利率结构和付款安排，以及不同的偿付优先权的各类证券化产品[②]。然而第 88-1201 号的颁布并没有让证券化在法国获得较快的发展，主要原因在于与资产证券化相关的其他配套法规还不够完整，直到 1994 年通过的证券法修正案扫除了阻碍证券化发展的一些其他障碍，资产证券化在法国才有了比较好的发展。

日本是亚洲资产证券化的先行国家，日本税法原则上不把信托作为课税对象，因此日本的资产证券化初始就采取信托模式以获得税收上的优势。1992 年证券交易法中将住房贷款债权信托的受益权认定为有价证券，为广义的资产支持证券的发行提供了法律依据。为了推动资产支持证券的发展，日本随后又在 1998 年 12 月对证券交易法进行了重大修改，为有价证券的定义进行了扩充："……扩充规定，投资法人的投资证券、外国投资证券、表示权利的证券或者证书，以及有价证券的受托者以在该有价证券发行国以外的国家发行的有价证券或者证书所表示的与该受托有价证券有关的权利，作为证券。"日本的金融改革也为资产支持证

① 赵静. 资产支持证券的监管制度研究[D]. 华东政法大学博士学位论文，2010 年 11 月.
② 相当于本书前面章节讨论的多档次转付债券。

的发展提供了动力，资产支持债券和商业票据都逐渐被纳入了证券的范畴，随后信托受益权证也被归入了证券的范畴，确立了资产支持证券的"证券"地位。2000年，日本修改了《特定目的公司法》，并将该法更名为《资产流动化法》，相对于之前日本针对不同金融资产采用的分散立法模式，日本经由新法采取了统一的立法模式以对不同的金融资产进行统一监管，为金融资产及不动产创设一套完整的法律制度，方便了资产证券化的发展。

日本后来在2006年6月整合了多部法律，将《证券交易法》扩大修订为《金融商品交易法》，将"证券"的定义扩展为"金融商品"的概念，对于只要属于金融商品范围之内的金融商品都做了相应的法律规定，其目的是避免产生法律的真空地带。《金融商品交易法》把大部分的金融商品进行整合性的规范，就自然而然地也就把资产支持证券纳入了"金融商品"中，此法的第2条中沿用了《证券交易法》中"有价证券"的定义，但增加导入了"集团投资计划"的概念，目的是用以概括未在法律中明确列举的种类，弹性为金融资产证券化的创新铺路。

我国的台湾地区推行资产证券化也是比较晚的事情。台湾地区依照大陆法系的惯例，采取立法的方式来对资产支持证券进行定性，但是台湾地区又将资产证券化区分为金融资产及不动产两个领域，然后分别在2002、2003年通过立法制定了《金融资产证券化条例》和《不动产证券化条例》，作为两大资产证券化领域各自的法律依据。在金融资产证券化方面，台湾地区也选择采用了信托模式①，《金融资产证券化条例》第15条规定："受托机构得依资产信托证券化计划，发行各种种类及期间之受益证券。"根据同法第4条第1款第6项，受益证券是指"特殊目的信托之受托机构依资产信托证券化计划所发行，以表彰受益人享有该信托财产本金或其所生利益、孳息及其他收益之受益权持分之权利凭证或证

---

① 台湾地区的信托业也纳入银行法的规范，但目前信托公司多已被并购或改制银行。

书"。《金融资产证券化条例》在受益证券的发行上，要求受益证券应当编号、并载明规定的发行金额、存续期间、受益人等十三项事项后由受托机构的代表人签名、盖章，再经发行签证机构签证后才能发行，与一般有价证券的发行规定类似；《金融资产证券化条例》第16条中再规定"受益证券之签证，准用公开发行公司发行股票及公司债券签证规则之规定。"从而确定了资产支持证券的"证券"身份，依照《证券交易法》来加以管理。

回头来看本书第一章中表1.2所整理的我国有关于资产证券化的法规，会发现我国的相关法规仍然停留在行政命令的层次，这也反映出整个金融资产证券化的努力也还停留在试验的阶段，尚且没有形成战略性的想法，对于金融资产证券化的推行缺乏有力的法律支撑。因此笔者建议，由于金融资产证券化的牵涉范围比较广，我国如果想要大力推动这个重要的资本市场项目，就应该参考已经推行金融资产证券化的大陆法系国家或地区的立法经验，由中央牵头成立"推动金融资产证券化专案组"（建议名称），这个专案组的首要任务就是成立"立法小组"，尽速召集国内、国外的金融资产证券化专家、学者、律师，集思广益，写出一部金融资产证券化的"特别法"①，提交全国人民代表大会通过，补充《中华人民共和国民法通则》《物权法》《证券法》《银行法》《企业所得税法》《信托法》等法律中对于金融资产证券化未臻完善的部分或排除这些相关法律中对于金融资产证券化造成障碍难行的部分，为金融资产证券化的推行提供最强而有力的法律依据，这在"依法治国"的现在，尤其是未来从事非常复杂的金融资产证券化是最重要的基础工程，也可以说"中华人民共和国金融资产证券化条例"（建议名称）的立法良莠会决定未来中国推动金融资产证券化的成败。

笔者认为，这部新法的关键之一就是参考美国"授予者信托"及

---

① 相对于《中华人民共和国民法通则》《物权法》《证券法》《银行法》《企业所得税法》《信托法》等"普通法"而言。

REMIC 的精神[①]，以最简单的方式为金融资产证券化定义出一套易行的特殊发行实体（公司或/及信托架构）框架，包含真实出售、破产隔离、特殊发行实体层级免税等的规定，以鼓励、方便金融资产证券化的推行，合理排除现有相关法律的一些规定（如公司法中的资本与股东会、董事会的规定）；同时，要确定所有的参与者都有明确的角色，也就是各有与其承担责任/风险相当的收入，才能将金融资产证券化维持在法律的正轨之中。

在中国现行的金融环境之下，我国的几个主要金融监管机关更应该紧密合作，逐步让目前规避金融监管的"银信合作"退场，把所有以零售大众为对象的"地下"金融资产证券化导回到正规金融资产证券化的阳光之下。

9.3.2 监管机构与监管机制

本章第一节中我们也曾对于美国"次贷危机"的远因与近因做了很大篇幅的研讨，其中公部门的一大教训就是美国联邦与地方分权制度所造成的漏洞百出、多头马车式的金融监管制度，尽管美国政府已经在次贷危机之后做出检讨与相当的改进，但是这种金融监管体系在短时间内很难看到根本性的变革；其次，美国的"非银行"准金融机构如房贷公司仍然没有被正式纳入金融监管，再加上美国三权分立的基本政治体系也不会改变，民间业者还是会持续游说国会议员，所以美国的金融监管制度不可能是我国推行金融资产证券化所应学习的对象。所幸我国已经有相当健全的以"一行三会"为主的金融监管体系，权责相对比较集中，与美国的分立乱象大不相同。

本节前面提到，由中央牵头成立资产证券化专案组立法小组，应至

[①] 信托制度的诞生先于资产证券化，在世界各国使用信托时都有其独特环境下税务上的考虑，因此美国金融资产证券化的信托框架只可以作为我国立法参考之用。

少包含来自"一行三会"^①及其他相关部委的代表，其他部委则至少有发改委、国资委、财政部、法务部、教育部、商务部等，广泛召集国内、国外的金融资产证券化专家、学者、律师，集思广益，写出一部金融资产证券化的"特别法"。然而公部门牵头立法只是推动金融资产证券化的第一步，公部门的后续金融监管也是同等的重要。

按照世界上其他国家或地区推动金融资产证券化的做法，金融资产证券化所发行的金融产品被定性为"证券"，因此证券监理机构就可以顺理成章成为资产证券化的监管机构；如果我国采取同样的做法把金融资产证券化所发行的金融产品清楚定性为"证券"，则金融资产证券化的主要推动、监管机构就应该是证券监督管理委员会；然而其他的政府机构如中国人民银行、银行业监督管理委员会、保险监督管理委员会、国资委、财政部、教育部等部委，在金融资产证券化的整体监管上也应该各有职责，现列举比较重大的如下：

（1）证券监督管理委员会：主导金融资产证券化的发展与监管，建立良好的资产证券化一级与二级市场，协调证券投资基金业积极投入资产证券化产品，为大众提供更多的投资管道。另外，应该建立跨部委金融资产证券化监管定期横向协调机制^②，以统一监管口径，避免监管出现漏洞而重蹈美国失败的覆辙。

（2）中国人民银行：密切关注金融资产证券化对于利率自由化与人民币国际化的影响，负责利率、外汇的政策指导，从宏观层面利用利率、外汇政策的手段坚持调控金融资产证券化朝正向发展。

（3）银行业监督管理委员会：依照巴塞尔资本协议，制定银行业的金融资产证券化及相关产品的资本规则，增加银行业的流动性；厘清信

---

① 中国人民银行、银行业监督管理委员会、证券监督管理委员会、保险监督管理委员会。

② 国务院针对债市的监管协调，已于 2012 年 4 月成立了公司信用类债券部际协调机制，又于 2013 年 8 月建立了由人民银行牵头的金融监管协调部际联席会议制度，但对于比较复杂的金融资产证券化，作者认为应该考虑在前述这些机制下、甚至机制外，另设专门的资产证券化协力监管机制。

托业的业务与其在金融资产证券化中的角色；协助"银信合作"（非正式的金融资产证券化）信贷产品业务有秩序退场，并可加强银行业资本稳定度及透明度；监管（可能成立的）国有信用增强/担保公司或机构，比照银行管理。

（4）保险监督管理委员会：订定保险业的金融资产证券化及相关产品的资本规则，鼓励保险业投入购买合格的金融资产证券化及相关产品，以人民币的金融资产证券化商品替代外币的类似产品，强化保险业的资产负债表，促进保险业的增长与扩充。

（5）财政部：筹措财源，提供资本给（可能成立的不止一个）国有信用增强/担保公司或机构，并代表国家对上述国有信用增强/担保公司或机构提供最强有力的信用担保。

（6）国务院国有资产监督管理委员会：依照法定职责^①，对上述国有信用增强/担保公司或机构进行日常管理与监督。

（7）教育部：对提供助学贷款的国有信用增强/担保公司进行政策指导。

另外值得一提的是，先进国家的金融体系多有走向"金融控股公司"的趋势^②，我国自然也不例外，金融业或集团也以各种不同的面貌实现金融业的跨业经营，如银行下设（或投资）证券公司、信托公司等的"综合银行"，保险公司并购、设立银行都早已发生多例，虽无金融控股公司之名、却有金融控股公司之实，未来对于我国现行的金融分业监管体制一定会成为重大的挑战（如前面所提到的"银信合作"逐渐延伸到包括

---

① 1. 根据国务院授权，依照《中华人民共和国公司法》等法律和行政法规履行出资人职责，指导推进国有企业改革和重组；对所监管企业国有资产的保值增值进行监督，加强国有资产的管理工作；推进国有企业的现代企业制度建设，完善公司治理结构；推动国有经济结构和布局的战略性调整。2. 代表国家向部分大型企业派出监事会；负责监事会的日常管理工作。3. 通过法定程序对企业负责人进行任免、考核并根据其经营业绩进行奖惩；建立符合社会主义市场经济体制和现代企业制度要求的选人、用人机制，完善经营者激励和约束制度。4. 通过统计、稽核对所监管国有资产的保值增值情况进行监督；建立和完善国有资产保值增值指标体系，拟订考核标准；维护国有资产出资人的权益。5. 起草国有资产管理的法律、行政法规，制定有关规章制度；依法对地方国有资产管理进行指导和监督。6. 承办国务院交办的其他事项。

② 宋建明. 金融控股公司理论与实践研究[M]. 北京：人民出版社，2007 年 6 月.

证券与保险业务就是一个最简单的体现），因此鉴于美国在金融海啸的失败前例以及欧洲国家、日本、我国台湾地区等已经实施的监管一体化的做法，我国虽然不必然要在短期内改变目前"三会分立"的体制，但也应该至少及早思考建立跨部委的全面性金融监管协调机制，防微杜渐，以确保我国的金融稳定与健全发展。

9.3.3 标准化产品与市场构建

首先来回顾一下美国金融资产证券化的历史，表 4.4 整理了美国历来住房贷款相关的重要法案。美国之所以有今天全世界最发达的金融资产证券化市场，其起因是 20 世纪 30 年代的经济大萧条，银行体系崩溃，大众的中期住房贷款被垂死的银行收回而不能续贷，导致很多人失去自有住房，更加深了社会的动荡不安，于是老罗斯福政府首先在 1932 年通过立法成立"联邦住房放款银行理事会"以及相关的"联邦住房放款银行系统"，前者监管联邦注册的储贷机构，后者提供储贷机构流动性，先稳定住房贷款的市场；然后美国在 1933 年通过《自有房屋人放款法案》，在联邦住房放款银行理事会辖下成立"自有房屋人放款公司"，首创长期、固定利率、摊还式住房贷款对已借住房贷款者做再融资，降低住房贷款违约率。"自有房屋人放款公司"只运作了三年，并于 1951 年关闭，历史上也比较少有人提及，但是该公司首创的长期、固定利率、摊还式住房贷款大幅降低了借款人的风险，是后来美国住房贷款市场能够顺利发展的一个极为重要的因素。

在这之后，美国 1934 年通过《自有房屋人放款法案》成立了联邦住房署，对于合格贷款提供保证，并扩大推动长期、固定利率住房贷款；1938 年，经由《自有房屋人放款法案修正案》成立联邦国民住房贷款协会，购买联邦住房署保证的住房贷款；1944 年，经由《军人调适法案》，创立退伍军人署住房贷款保证计划，并由联邦国民住房贷款协会于 1948 年起开始购买退伍军人署保证的长期低利住房贷款，业务迅速成长，自此长期、固定利率、摊还式住房贷款确定成为美国放贷市场的主流标准商品。之后，1954 年，《联邦国民住房贷款协会章程法案》将联邦国民住房贷款协会由政府机构改组为混合股份公司；1968 年，《住房及都市发展法案》授权成立内阁层级的"住房及都市发展部"，并将联邦国民住房贷款协会分拆成为（私人股份制公司）房利美及（政府公营公司）政府国民住房抵押贷款协会：前者任务不变，而且要购入中低收入者购屋贷款；后者是住房及都市发展部下属机构，为退联邦住房署、退伍军人署及其他政府机构担保的住房贷款的证券化提供进一步的信用保险。1970 年，经由《紧急住房融资法案》，在联邦住房放款银行理事会之下，由联邦住房放款银行系统投资 1 亿美元成立联邦住房放款抵押公司（房地美），从储贷机构购买住房贷款，并授权房利美、房地美买卖非由政府机关保证的住房贷款。房地美公司于 1971 年发行非政府机关保证的房贷支持债券，首开发行资产支持证券的先河，这 30 多年的期间是美国（无意中）发展了一个非常成功的住房贷款证券化市场的过程，经由住房贷款证券化的经验及得到的知识也为其他类金融资产的证券化开辟了一条大道。

我们综合美国这段早期就得到成功的经验，可以简单归纳为下列几个重要的关键因素：

（1）住房贷款对社会很重要，在规模上够大，足以形成一个经济上有意义（economically meaningful）的市场。

（2）美国自 20 世纪 30 年代起，长期、固定利率、摊还式住房贷款逐渐成为了市场的主流商品，其后纵然有各种各样其他的房贷商品出现，但是并无损于长期、固定利率、摊还式住房贷款的领导地位，而这种主流、标准化房贷支持的近于标准化的债券也让房贷支持债券很容易被所有市场参与者所接受，有助于房贷支持证券市场的蓬勃发展。

（3）直到次贷危机之前，美国的房贷支持债券市场运作一直都非常成功，一个很重要的因素是住房政策与相对的金融业的信用政策。在克林顿政府之前，美国的住房政策固然也有些类似于中国人所说的"住者有其屋"，然而政府并不强迫任何机构一定要放款给信用不足的个人，因此无论是主要的几个政府资助企业或是一般从事房贷业务（尤其需要从政府资助企业获得产品流动性）的机构都维持了相当严谨的发放标准，也就等于是维持了房贷支持债券品质的均一性。

（4）最后一项重要的成功因素就是政府的积极参与，我们可以说美国房贷支持债券市场的成功是有着美国 AAA 主权债信在背后提供支持。从一开始的联邦住房放款银行理事会、联邦住房放款银行系统、自有房屋人放款公司、联邦住房署、联邦国民抵押贷款协会、政府国民抵押贷款协会以及联邦住房放款抵押公司等，有的机构在一级发行市场提供政府保证，有的机构为二级市场提供流动性，通力合作造成了一个成功的大市场。

如果再回头看中国在 21 世纪初发展金融资产证券化的情况来做一个对比，从本书第一章中整理的资料可以发现，当时的盛况确实可以用百花齐放来形容，学者专家做了很多深入精辟的研究，各种不同类型的资产与现金流（包括银行的不良资产）被拿出来证券化，也可以说颇有成就，然而这种方式（各式各样的基础资产，甚至还包括了品质很差的银行不良资产）应该只适用于一个非常成熟的资产证券化的市场，而不适用于中国当时才迈入现代化不久的金融环境，所以终究在往后数年之间没有能够让资产证券化维持增长的动能。笔者认为，中国在21世纪初推动金融资产证券化在战略上是绝对正确之举，然而无论背景原因如何，在发展初期任由百家争鸣发展出很多轻薄短小的产品，而没有去从政府主导推动一个大型、具有重大经济意义的市场着手，是一个严重的战术失误；如果中国从21世纪初就能够逐步开始建立起一个有效的房贷支持债券市场，从而带动整个资产证券化的发展，相信今天中国的资本市场与住房市场可能会有一个完全不同的面貌。因此，如果中国要重新推动金融资产证券化，应该从这一方面的基础思考着手。

9.3.4 产品市场切入点与市场组织

在本书的绪论当中，笔者就借鉴先进国家的经验，提出住房贷款、学生助学贷款与（中小）企业贷款是三个未来中国应该侧重的金融资产证券化的项目，然而这三个项目在本质上有相当的不同，应该也有不同的做法。

9.3.4.1 住房贷款

笔者参考美国的成功经验，做出如下建议。

1.【供给面1】

中国目前在中央政府里设有住房和城乡建设部[①]，以国土资源部为

[①] 住房和城乡建设部的权责：（一）承担保障城镇低收入家庭住房的责任。拟订住房保障相关政策并指导实施。拟订廉租住房规划及政策，会同有关部门做好中央有关廉租住房资金安排，监督地方组织实施。编制住房保障发展规划和年度计划并监督实施；（二）承担推进住房制度改革的责任。拟订适合国情的住房政策，指导住房建设和住房制度改革，拟订全国住房建设规划并指导实施，研究提出住房和城乡建设重大问题的政策建议；（三）承担规范住房和城乡建设管理秩序的责任。起草住房和城乡建设的法律法规草案，制定部门规章。依法组织编制和实施城乡规划，拟订城乡规划的政策和规章制度，会同有关部门组织编制全国城镇体系规划，负责国务院交办的城市总体规划、省域城镇体系规划的审查报批和监督实施，拟订住房和城乡建设的科技发展规划和经济政策；（四）承担建立科学规范的工程建设标准体系的责任。组织制定工程建设实施阶段的国家标准，制定和发布工程建设全国统一定额和行业标准，拟订建设项目可行性研究评价方法、经济参数、建设标准和工程造价的管理制度，拟订公共服务设施（不含通信设施）建设标准并监督执行，指导监督各类工程建设标准定额的实施和工程造价计价，组织发布工程造价信息；（五）承担规范房地产市场秩序、监督管理房地产市场的责任。会同或配合有关部门组织拟订房地产市场监管政策并监督执行，指导城镇土地使用权有偿转让和开发利用工作，提出房地产业的行业发展规划和产业政策，制定房地产开发、房屋权属管理、房屋租赁、房屋面积管理、房地产估价与经纪管理、物业管理、房屋征收拆迁的规章制度并监督执行；（六）监督管理建筑市场、规范市场各方主体行为。指导全国建筑活动，组织实施房屋和市政工程项目招投标活动的监督执法，拟订勘察、设计、施工、建设监理的法规和规章并监督和指导实施，拟订工程建设、建筑业、勘察设计的行业发展战略、中长期规划、改革方案、产业政策、规章制度并监督执行，拟订规范建筑市场各方主体行为的规章制度并监督执行，组织协调建筑企业参与国际工程承包、建筑劳务合作；（七）研究拟订城市建设的政策、规划并指导实施，指导城市市政公用设施建设、安全和应急管理，拟订全国风景名胜区的发展规划、政策并指导实施，负责国家级风景名胜区的审查报批和监督管理，组织审核世界自然遗产的申报，会同文物等有关主管部门审核世界自然与文化双重遗产的申报，会同文物主管部门负责历史文化名城（镇、村）的保护和监督管理工作；（八）承担规范村镇建设、指导全国村镇建设的责任。拟订村庄和小城镇建设政策并指导实施，指导村镇规划编制、农村住房建设和安全及危房改造，指导小城镇和村庄人居生态环境的改善工作，指导全国重点镇的建设；（九）承担建筑工程质量安全监管的责任。拟订建筑工程质量、建筑安全生产和竣工验收备案的政策、规章制度并监督执行，组织或参与工程重大质量、安全事故的调查处理，拟订建筑业、工程勘察设计咨询业的技术政策并指导实施；（十）承担推进建筑节能、城镇减排的责任。会同有关部门拟订建筑节能的政策、规划并监督实施，组织实施建筑节能相关工作，推进城镇减排；（十一）负责住房公积金监督管理，确保公积金的有效使用和安全。会同有关部门拟订住房公积金政策、发展规划并组织实施，制定住房公积金缴存、使用、管理和监督制度，监督全国住房公积金和其他住房资金的管理、使用和安全，管理住房公积金信息系统；（十二）开展住房和城乡建设方面的国际交流与合作；（十三）承办国务院交办的其他事项。

辅，就可以作为住房贷款证券化的政策指导机关，并由财政部注资成立"中国住房贷款担保有限公司"（建议名称），该公司的债信自然就"相当"于国家债信（但是长期应该考虑修改担保法第 8 条的规定，明确该公司的债信由国家担保），比照银行由银行业监督管理委员会监管。中国住房贷款担保有限公司的角色类似于美国的吉妮美；由于吉妮美是负有特定政策任务的政府机关，它所担保的房贷支持债券在 2007 年发生的次贷危机中完全没有受到影响，可作为我国发展住房贷款证券化的良好借鉴。

（1）中国住房贷款担保有限公司的主要任务是设定该公司担保的新房贷发放标准（包括标的住房的建造、质量标准），金融机构合于发放标准的新住房贷款则予以信用保证，并收取保证费作为收入（但并不以营利为目的），然后房贷交由原始房贷发放机构发行房贷支持债券，并规定这类房贷支持债券必须有若干百分比以上必须出售。

（2）中国住房贷款担保有限公司的担保新承做房贷产品设计为固定利率、20 年期以上、分期摊还式，固定利率依照同期国债小幅加码；房贷的性质总以经济性住房为主，以确保中低收入者"住者有其屋"的目标能够达成；每一笔放款的本金保证限额依照各地的状况来设定。

（3）对于建造经济性住房以合理租金出租给暂无购屋能力的民众居住的个人或企业，中国住房贷款担保有限公司也提供相同条件的房贷担保。

（4）民政部[①]仿效美国退伍军人事务部，对于退伍军人办理购房的协助，这类的辅助计划也可以由中国住房贷款担保有限公司来办理；同理，在我国持续关注"三农"之际，如果农业部对于农民在农村地区建

---

① 根据民政部网站（http://www.mca.gov.cn/article/zwgk/jggl/lsyg/）：1998 年，国务院再次进行机构改革，根据第九届全国人民代表大会第一次会议批准的国务院机构改革方案和《国务院关于机构设置的通知》（国发〔1998〕5 号），设置民政部。民政部仍是主管有关社会行政事务的国务院组成部门，其职能做如下调整：（一）划出的职能：将农村社会养老保险职能交给劳动和社会保障部。（二）划入的职能：1. 民办非企业单位的登记管理工作由民政部负责；2. 将国家经济贸易委员会承担的组织协调抗灾救灾的职能交给民政部；3. 国务院退伍军人和离退休干部安置领导小组、国务院勘界工作领导小组撤消后，其工作由民政部承担。

屋、购屋有协助的计划，也可以订出政策交由中国住房贷款担保有限公司来代为执行。总的来说，中国住房贷款担保有限公司可以作为中央一个强而有力的新金融臂膀，从金融资产证券化的角度出发来执行各类以社会安全为目的之小康社会的住房政策。

（5）中国住房贷款担保有限公司担保的房贷支持债券视同国债，是金融机构向央行融通的合格担保品。

2.【供给面2】

由财政部（或汇金公司）注资成立"中国住房贷款投资有限公司"（建议名称），债信的处理比照前述的中国住房贷款担保有限公司，也由银行业监督管理委员会监管。中国住房贷款投资有限公司功能类似美国的房利美，但是该公司应该维持全资国有及国营，才不会发生如同美国房利美与房地美私有或并且上市之后"非官非民"终究酿出大问题的怪现象。

（1）针对中国住房贷款担保有限公司所担保的新住房贷款或房贷支持债券，中国住房贷款投资有限公司提供流动性，收购数量无上限，以建立所有参与者的信心。

（2）针对非合于中国住房贷款担保有限公司担保标准的新住房贷款或房贷支持债券以及现存的"旧"住房贷款，中国住房贷款投资有限公司也应该制定标准，用下列两种方式处理：

A."收购"专案：收购后纳入资产负债表，发行（a）短中长期债券融资；或（b）集中购入的发放条件近似的住房贷款作为特定基础资产池，发行房贷支持债券。

B."交换"专案：发放住房贷款的金融机构得持"合格"的住房贷款至中国住房贷款投资有限公司作为基础资产，缴付一定的费用，换成中国住房贷款投资有限公司名义发行的房贷支持债券。

针对旧房贷专案的执行额度与时机，也可以作为政策调控的工具。

（3）中国住房贷款投资有限公司发行的房贷支持债券视同国债，是金融机构向央行融资的合格担保品。

3. 【中介面】

目前的"中国银行间市场交易商协会"名称改为"中国金融暨资本市场协会"（建议名称），旧英文名称"National Association of Financial Market Institutional Investors"[①]也更改为新的"National Association of Financial and Capital Markets"（建议名称），以符合涵盖市场的范围。该协会原来作为债券市场自律组织的宗旨不变，但是首先应该排除个人会员以及其他非交易商的会员[②]，将组织单纯化，并且把法人会员资格扩大到所有的利率、外汇、贵金属的产品交易商，市场的涵盖面从现有的银行间债券市场、同业拆借市场、外汇市场、票据市场和贵金属市场扩大，尤其把银行间债券市场扩展（依照产品类别区分的）并再加以细分为货币市场、企业债券市场、金融资产证券化产品市场、国债市场，各自成立专业委员会，制定各个市场的交易、清算交割的规则。对于比一般债券更复杂的金融资产证券化产品，未来会有数量极大的债权组成大量的资产池被包装成为证券化商品，每个月都会有大量的还本付息信息必须要披露给市场参与者，使得清算交割的工作较一般的债券更多、更复杂，资产证券化专业委员会可以参考美国市场在这方面实施多年的经验，与中国住房贷款担保有限公司、中国住房贷款投资有限公司等机构密切合作，建立良好的交易制度、清算交割的流程，开发远期、各种新式期权的避险对冲商品，以二级市场的发展回头鼓励住房贷款一级市场的发展。

4. 【需求面】

在投资人方面：

（1）保险监督管理委员会制定相关的资本规则，鼓励保险公司购买

---

① 中国银行间市场交易商协会的中英文名称并不相符。
② 其他非交易商的会员应该自己成立各自的会员组织，统一该行业的意见，或可作为中国金融暨资本场协会的附属会员，来与中国金融暨资本场协会磋商、合作。

具有等同国家债信的长期房贷支持债券，来对应匹配保险公司资产负债表上的长期负债，此举不但能强化保险公司的资产负债管理，更等于用人民币的长期债券取代外币的长期债券，规避了大量的外汇风险。

（2）证券监督管理委员会准许证券投资基金业募集新债券基金，投资于房贷支持债券。

（3）银行业监督管理委员会鼓励银行业承做合于中国住房贷款担保有限公司发放标准的新式房贷，也推动将旧有房贷出售给中国住房贷款投资有限公司或与其交换房贷支持债券，增加银行业资产负债表流动性，借以强化资产负债结构，降低资本压力。

（4）人民银行逐步开放海外人民币离岸中心投资房贷支持债券业务。

（5）全国社会保障基金可以投资于中国住房贷款担保有限公司保证或中国住房贷款投资有限公司发行的房贷支持转手债券。

（6）全国各地的住房公积金都可以投资于中国住房贷款担保有限公司保证或中国住房贷款投资有限公司发行的房贷支持转手债券，赚取收益，也相当于将住房公积金全程、提早投入民众的住房需求。

5.【产品面】

在中国住房贷款担保有限公司保证或中国住房贷款投资有限公司发行的房贷支持转手债券累积到一段时间以后，证券监督管理委员会鼓励证券业以高品质的房贷支持转手债券作为基础资产发行多档次房贷支持债券，促成产品的多样化，提供给投资人更多资产负债管理、风险管理的工具。

6.【研究与信用评级】

金融监管机构在发展金融资产证券化市场实体运作的同时，也要注意研究的重要性，这对于投资人的接受度有直接而重大的影响。金融资产证券化在海外发展已有数十年的历史，海外也有不少的华人精英投入其中，政府应该协助业者到海外招揽华人专家归国，共同加速参与这个新市场的发展，可以收到事半功倍的效果。我们举两个例子，第一是在住房贷款的基础研究方面，如何收集房贷还本资料，如何运用恰当的统计方法以充分明了借款人行为等；第二就是在产品规格方面，如何制定中国的"提早还款"（PSA）计算标准，如何计算各种复杂的现金流，都可以借助华人专家的经验在较短时间内完成，省去摸索的成本。同等重要的是在信用评级公司方面，我们的金融监管机构应该责成它们及早延揽专家，建立中国自有、先进的"结构融资"数学、统计模型，为未来的其他证券化产品做准备，这都需要资源与时间的及早投入，而且要步步为营，与时俱进；美国次贷危机时各大信评机构的窘状是中国最好的反面教材，它们的怠惰是投资人/整个社会天文数字损失无可否认的一个重要因素。

9.3.4.2　学生助学贷款

由于教育部是全国教育政策的主管机关，事权明确统一，笔者建议采取类似前述房贷（但是更为简单）的方式来推动学生助学贷款的证券化。

学生的就学经济来源不外乎来自家庭/储蓄、公私奖学金、政府补助以及学生助学贷款，如果前三者都还不足以满足学生完成学业的需要，从任何的角度来看，协助资质优秀、有志求学但是经济能力不足的学生以融资的方式完成学业，才是对于优质人力资源最有效的培养，也是未来国家、社会的希望所系。笔者建议：

（1）教育部对于大专（含）以上本科及研究所学生的负担依照学校、所在地生活水平等条件制订出客观标准，并整合所有对于学生的直接补助预算（包含奖、助学金），作为对于学生整体财务辅助的审核基础。审核的权限下放到各大专院校，由各校依照教育部订定的标准制作出有财务需求学生的评估，然后交由金融机构从事对学生必要的放款。

（2）教育部拨款成立"中国教育担保有限公司"（建议名称），政策、业务由教育部领导，债信的处理比照中国住房贷款担保有限公司，也比照由银行业监督管理委员会监管。中国教育担保有限公司的首要政策任务是学生助学贷款的利率定价，对于金融机构的合格学生助学贷款予以保证，并收取保证费作为收入。

（3）学生助学贷款的产品设计为固定利率、分十年摊还，利率定价为同期间国债小幅加码。学生在学期间，依照一年期国债/国库券付息或采取"负摊还"方式（利息每年滚入本金一次），学生毕业后三个月开始还款，特殊情况（如明文规定入伍参军或者到特别艰困地区服务者）可以申请延后或者豁免。

（4）另外，因为学生在学期间无法还本，在大规模办理学生助学贷款的初期难以将学生助学贷款予以证券化，因此可能也必须参考住房贷款证券化的做法，成立"中国教育投资有限公司"（建议名称）或由中国教育担保有限公司兼营"收购"及"交换"学生助学贷款的业务，以创造一个有良好流动性的二级市场。

（5）原则上，学生助学贷款的各项做法基本上都可以比照房贷市场，然而最大的不同在于住房贷款通常是有比较优良担保品的抵押贷款，而学生贷款是无担保放款，因此"信用"是学生贷款的关键所在。从前章有关学生助学贷款的研究看来，美国的学生助学贷款的违约率较高，其原因不外乎经济不景气、原贷款产品设计有问题（如高利率私人学生贷款）或者选择违约的年轻人信用意识薄弱，毕业后遇到还款有困难就一走了之，因此如何能够兼顾学生的前途与金融机构的收回放款就是一个非常重要的课题。笔者认为，良好的个人征信制度让民众从年轻时就建立正确的信用意识与良好的信用记录，是中国在鼓励消费时所亟需注意的重要课题。

中国个人信用制度起步较晚，中国人民银行为了刺激国内消费以提振内需市场，于1999年3月颁布《关于开发个人消费信贷指导意见》，提出逐步建立个人消费贷款信用中介制度和信用制度。之后，中国人民银行和上海市信息办于2000年2月联合发布《上海市个人信用联合征信试点办法》，为个人联合征信提供了法律依据，由上海市率先在全国开办个人联合征信体系[①]。人民银行后续在 2003 年成立了征信管理局，负责中国征信体系建设，并作为征信行业的监管机构，负责规则的制订和行业监管，于 2006 年初实现了个人与企业的银行信贷登记咨询系统全国联网；人民银行又于 2006 年成立征信中心，负责企业和个人征信系统的运营，形成了职责上的明确分工，有利于征信体系的长期健康发展。

国务院在 2012 年 12 月 26 日举行的第 228 次常务会议就通过了《征信业管理条例》，自 2013 年 3 月 15 日起施行。中国人民银行为贯彻落实十八届三中全会关于"建立健全社会征信体系"的要求，配合《征信业管理条例》的实施，在 2013 年 12 月颁布实施了《征信机构管理办法》，自 2013 年 12 月 20 日起施行。《征信机构管理办法》中明确要求设立个人征信机构，同时完善了个人征信机构市场退出程序，这个办法和《征信业管理条例》等法律、法规共同构成征信机构管理的制度框架，在促进征信机构规范运行、保护信息主体合法权益等方面发挥重要作用[②]。

在个人征信方面，为了充分保护个人信息主体的合法权益，《征信机构管理办法》完善了个人征信机构设立时所应具备的条件，明确要求设立个人征信机构，要严格遵守《征信业管理条例》规定的条件，应具有健全的组织机构、完善的业务操作、安全管理、合规性管理等内控制度，且信用信息系统应当符合国家信息安全保护等级二级（或以上）的标准。同时，《征信机构管理办法》完善了个人征信机构市场退出程序，着重解决了数据库处理流程和征信机构退出流程的衔接问题；在监管措施方面，明确征信机构报告要求的基础上，建立了重点监管制度，规定在征信机构出现严重违法违规行为、可能发生信息泄露、出现财务状况

[①] 骆三郎. 中国大陆征信体系发展现况与银行信贷登记咨询系统[J]. 台北：华南金控月刊，19 期，2004 年 7 月.

[②] 新华网. 央行颁布征信机构管理办法要求设个人征信机构. 2013 年 12 月 03 日，来源：中国新闻网（http://big5.xinhuanet.com/gate/big5/news.xinhuanet.com/fortune/2013-12/03/ c_125802042. htm）。

异常或严重亏损以及被大量投诉等情形时，人民银行可以将其列为重点监管对象，酌情缩短业务开展情况报告周期、信息系统安全测评周期，并采取相应的监管措施。此外，《征信机构管理办法》也细化了对个人征信机构高级管理人员的任职管理要求。

《征信业管理条例》与《征信机构管理办法》的及时通过与实施，替征信业的市场化铺路，更为金融资产证券化的准备工作适时提供了巨大的助力。征信业从任何方面来说，都是一个现代化金融市场不可或缺的一环，也是当前中国金融体系一个重大的进步，如果未来个人征信制度推广实施成功，全国各个、各处个人征信公司真正能够实行联网，任何一个放款机构就可以对于借款人整体收入、资产负债、准时还款等情况一目了然而做出适当的信贷决定，降低放款违约呆账的风险；单纯对于金融资产证券化而言，是从根本上强化基础资产的品质，对于金融资产证券化的健全发展有非常重大的意义，这是我们在推动金融资产证券化时必须特别予以关注的重大课题。

9.3.4.3 企业债权

企业债权（无论是中小企业或大企业）证券化与住房贷款及学生助学贷款证券化不同之处在于，企业债权证券化的本身不需要政府直接的参与，而需要的是政策与监管上的配合：

（1）笔者认为，"银信合作"的地下资产证券化的方法最终应予以禁止，而以正规的企业债券证券化取代，不但增加对于一般小额投资人的保护，而加入了法人投资人在证券化市场的参与，银行资产负债表的透明度会大大提高，政府对于信贷管制的有效度也会因而大大增加。

（2）银行业监督管理委员会以及中国人民银行应该强力要求金融机构及早全面遵照"巴塞尔资本协议 II"（尤其是第二支柱）中的规定实施各项风险资本管理的相关作为，这是上面第一点的配套，以增加金融机构资产负债表的透明度，加强金融机构将企业贷款做适度证券化的动力。

（3）银行业监督管理委员会以及中国人民银行应该推动优良信用文

化的建立，敦促各个金融机构加强独立征信、分析、判断能力的建立，并整合各处、各个征信机构的资料库，才能发挥征信资料库最大的效用。以中国台湾地区的"财团法人金融联合征信中心"的经验为例，建立单独企业法人的相关资料相对容易，但是要能建立企业集团正确的纵向与横向的联属关联资料才是征信系统最大的挑战，这需要极大的决心与投入资源才能成功。

（4）笔者建议，在继续推动企业债券证券化的初期，证券化的形式最好先从最典型的形式开始（如前面第八章中所列举），以免初期就孳生流弊，扼杀了市场的生机；待企业债权证券化达到了一定成熟的阶段之后再允许新模式、新金融商品的使用；至于信用违约交换类新金融商品的使用，例如准入承做的机构资格、名目金额的限制、监管资本等各方面的要求，我国的监管机构应该要有更为缜密的思考，不能完全依循国外比较放任的做法而重蹈次贷风暴的覆辙。

（5）笔者也建议，"一行三会"应该及早组成专案协调机制，针对各个行业的资本管理规则进行检视，对于差异太大之处进行统一，以避免欧美各国普遍的"监管套利"的情事发生，为另一波金融风暴制造形成的条件。

9.3.5　其他方面的观察

笔者在本章中从美国次贷风暴的失败经验、中国的现实环境，谈到了对于中国未来继续推动金融资产证券化的具体建议，然而以金融资产证券化为出发点，对于整体的金融管理与经济政策还有下列几点观察与建议：

（1）从美国的悠久的经验来看，一个金融机构的成功与壮大真正的关键在于文化与人才，我们在本章前面就提到两个对比鲜明的例子：雷曼兄弟与高盛公司。雷曼兄弟与高盛创立的时间相差不远，在历史上雷曼兄弟的声誉还曾一度超越高盛，然而在21世纪刚开场的数年之间，高盛能够在次贷风暴之中大赚数百亿美元后全身而退，雷曼兄弟控股公司却以破产收场令人不胜唏嘘。以笔者的观察，这两家最大的差别就在于对于公司的文化与金融专业的重视程度不同。高盛公司素来是以最好的待遇从第一流的学校吸收最优秀的毕业生来加以培养，比较少从外部直接选用人才，而且公司非常强调"团队合作"，尽管公司内部竞争仍然激烈，但是只有最优秀的人选才能历经多年的考验后脱颖而出成为执行长来带领公司，独特的人才培养政策使得部门之间的合作早已经成为牢不可破的公司基因，因而才能形成一支常胜军；反观雷曼兄弟就是一个典型的华尔街投资银行，完全以追逐短期的利润为目标，最后一任（也就是破产前的）执行长迪克·福德早年是债券交易员，但从雷曼兄弟破产前的经过来看，他的知识早已经与市场脱节，管理也只能用一塌糊涂来形容，房贷债券部门与高收益债券部门的业务方向完全背道而驰，所以雷曼兄弟的倒闭也是有迹可循的。此外，两家公司的公司治理也有极大的差别，高盛公司延揽世界级的企业家进入董事会，而雷曼兄弟则多用年纪大、意见少的退休企业家作为样板，虽然董事会的作用可能有限，但是两家公司对于董事会的组成/公司治理的作法也十足反映了公司对于专业经营的态度。在次贷风暴里需要英国政府来拯救的苏格兰皇家银行与雷曼兄弟的状况有点类似，其执行长古德温（Fred Goodwin）是会计师、而非银行业者出身，头脑聪明，但管理作风极为粗暴、独裁，又缺乏从事金融业应有的风险意识，往往只注重纸面上的管理指标是否能够达成，长久以来都是用并购作为业务增长的主要手段，等到集团规模达到极为庞大而且又难以再进行并购时，又转身向内定下非常不切实际的高额业绩增长目标，此时恰逢次贷、CDO 风行，其美国子公司 Greenwich Capital[①]也陷入了这两者的旋涡，而在此时古德温又再次说服了董事会（联合了比利时的 Fortis 金融集团和西班牙的 Santander 金融集

---

① RBS 经由并购国民西敏银行而取得的美国子公司，也是美国纽约联邦储备银行认可的主要债券交易商之一。

团）并购荷兰银行（ABN AMRO），终于导致了存款流失而被政府接管，足为"做大"而不能"做强"者引以为戒①。中国金融业在现代化的进程中势必要走向国际化，与高盛之类的公司短兵相接已经开始，我国的金融人才如何培养、金融企业文化如何建立、金融经营管理专业如何生根、金融机构的公司治理如何强化，都是我们在推动人民币国际化（也就是汇率自由化）与利率自由化时要特别思考的大问题。

（2）无论在哪一个行业，政府的监管都是非常严肃的问题。美国的金融机构至少在理论上是受到严格的监管，但是在实际上由于监管体系的（联邦与地方的分权和官僚主义、三权分立等所导致的）破碎化②，加上一些准金融机构（如房贷公司）未被监管，成为了次贷危机的导火线之一；另外一个例子就是电力市场，由于终端消费市场的电力价格受到管制，但是上游的发电、供电市场却已经解除了大部分的管制，导致发达国家如美国也三不五时在不同地区（如近年曾发生在富庶的加州）出现人为的电力荒，因此市场在逐渐走向自由化、市场化的过程中，如何有秩序开放/自由化并仍然维持适度的管制/监管是市场经济成败的一个重要关键，笔者认为良好的配套政策是我们最应该关注的。再看我国，在推动利率自由化进程中，最近最先解除的管制是银行放款利率下限，一时之间大众的期待就是放款利率下降、中小企业也可以取得银行的贷款，虽然目前解除管制还在初期，没有数据显示成效如何，但是在缺乏其他配套的情形之下，我们只能合理推论已经有能力取得银行资金的企业的资金成本会下降，如果银行的征信文化薄弱，征信资料不齐全，授信判断能力不足，银行的授信行为会很难改变，我国的中小企业会永远存在融资的问题，对我国经济长期发展不利；其次，对于存贷比及资本的管制，导致银行在贷款方面与信托业合作，推动所谓的"银信合作"，

---

① 并购完成时，RBS 的资产负债表规模为 1.9 万亿英镑，超过当年（2008）英国国内生产总值（约 1.5 万亿英镑），成为全世界最大的银行。

② 英国的戈登·布朗（Gordon Brown）于 1997 年初任英国财政大臣时，推动金融监管制度的革新，成立了 Financial Services Authority（FSA），也造成了英国金融监管体系的破碎化。

将信贷"理财产品化",规模异常庞大,以规避资本的监管;另一方面,将高利存款包装成结构式存款的"理财产品",以规避存贷比的监管,因此我国目前的银行业资产负债表可能并不能真实反映银行业经营的实况,更没有反映金融体系的风险程度。因此,推动金融资产证券化也并不是推动一个单纯的产品,更大的意义是对于金融体系的资产负债表做一个整理与重分配,需要全面性的政策配套,将银行业(间接融资)过多的负担转为直接融资(金融资产证券化),经过资本市场的运作,转给保险业与基金业等行业来承接,以促进大众投资管道的多元化,并扶助各个金融业种的成长。未来我国有望取代美国成为世界最大的经济体,人民币也有望成为世界主要的贸易货币之一,金融体系与制度和相伴的金融监管体系与制度的更加健全是我们今天起就要思考的重要议题。

(3)第三个观察有关于金融机构经营的稳定。我们从美国的成功与失败两方面的经验来看,金融机构的股票挂牌上市在次贷风暴中扮演了一定的角色,然而尤其是受景气循环影响大、获利波动大的证券/投资银行业上市已经是一个无法被扭转的事实。在次贷风暴之中,美国财政部首先把 TARP 专案收购资产的款项从收购金融机构的资产转向购买金融机构自身的股票,强迫"大到不能倒"的金融机构接受政府注资,变相将这些金融机构(暂时)国有化,同时因为大众认为银行可以吸收存款,有足够的流动性与存款保险,火速允许高盛、摩根史丹利等投资银行转为银行控股公司[①],才稳定住摇摇欲坠的美国金融体系。在次贷风暴之后,美国政府对于证券公司的监管并没有太大的改变,也许是因为高盛、摩根史丹利等大型投资银行转为银行控股公司,而对银行业务做了更多的限制,例如《多德-弗兰克法案》限制银行的自营业务,迫使银行分拆

---

① 雷曼兄弟控股公司没有得到同样的待遇而破产,也让财政部饱受批评。据美国投资银行内部人员告知,这些新成立的银行基本上收受大额批发式的存款或拆入短期资金,很大一部分业务是进行并购相关的高收益放款(high-yield loan 或 HLT loan),然后迅速以证券化的方式出售,与以前从事的"商人银行"(merchant bank)业务没有太大的差别,只是给了这些投资银行一个新的业务平台。

出售自营业务或很多交易员离开银行去成立独立的对冲基金，虽然证管会对于对冲基金有更多的披露规定，对冲基金业的长期发展还有待观察。当然，建立规则的出发点虽好，但也不代表监理没有漏洞，摩根银行在2013 年就被发现伦敦的一些交易员以对冲为名做了天文数字的复杂信用衍生性商品交易，亏损达到 60 亿美元以上，被英美两国的金融监管机构重罚，其后一连串的内控问题的暴露，也让摩根银行管理到位、安度次贷危机的好名声受到非常严重的打击。所以"徒法不足以自行"，金融机构经营管理的专业水平才是金融体系健全稳定的保障，这是中国金融体制在这方面应该可以做得比美国更好的地方。再者，由于证券业的融资多半来自于货币市场（如附买回（repurchase agreement 或简称 repo）），资本规则与银行业不同，在世界各国都有走向金融综合经营化趋势的今天，我国的"一行三会"应该及早成立协调的机制，甚至考虑"三会合一"，针对（1）各相关行业的资本规则与资金结构统一规划；（2）新金融产品的开放、许可统一审查，以确保我国金融体系的稳定，避免未来各种潜在金融危机的发生；（3）加速国内金融市场的自由化，及早形成完整的多样化、短中长期产品皆备、面向个人及法人开放的固定收益市场，健全我国资本市场分配资源的功能，为我国未来的经济发展提供更大的推力。这中间必不可少的成功要素，就是中央决策领导阶层最宏观的眼界，确保各方面所有的政策都能够在同一口径上向同一个目标迈进。

（4）最后我们要谈的是从金融资产证券化的角度所看到的一些相关的、比较综合性的问题包括：

①目前大家所谈到的中国"房价泡沫"，其实它一部分反映的是中国的一般民众缺乏足够多的投资管道与投资产品，所以实体的房地产成为比较富有的民众的主要投资去处，"银信合作"的信贷类理财产品则是投资产品稀缺的另外一个表征。

②由于征信能力的不足，大型金融机构倾向于放款给大型（尤其是公营企业）集团，中小型企业从银行取得融资相对比较困难。大型企业

取得资金之后，本业可能成长机会有限，但因为房价在过去持续向上攀升，最简单的决策就是高价抢购土地来从事房地产开发，形成一个房地产价格上涨推升投资诱因的非良性循环。

③地方政府在缺乏足够财政收入的压力之下，"卖地"收入成为主要的财源，卖地的收入其实是预收未来土地的租金，所以在这个房主只有有限的土地使用权的基础上再对房主征收房产税的理论基础是比较值得需要检讨的；另外一个被广泛讨论的就是"地方融资平台"，其实这也只是反映了地方政府缺乏良好的收入来源。笔者建议，我国应该及早思考税务改革，改善地方政府财务，并仿效先进国家，考虑建立规范化的市政债券（municipal bond）市场[1][2]，双管齐下，把地方政府财政导入正轨。由于经济成长率是我国政府考核地方官员的硬指标，地方卖地收入常用来推动地方建设作为政绩，容易滋生政绩工程的流弊，所以最近中央调整部分官员考核硬指标的做法，值得肯定。

④我国地方政府"卖地"，其实卖出的是土地数十年的使用权。土地使用权的例子在外国也不乏其例，如英国就有很多土地仍然属于某贵族家族或教会所有，因此在房地产出售的广告上都会注明是否为可自由转让的土地或仅为土地使用权，租期还剩若干年等信息，然而英国的都市/土地规划稳定，地主通常只会在土地租约到期时要求房屋所有人缴交

---

① 国外的市政债券在我国称为"地方政府债券"。事实上，为了增加地方政府的融资渠道，我国从 2009 年起就开始了地方政府债券的发行。2009 年和 2010 年间，所有地方政府债券的发行都是由财政部代理的；2011 年底，中央政府推出试点计划，允许浙江省、广东省、上海市和深圳市自行发债，但还仍然还是"自发代还"的形式。2013 年底公布的地方政府债务状况显示，截至 2013 年 6 月份地方政府的负债总额升到了创纪录的 17.9 万亿元，较 2010 年的 10.7 万亿元增长 67%。财政部于 2014 年 5 月 21 日公布了《2014 年地方政府债券自发自还试点办法》，明确 2014 年上海、浙江、广东、深圳、江苏、山东、北京、江西、宁夏、青岛试点地方政府债券"自发自还"，对试点地区发行政府债券实施"年度发行额管理"，全年发行债券总量不得超过国务院批准的当年发债规模限额（根据 2014 年的赤字计划，政府把年度的地方政府债券发行额度增加到了人民币 4,000 亿元）；2014 年债券发行期限为 5 年、7 年和 10 年，结构比例为 4:3:3。此次虽然又增加了北京、江西、宁夏、青岛四个省市，让试点地区总共达到了 10 个，但是"市政/地方债券"市场整体还是处于试验的阶段。

② 在一个比较规范化的市政债券市场里，发行债券的地方政府的岁入、岁出预算必须透明化，信用评级机构才能够据以对这些债券进行评级与追踪，给投资者作为参考。依照国外的经验，地方政府可以考虑对于本地投资人的利息收入予以税务上的优惠，以加强市政债券的吸引力。

一笔合理的土地使用费，便能再继续使用土地若干年（最长也有至 50
年以上者）。我国自改革开放以来，最早的土地"出售"已达 30 年之久，
70 年的住宅土地使用权时间已经近半，应该开始考量未来土地使用权人
是否能够继续付费使用或者如何继续使用的问题，以稳定住房市场，这
也与推动放贷证券化有着直接的关系。我国的土地使用、住房问题如此
巨大，应该要严肃考虑。

　　⑤最后，笔者认为一个国家最重要的政策莫过于人口政策，人口政
策偏失的后果非常严重，会冲击到所有社会、经济的领域，而偏失的矫
正常非数十年不为功。我国自 20 世纪 80 年代所开展的改革开放固然受
惠于充沛的劳动人口，中国成为"世界的工厂"，累积了大量的外汇储备，
也造就了今日人民币的强势地位，也引出当前利率自由化、人民币国际
化的议题。然而多年来我国实施一胎化的政策与中国人"重男轻女"的
传统加上时间的推移，让人口的结构朝向高龄化发展，对于住房、教育、
经济成长都有莫大的影响。我们乐见最近政府对于人口政策的改革，也
希望借由金融资产证券化对于这些经济领域有正面的贡献。

参考文献

[1] 巴曙松，栾雪剑. 农村小额信贷可获得性问题分析与对策[J]. 经济学家，2009（4）：37～43.

[2] 巴曙松，孟之静，孙兴亮. 金融危机后资产证券化的新特征及监管新动态[J]. 经济纵横，2010（8）：22～26.

[3] 班允浩，杨智璇. 影子银行体系的信用生成机理及宏观效应[J]. 武汉金融，2012（3）：12～16.

[4] 包慧. 地方融资平台私募债衔枚疾走，首单资产证券化或本月发行[EB/OL]. 21世纪经济报道，2012.

[5] 北京青年报. 央行副行长预测五大行明年将首现405亿资本缺口[EB/OL]. 2013年5月5日.

[6] 车茹雅. 美国军工资产证券化对我国的启示[J]. 经济纵横，2012（1）：106～108.

[7] 陈霄. 城市土地资产证券化中的信用增级问题研究[J]. 征信，2010（2）：16～18.

[8] 陈游. 美国贷款转让市场的发展经验及启示[J]. 现代财经，2011（5）：64～70.

[9] 戴晓凤，伍伟，吴征. 我国基础设施资产证券化变通模式的分析与选择[J]. 财经理论与实践，2006（2）：11～15.

[10] 董仕军. 浅议地方政府投融资平台公司的发展方向[J]. 财政研究，2012（4）：53～56.

[11] 董云峰. 资产证券化疾行，资产支持票据即将问世[J]. 第一财经日报，2012.

[12] 杜婷，王胜. 危机后国际银行业金融创新趋势与中国银行业创新方向[J]. 南方金融，2012（2）：43～46.

[13] 21 世纪经济报道. 银信合作新模式绕道而行，银行表外信贷不降反增[EB/OL]. 2012 年 4 月 5 日.

[14] 付敏. 我国资产证券化问题讨论综述[J]. 经济理论与经济管理，2006（4）：75～79.

[15] 傅穹，潘为. 非金融机构贷款人自身融资问题研究[J]. 经济体制改革，2012（3）：130～134.

[16] 何韵. 中国资产证券化问题研究[D]. 西南财经大学博士论文，2010.

[17] 何晓. 行金融市场系统风险与资产证券化的相关性[J]. 财经科学，2010（4）：10～16.

[18] 侯太领. 表外业务发展与监管规避[J]. 中国金融，2011（24）：29～31.

[19] 胡威. 资产证券化的运行机理及其经济效应[J]. 浙江金融，2012（1）：62～72.

[20] 胡燕，胡利琴. 资产证券化反思：宏观与微观视角[J]. 新金融，2012（4）：48～52.

[21] 胡颖森. 新形势下对我国资产证券化实践与发展的反思[J]. 武汉金融，2010（2）：66～68.

[22] 胡志成. 我国企业集团财务公司开展资产证券化业务可行性研究[J]. 上海金融，2010（7）：52～54.

[23] 胡志成，赵永兵. 资产证券化中公司治理结构"破产隔离"之效果探析[J]. 现代财经，2010（8）：70～76.

[24] 胡宗伟. 浙江省资产证券化的现实条件和突破口选择. 金融理

论与实践[J]，2009（2）：45～47.

[25] 华夏时报. 银信合作：4.1 万亿信托资产的躁动[EB/OL]. 2012年 1 月 9 日.

[26] 扈企平. 资产证券化：理论与实务[M]. 李健译. 北京：中国人民大学出版社，2007.

[27] 纪崴信. 贷资产证券化：试点中前行[J]. 中国金融；2012（7）：90～93.

[28] 贾洪文，吴义根. 美国次贷危机对中国资产证券化的再审视[J]. 特区经济，2008（8）：60～61.

[29] 姜玉梅，姜亚鹏，王飞. 住房抵押贷款证券化信用风险宏观影响因素分析[J]. 宏观经济研究，2011（4）：56～61.

[30] 康书生，董捷. 我国住房抵押贷款证券化风险防范研究[J]. 现代财经，2010（10）：9～12.

[31] 柯元. 金融危机下我国实施资产证券化的思考[J]. 财会月刊，2009（12）：29～31.

[32] 孔小伟. 基准利率、国债市场与资产证券化发展分析[J]. 商业时代，2010（19）：61～62.

[33] 孔小伟. 资产证券化与中国的金融发展[J]. 南方金融，2010（1）：60～62.

[34] 李彬. 资产证券化风险的国际扩散与监管问题探讨[J]. 商业时代，2010（19）：63～73.

[35] 李波，伍戈. 影子银行的信用创造功能及其对货币政策的挑战[J]. 金融研究，2011（12）：77～84.

[36] 李浩. 从资产证券化模式的角度看次贷危机的深层次原因[J]. 经济研究参考，2009（6）：20～21.

[37] 李佳，王晓. 次贷危机中资产证券化对金融市场流动性的影响[J]. 金融论坛，2011（1）：25～30.

[38] 李佳．信贷资产证券化是利率市场化的前提和重要步骤 [EB/OL]．证券日报，2012.

[39] 李佳．资产证券化与基础资产的价格反馈机制研究[J]．浙江金融，2012（4）：68～76.

[40] 李佳．资产证券化在系统性风险形成和传导中的作用[J]．金融理论与实践，2012（4）：5～9.

[41] 李倩．信贷资产证券化提速金融市场融合[J]．中国金融，2012.

[42] 李蔚强．试析中国中小企业融资问题[J]．经济问题，2009（2）：73～76.

[43] 李欣．金融危机对我国银行业发展的启示[J]．宏观经济管理，2010（7）：37～47.

[44] 李怡庭．货币银行与金融市场[M]．台北：翰芦出版社，2009.

[45] 李征．美国次债危机与中国资产证券理性[J]．经济管理，2008（5）：6～11.

[46] 李志辉．现代信用风险量化度量和管理研究[M]．北京：中国金融出版社，2001.

[47] 李志辉．中国银行业风险控制和资本充足性管制研究[M]．北京：中国金融出版社，2007.

[48] 李志辉．中国银行业的发展与变迁[M]．上海：上海人民出版社，2008.

[49] 李志辉、黎维彬．中国开发性金融理论、政策与实践[M]．北京：中国金融出版社，2010.

[50] 梁洪杰，王玉．论金融资产证券化法律监管的必要性——基于美国次贷危机的分析[J]．河北经贸大学学报，2010（2）：47～51.

[51] 林毅夫．解读中国经济[M]．台北：时报文化出版社，2009.

[52] 刘长才，宋志涛．基于政策供给的我国资产证券化演进路径分析[J]．商业时代，2010（20）：56～57.

[53] 刘大志. 金融体系制度刚性与我国房地产融资的模式变迁[J]. 当代经济研究, 2011（7）: 76～80.

[54] 刘娜. 交通基础设施资产证券化融资研究[J]. 商业时代, 2010（2）: 75～76.

[55] 刘西, 李健斌. 基于巴塞尔新资本协议的资产证券化风险计量[J]. 国际金融研究, 2008（5）: 59～65.

[56] 刘玄. 资产证券化的信贷扩张效应研究[J]. 上海金融, 2010（8）: 60～63.

[57] 刘玄. 资产证券化条件下的货币政策有效性研究——基于次贷危机背景的分析[J]. 南方金融, 2011（11）: 11～16.

[58] 刘玄. 资产证券化的风险及其防范——基于次贷危机的研究[D]. 南京大学博士论文, 2011.

[59] 罗天勇, 阮仁辉. 矿产资源储量资产证券化融资研究[J]. 贵州财经学院学报, 2012（3）: 51～57.

[60] 罗云峰. 贸易融资资产的证券化分析[J]. 经济纵横, 2012（2）: 31～36.

[61] 卢小广. 我国保险资金境外投资的必要性[D]. 河海大学硕士论文, 2007.

[62] Matten, Chris. 整合性资本管理——有效管理资本创造股东价值[M]. 江永裕译. 台北: 台湾金融研训院, 2004.

[63] 孟繁瑜. 公共不动产证券化: 城市建设融资新模式[J]. 财经科学, 2010（9）: 25～32.

[64] 孟艳. 金融危机、资产证券化与中国的选择[J]. 经济研究参考, 2009（7）: 31～35.

[65] 明晓磊. 后危机时代资产证券化发展方向[J]. 山西财经大学学报, 2011（1）: 68～69.

[66] 倪伟康. 资产证券化流动性的系统协同分析[J]. 上海金融, 2011

（3）：40～43.

[67] 倪志凌．发展资产证券化市场促进上海"两个中心"建设[J]．新金融，2011（1）：29～34.

[68] 倪志凌．动机扭曲和资产证券化的微观审慎监管——基于美国数据的实证研究[J]．国际金融研究，2011（8）：75～87.

[69] 潘秀丽．中国金融机构资产证券化风险分析及建议[J]．中央财经大学学报，2010（9）：38～43.

[70] 潘侠．券商积极重返资产证券化业务[EB/OL]．证券日报，2012.

[71] 祁小伟，宋群超．信贷资产证券化理论及中国的实践[J]．科学与管理，2009（3）：51～53.

[72] 乔方亮．次贷危机对中国推行新巴塞尔协议的启示[J]．财经理论与实践，2009（2）：2～6.

[73] 秦建文，梁珍．汲取美国金融危机的教训稳健推进中国金融创新[J]．国际金融研究，2009（7）：43～50.

[74] 邱强，陆文安．资产证券化对证券业和保险业关系的效应研究[J]．经济纵横，2010（6）：103～106.

[75] 沈炳熙，马贱阳．关于我国开展不良资产证券化的几点认识[J]．金融研究，2007（12）：198～204.

[76] 沈庆劼．新巴塞尔协议下是否依然存在监管资本套利[J]．上海经济研究，2010（5）：13～22.

[77] 石巧荣．基于SPV制度缺陷看次贷危机后金融信用制度的重建[J]．南方金融，2010（9）：15～19.

[78] 史晨昱．中国信贷资产证券化市场发展现状及展望[J]．金融论坛，2009（4）：5～9.

[79] 宋建明．金融控股公司理论与实践研究——发达国家与中国台湾地区经验借鉴[M]．北京：人民出版社，2007.

[80] 宋建明．台湾中小企业融资研究[D]．北京大学博士论文，2000.

[81] 宋强. 美国房屋抵押贷款初级市场中固定利率房贷创建的风险及其转移机制[J]. 两岸经济与管理，2012，3：31～44.

[82] 宋强. 美国多档房贷支持转手债券的组建：一个优化模型[J]. 求实，2013，（1）：161～164.

[83] 宋强. 中国资产证券化发展的未来路径选择[J]. 2014，（11）：56～61.

[84] 宋强，宋建明. 多档次房贷支持债券在保险资金配置中的应用[J]. 保险研究，2014，（9）：79～93.

[85] 苏娅，祝雅辉. 城市轨道交通资产证券化融资研究——以昆明城市轨道交通建设为例[J]. 商业时代，2012，（12）：112～114.

[86] 孙俊东，王明吉. 利用资产证券化破解小额贷款公司资金瓶颈[J]. 财会月刊，2011（7）：47～49.

[87] 陶涛. 我国企业资产证券化信用增级模式研究[J]. 经济论坛，2008（13）：110～112.

[88] 陶莹. 资产证券化会计问题研究[D].华东交通大学硕士论文，2009.

[89] 汪丛梅. 我国资产证券化发展中的突出问题及其完善[J]. 金融理论与实践，2007（9）：65～67.

[90] 王保岳. 美国次贷危机引发的对中国资产证券化的冷思考[J]. 首都经济贸易大学学报，2008（3）：30～34.

[91] 王保岳. 资产证券化风险研究[D].中国社会科学院博士学位论文，2009.

[92] 王家强.资产证券化是信贷转让的发展方向[J].中国金融，2010（1）：51～52.

[93] 王光辉，柳卫宾，崔杰. 资产证券化的风险管理及美国次级债风波的启示[J]. 商业时代，2010（3）：104～105.

[94] 王军，韩小安. 小水电资产证券化的两种实现模式[J]. 经济纵

横，2011（9）：79～82.

[95] 王晓，李佳.从美国次贷危机看资产证券化的基本功能[J].金融论坛，2010（1）：67～71.

[96] 王轩.谈欧盟信用评级监管及其对我国的启示[J].商业时代，2011（15）：72～73.

[97] 王希宁."银根紧缩"政策下我国地方国资资产证券化的发展诉求及策略[J].上海金融，2011（11）：21～24.

[98] 王晓虹.美国次贷危机对我国房地产信贷市场的警示[J].金融理论与实践，2009（12）：93～94.

[99] 王心如.资产证券化与金融稳定的关联性研究[D].吉林大学博士论文，2010.

[100] 王心如.在金融稳定框架下看资产证券化的重启[EB/OL].光明日报，2012.

[101] 王亦平.美国"次贷"危机对完善我国信贷资产证券化制度的启示[J].北京工商大学学报，2008（2）：112～116.

[102] 王元璋，涂晓兵.试析我国资产证券化的发展及建议[J].当代财经，2011（3）：67～72.

[103] 夏斌，葛经纬.中国资产证券化发展策略探讨[J].征信，2011（5）：79～82.

[104] 魏鹏.后危机时代中国信用卡产业发展研究[J].新金融，2011（10）：24～27.

[105] 冼雪琳.我国文化产业引入资产支持证券模式的难点与对策[J].开放导报，2010（4）：63～69.

[106] 肖崎.金融体系的变革与系统性风险的累积[J].国际金融研究，2010（8）：53～58.

[107] 肖崎.资产证券化的宏观经济绩效：理论述评[J].金融理论与实践，2010（2）：101～105.

[108] 肖崎. 影子银行体系与流动性创造的新形式[J]. 金融理论与实践, 2012 (5): 17~21.

[109] 肖莎, 白永秀. 金融支持社会主义新农村建设的资产证券化对策研究[J]. 首都经济贸易大学学报, 2010 (1): 75~79.

[110] 熊凌. 美国资产证券化的发展及中国的借鉴[J]. 国际经贸探索, 2009 (1): 14~19.

[111] 谢俊. 次贷危机后的金融监管改革述评[J]. 上海金融, 2010 (5): 54~59.

[112] 谢楠. 券商开展资产证券化业务试点扩容[EB/OL]. 证券时报, 2012.

[113] 徐瑞娥. 剖析美国次贷危机引发金融危机的观点综述[J]. 经济研究参考, 2009 (12): 41~45.

[114] 宣昌能, 王信. 金融创新与金融稳定: 欧美资产证券化模式的比较分析[J]. 金融研究, 2009 (5): 35~46.

[115] 杨洁涵. 美国商业银行资产证券化功能研究[D]. 吉林大学博士论文, 2011.

[116] 杨娅婕. 浅析我国市政基础设施资产证券化的难点及发展建议[J]. 经济问题探索, 2008 (3): 183~186.

[117] 闫果棠. 山西旅游产业资产证券化分析研究[J]. 生态经济, 2011 (2): 141~145.

[118] 闫果棠, 王进云. 从次贷危机看我国中西部高速公路资产证券化[J]. 经济问题, 2009 (4): 90~92.

[119] 姚志兰, 张志芳. 关于我国住房抵押贷款证券化发展的思考[J]. 商业时代, 2011 (21): 75~76.

[120] 尹继志. 我国资产证券化发展进程: 问题与政策建议[J]. 投资研究, 2010 (3): 38~43.

[121] 尹音频, 辜红帆. 我国资产证券化税制评析与重构[J]. 税务

研究，2010（6）：45～48.

[122] 于梦尧，宋玮. 中国金融创新：美国次贷危机背景下的选择[J]. 商业研究，2010（8）：180～183.

[123] 袁增霆. 资产证券化的方向与政策选择[J]. 中国金融，2011（24）：76～77.

[124] 张虹，陈凌白. 美国住房抵押贷款证券化风险防范机制述评及启示[J]. 经济社会体制比较，2011（1）：204～209.

[125] 张理平. 资产证券化的融资特点[J]. 经济研究参考，2009（24）：22～23.

[126] 张漫雪. 循环经济发展中金融支持的国际实践与实现途径[J]. 商业时代，2011（26）：53～54.

[127] 张文强，赵会玉. 论资产证券化中风险隔离机制的构建[J]. 当代经济科学，2008（1）：59～63.

[128] 张田. 中外影子银行体系资金来源与运用的差异化分析[J]. 云南财经大学学报，2011（5）：58～61.

[129] 张田. 影子银行体系的脆弱性、监管改革及对我国的启示[J]. 南方金融，2012（1）：34～38.

[130] 张细松. 资产证券化，金融创新与资本市场——基于美国金融危机分析的视角[J]. 云南财经大学学报，2011（3）：106～112.

[131] 张玉喜. 商业银行资产证券化中的监管资本套利研究[J]. 当代财经，2008（4）：58～62.

[132] 张玉喜. 资产证券化的发展：主要类型，趋势及启示[J]. 浙江学刊，2009（6）：180～183.

[133] 赵静. 后危机时代美国资产证券化监管改革及其对我国的启示[J]. 现代财经，2011（9）：36～41.

[134] 赵静. 资产支持证券的监管制度研究[D]. 华东政法大学博士学位论文，2010.

[135] 赵蕊. 表内资产表外化——信贷资产证券化重新起航[J]. 银行家，2011（8）：91～93.

[136] 赵旭. 日韩资产证券化发展的经验与借鉴[J]. 亚太经济，2010（4）：72～76.

[137] 赵悦，李红琨. 论我国商业银行参与证券业务的现状及策略分析[J]. 开发研究，2011（1）：110～112.

[138] 曾刚. 信贷资产证券化改革应明确长期思路[EB/OL]. 中国证券报，2012.

[139] 钟吉鹏，许光建. 完善我国资产证券化制度的几点思考——基于美国的经验教训与警示[J]. 价格理论与实践，2009（1）：65～66.

[140] 周景彤，陈敬波. 充分发挥金融业对城镇化的支持作用[J]. 中国金融，2010（4）：37～38.

[141] 周立群. 中国经济改革开放 30 年（民营经济卷）[M]. 重庆：重庆大学出版社，2008.

[142] 周立群. 新中国经济 60 年[M]. 北京：中国财政经济出版社，2009.

[143] 周鹏峰. 500 亿资产证券化产品分配初定国开行独占鳌头[J]. 上海证券报，2012.

[144] 朱华培. 资产证券化对美国货币政策信用传导渠道的影响[J]. 证券市场导报，2008（1）：28～34.

[145] 朱峻华. 企业跨国并购与国内金融深化相关因素分析[D]. 浙江工业大学硕士学位论文，2006.

[146] 朱聆，余蕴文. 基于合同能源管理项目的资产证券化分析[J]. 上海金融，2011（6）：109～111.

[147] 朱小川. 简评近年银信合作监管政策的变化、效果及挑战[J]. 金融通讯，2011（42）：9～17.

[148] 中国工商银行浙江省分行管理信息部课题组. 资本市场发展

与银行经营转型——以浙江四大商业银行为例[J]. 金融论坛,2009(1):75~80.

[149] 邹海涛. 后危机时代我国发展资产证券化之思考[J]. 财会月刊,2010(5):45~46.

[150] 邹平座. 资产证券化重启推进金融改革[J]. 中国城乡金融报,2012.

[151] Acharya, V.V., et al. Guaranteed To Fail: Fannie Mae, Freddie Mac and the Debacle of Mortgage Finance[M]. Princeton, NJ: Princeton University Press, 2011.

[152] Amerman,D. Collateralized Mortgage Obligations[M]. New York: McGraw-Hill, 1996.

[153] Anders, G. Merchants of Debt: KKR and the Mortgaging of American Business[M]. New York: HarperCollins, 1992.

[154] Auletta, K. Greed and Glory on Wall Street: The Fall of the House of Lehman[M]. New York: Random House, 1986.

[155] Bair, S. Bull by the Horn: Fighting to Save Main Street from Wall Street and Wall Street from Itself[M]. New York: Free Press, 2012.

[156] Bamber, B, and A.Spencer. Bear Trap: The Fall of Bear Stearns and the Panic of 2008[M]. New York: Brick Tower Press, 2008.

[157] Barro, R.J., et al. Black Monday and the Future of Financial Markets[M]. Homewood, IL: Dow-Jones-Irwin, 1989.

[158] Belmont, D. Value Added Risk Management in Financial Institutions[M]. Singapore: John Wiley and Sons, 2004.

[159] Black, F., and M. Scholes. The Pricing of Options and Corporate Liabilities[J]. Journal of Political Economy, 1973, 81 (3): 637~654.

[160] Black, F. The Pricing of Commodity Contracts[J]. Journal of Financial Economics, 1976, 3, 167~179.

[161] Blinder,A.S. After the Music Stopped: The Financial Crisis, the Response, and the Work Ahead[M]. New York: Penguin, 2013.

[162] Bookstaber,R.A. Demon of Our Own Design: Markets, Hedge Funds, and the Perils of Financial Innovation[M]. Cambridge: Cambridge University Press, 2007.

[163] Boyd,R. Fatal Risk: A Cautionary Tale of AIG's Corporate Suicide[M]. New York: John Wileyand Sons, 2011.

[164] Bratton, W.W., and A.J. Levitin. A Transactional Genealogy of Scandal: from Michael Milken to Enron to Goldman Sachs[R/OL]. Institute for Law and Economics, University of Pennsylvania Research Paper No. 12-26, 2012.

[165] Bruck, C. The Predators' Ball: The Inside Story of Drexel Burnham and the Rise of the JunkBond King[M].New York: Penguin, 1989.

[166] Burrough, B., and J. Helyar. Barbarians at the Gate: The Fall of RJR Nabisco[M]. NewYork：Harper & Row, 1990.

[167] Cilia,J. Asset Swap – Creating Synthetic Instruments: Product Summary[R/OL]. Chicago: Federal Reserve Bank of Chicago, 1996.

[168] Cohan,W.D. House of Cards: A Tale of Hubris and Wretched Excess on Wall Street[M]. New York: Doubleday, 2009.

[169] Cohan, W.D. Money and Power: How Goldman Sachs Came to Rule the World[M]. New York: Doubleday, 2011.

[170] Cohan, W.D. A Crusader Against the Common View of the Financial Crisis [EB/OL]. New York Times, March 11, 2015.

[171] Connaughton,J. The Payoff: Why Wall Street Always Wins[M]. Westport, CT: Prospecta Press, 2012.

[172] Consumer Financial Protection Bureau. Private Student Loans: Report to the Senate Committee on Banking and Urban Affairs[R/OL].

2012.

[173] Cox, J.C., S.A. Ross, and M. Rubinstein. Option Pricing: A Simplified Approach[J]. Journal of Financial Economics, 1979, 7: 229-263.

[174] Das, S. Traders, Guns & Money: Knowns and Unknowns in the Dazzling World of Derivatives[M]. Harlow, UK: Prentice Hall, 2006.

[175] Davidson, A.S., et al. Collateralized Mortgage Obligations: Analysis, Valuation and Portfolio Strategy[M]. Chicago: Probus Publishing, 1994.

[176] Davidson, A.S., et al. Securitization: Structuring and Investment Analysis[M]. New York: John Wiley and Sons, 2003.

[177] Davis, M.Etheridge A. Louis Bachalier's Theory of Speculation: The Origins of Modern Finance[M]. Princeton, NJ: Princeton University Press, 2006.

[178] Department of Health and Services. Health Education Assistance Loan(HEAP), Report of the Office of Inspector General[R/OL]. 1990.

[179] Duffie, D. How Big Banks Fail And What to Do About It[M]. Princeton, NJ: Princeton University Press, 2011.

[180] Dunbar, N. Inventing Money: The story of Long-Term Capital Management and the Legends behind It[M]. West Sussex, UK: John Wiley and Sons, 2000.

[181] Dunbar, N. The Devil's Derivatives[M]. Boston: Harvard Business Review, 2011.

[182] Eatwell, J., et al. The New Palgrave: A Dictionary of Economics[M]. New York: Norton, 1987.

[183] Eichengreen, B. Exorbitant Privilege: The Rise and Fall of the Dollar and the Future of the International Monetary System[M]. New York: Oxford University Press, 2011.

[184] Fabozzi, F.J., and C. Ramsey. Collateralized Mortgage Obligations: Structures and Analysis, 3rd ed.[M]. New Hope, PA: Frank J. Fabozzi Associates, 1999.

[185] Fama, E. Foundations of Finance[M].New York: Basic Books, 1976.

[186] Fama, E., and M. Miller. The Theory of Finance[M]. New York: Holt Rinehart and Winston, 1972.

[187] Farman, I.G., and K.A. Froot. Collateralized Loan Obligations and the Bistro Trust[EB/OL]. Harvard Business School Case, 1998.

[188] Farrell, G. Crash of the Titans[M]. New York: Crown, 2010.

[189] Ferris, P. The Master Bankers[M]. New York: William Morrow, 1984.

[190] Financial Crisis Inquiry Commission. The Financial Crisis Inquiry Report[R]. New York: Public Affairs, 2011.

[191] Fitch Ratings. Borrower Benefit in FFELP: Student Loan ABS Cash Flow Considerations[R/OL]. Asset-Backed Special Report. New York, 2006.

[192] French, K.R., et al. The Squam Lake Report – Fixing the Financial System[M]. Princeton, NJ: Princeton University Press, 2010.

[193] Fukuyama, F. The End of History and the Last Man[M]. New York: Free Press, 1992.

[194] Geske, R. The Valuation of Complex Options[D]. Doctoral dissertation, Berkeley, CA: University of California, 1977.

[195] Gibson, M.S. Understanding the Risk of Synthetic CDOs[R/OL]. Unpublished working paper, Trading Risk Analysis Section, Division of Research and Statistics, Federal Reserve Board, 2004.

[196] Greenburg, A.C., and M. Singer. The Rise and Fall of Bear

Stearns[M].New York: Simon & Schuster, 2010.

[197] Grind, K. The Lost Bank: The Story of Washington Mutual—The Biggest Bank Failure in American History[M]. New York: Simon & Schuster, 2012.

[198] Hadley, G. Linear Programming[M]. Boston: Addison-Wesley, 1963.

[199] Homer,S., and M. Leibowitz. Inside the Yield Book[M]. New York: Prentice-Hall, 1972.

[200] Hu, J.C. Securitization: Theory and Practice[M]. Singapore: John Wiley, 2011.

[201] Hudson, M.W. The Monster: How a Gang of Predatory Lenders and Wall Street Bankers Fleeced America and Spawned a Global Crisis[M]. New York: Henry Holt, 2010.

[202] Jorion, P. Value at Risk, 2nd ed.[M]. New York: McGraw-Hill, 2001.

[203] J.P. Morgan Securities. CDO Handbook[R]. New York: 2001.

[204] J.P. Morgan. The J.P. Morgan Guide to Credit Derivatives[R/OL]. Risk Magazine, 2005.

[205] Kane, M.E. Student Loan ABS Primer[R]. United States Fixed Income Research, Salomon Smith Barney. New York, 2002.

[206] Karcher, L.J. Processing Mortgage-Backed Securities[M]. New York: New York Institute of Finance, 1989.

[207] Kennedy, P. The Rise and Fall of The Great Powers: Economic Change and Military Conflict from 1700 To 2000[M]. New York: Random House, 1987.

[208] Korb, H. Interest Rate Swaps and Other Derivatives[M]. New York: Columbia University Press, 2012.

[209] Kornbluth, J. Highly Confident[M]. New York: William Morrow, 1992.

[210] Langhor, H., and P. Langhor. The Rating Agencies and Their Credit Ratings[M]. New York: John Wiley and Sons, 2008.

[211] Lee, S., and M. Egan. Student Loans and Student Loan Asset-backed Securities: A Primer[R/OL]. New York: NERA Economic Consulting, 2009.

[212] Lewis, M. Liar's Poker[M]. London: Hodder& Stoughton, 1989.

[213] Lewis, M. The Big Short[M]. New York: Penguin, 2010.

[214] Lowenstein, R.W. When Genius Failed: The Rise and Fall of Long-Term Capital Management[M]. New York: Random House, 2000.

[215] Mandelbrot, B.B. Fractals and Scaling in Finance: Discontinuity, Concentration, Risk[M]. New York: Springer, 1997.

[216] Mandelbrot, B.B. and R.L. Hudson. The (mis) Behavior of Markets: A Fractal View of Risk, Return, and Reward[M]. New York: Basic Books, 2004.

[217] Markowitz, H.M. Portfolio Selection: Efficient Diversification of Investments[M]. New York: John Wiley and Sons, 1959.

[218] Mayer,M. The Greatest-ever Bank Robbery: The Collapse of the Savings and Loan Industry[M]. New York: Macmillan, 1990.

[219] Mayer,M. Nightmare on Wall Street: Salomon Brothers and the Corruption of the Marketplace[M]. New York: Simon & Schuster, 1993.

[220] McDonald, L., and P. Robinson. A Colossal Failure of Common Sense: The Inside Story of the Collapse of Lehman Brothers[M]. New York: Crown, 2009.

[221] McLean,B., and J. Nocera. All the Devils Are Here: The Hidden History of the Financial Crisis[M]. New York: Pengui, 2010.

[222] Mehrling,P. The New Lombard Street - How the Fed Became the Dealer of Last Resort[M]. Princeton, NJ: Princeton University Press, 2011.

[223] Melamed, L. and B. Tamarkin. Escape to the Futures[M]. New York: John Wiley and Sons, 1996.

[224] Melennec, O. CBO, CLO, CDO: A Practical Guide for Investors [R/OL]. SG ABS Research. London/Paris: 2000.

[225] Mengle, D. Credit Derivatives: An Overview[J]. Economic Review(Fourth Quarter 2007). Atlanta: Federal Reserve Bank of Atlanta, 2007.

[226] Merton, M.H. Financial Innovations & Market Volatility[M]. Cambridge, MA: Basil Blackwell, 1991.

[227] Moynihan, B. Financial Origami: How the Wall Street Model Broke[M]. New York: Bloomberg, 2011.

[228] Morgan Stanley. CLO Market Primer (Powerpoint presentation) [R]. New York: 2012.

[229] Morgan Stanley. CLO Market Tracker(Powerpoint presentation) [R]. New York: March 2013.

[230] Morgenson, G., and J. Rosner. Reckless Endangerment[M]. New York: Henry Holt, 2011.

[231] Nagda, D. Credit Derivatives and Its Use in the Banking Industry[D]: Master thesis,Nottingham, UK: University of Nottingham, 2008.

[232] Nomura Securities. Student Loan ABS 101. Fixed Income Research[R]. New York: 2005.

[233] Paulson, H.M. On the Brink[M]. New York: Business Plus, 2010.

[234] Pizo,S., et al. Inside Job: The Looting of America's Savings & Loans[M]. New York: McGraw-Hill, 1989.

[235] Podpiera, R. Progress in China's Banking Sector Reform: Has Bank Behavior Changed?[R/OL].IMF Working Paper, 2006.

[236] Rizzi, J.V., et al. Getting More with Less: Commercial Loan Securitization[J]. Commercial Lending Review, 1999(4): 23-30.

[237] Rubinstein, M. A History of Investment[M]. Hoboken, NJ: John Wiley and Sons, 2006.

[238] Sallie Mae. SLM Private Education Loan ABS Primer (Powerpoint presentation)[R/OL], June 2011.

[239] Sallie Mae. SLM Corporation Overview of FFELP and FFELP ABS Transactions (Powerpoint presentation)[R/OL]. June 18, 2012.

[240] Samuelson, P.A. Foundations of Economic Analysis[M]. Cambridge, MA: Harvard University Press, 1947.

[241] Samuelson, P.A. Rational Theory of Warrant Pricing[J]. Industrial Management Review, 6, 13-31.

[242] Schlep, R., and A. Ehrbar. Fallen Giant: The Amazing Story of Hank Greenberg and the History of AIG[M]. New York: John Wiley and Sons, 2006.

[243] Schiller,R.J. Irrational Exuberance, 2nd ed.[M]. Princeton, NJ: Princeton University Press, 2005.

[244] Schiller,R.J. The Subprime Solution[M]. Princeton, NJ: Princeton University Press, 2008.

[245] Silber, W.L. Volcker: The Triumph of Persistence[M]. New York: Bloomsbury, 2012.

[246] Sinclair, T. The New Masters of Capital: American Bond Rating Agencies and the Politics of Creditworthiness[M]. Ithaca, NY: Cornell University Press, 2005.

[247] Smith, C.W. The Modern Theory of Corporate Finance[M]. New

York: McGraw-Hill, 1989.

[248] Smith,R. and I. Walter. Global Banking, 2nd ed.[M]. New York: Oxford University Press, 2003.

[249] Smithson, C. Credit Portfolio Management[M]. Hoboken, NJ: John Wiley and Sons, 2003.

[250] Sorkin, A.R. Too Big to Fail: The Inside Story of How Wall Street and Washington Fought to Save the Financial System and Themselves [M]. New York: Viking, 2009.

[251] Soros, G. The Credit Crisis of 2008 and What It Means[M]. Philadelphia: Perseus, 2008.

[252] Spencer, A. Tower of Thieves: AIG[M]. New York: Brick Tower Press, 2009.

[253] Standard & Poor's Ratings Services. Mounting Student Debt is Reshaping the U.S. Student Loan Market[EB/OL]. Structured Finance Research. New York, 2012.

[254] Stewart, J. Den of Thieves[M]. New York: Simon & Schuster, 1991.

[255] Stiglitz, J.E. Freefall: America, Free Markets, and the Sinking of the World Economy[M]. New York: Norton, 2010.

[256] Stone, D.G. April Fools: An Insider's Account of the Rise and Collapse of Drexel Burnham[M]. New York: Warner Books, 1991.

[257] Tavakoli, J.M. Credit Derivatives & Synthetic Structures, 2nd ed.[M].New York: John Wiley and Sons, 2001.

[258] Tavakoli, J.M. Structured Finance & Collateralized Debt Obligations, 2nd ed.[M]. New York: John Wiley and Sons, 2008.

[259] Tett, G. Fool's Gold: How the Bold Dream of a Small Tribe at J.P. Morgan Was Corrupted by Wall Street Greed and Unleashed a

Catastrophe[M]. New York: Free Press, 2009.

[260] Tibman, J. The Murder of Lehman Brothers[M]. New York: Brick Tower Press, 2009.

[261] U.S. Senate Permanent Subcommittee on Investigations. Wall Street and the Financial Crisis: Anatomy of a Financial Collapse[R]. New York: Cosimo, 2011.

[262] U.S. Senate Permanent Subcommittee on Investigations. JP Morgan Chase Whale Trades: A Case History of Derivatives Risks and Abuses, Majority and Minority Staff Report (released after March 15, 2013 Committee on Homeland Security and Government Affairs hearing)[R/OL]. 2013.

[263] Ward, V. The Devil's Casino[M]. New York: John Wiley and Sons, 2010.

[264] Wesel, D. In Fed We Trust: Ben Bernanke's War on the Great Panic[M]. New York: Crown, 2009.

[265] William, M. Uncontrolled Risk[M]. New York: McGraw-Hill, 2010.

[266] Zuckerman, G. The Greatest Trade Ever[M]. New York: Broadway, 2009.

后　记

　　多年前在美国求学时，曾经有两次攻读经济学博士的机会，虽因种种的原因而退出或放弃了，但是心中一直并没有放弃攻读博士学位的想法。直到 2009 年时，霍德明博士唤醒了我心中藏之已久的愿望，引荐我到了中国第一流的经济学殿堂——南开大学，重新开启了我攻读博士学位之门。

　　首先，感谢我的导师周立群博士，给了我极多的关怀与指导，尤其是在选题上鼓励我做在中国比较前沿性的研究，希望研究言之有物，将我多年的所见、所学、所思、所为发挥出来，真正能达到经济学经世济民的目的。周老师不但学识渊博，更是一位谦谦君子，对学生关怀备至，跟他相处果真是如沐春风，如果没有周老师的指导与提携，这本著作是绝对无法诞生、完成的。南开经济研究所学姐王金杰博士在研究的初期就给了我很多指点，学妹张琳帮助我搜集、整理相关的一些中国经济、市场的资料，同窗李伟华帮我处理了文章的排版、打印、寄送等诸多事宜，在此特别向他们三位致以衷心的感激。

　　在过去几年之中，郭誉森教授、巫和懋博士、霍德明博士、朱家祥博士都给了我很多协助与指点；扈企平博士以他华尔街累积数十年于金融资产证券化研究方面的经验与功力，在文章框架设计上给了我极为宝贵的建议及指引；宋建明博士更毫不藏私地把他过去在中小企业信贷及金融控股公司方面的研究与我分享；资深投资银行家赵辛哲先生也协助提供很多资料，同事杨君铃、李成喆、闻健、罗俊勇在文章排版上给我很多指点，对文章写作的帮助很大，谨此致谢。

从报考南开到攻读博士学位期间，台湾南开硕博士协进会的贾健男会长及学长、同学们，给了我很多指引与帮助，让求学之路比较平顺。好朋友陈威宏、彭继祖、杨瑞宗、方伟珍、李宥融、张泽乘、陈平、王静苓、张荣蓉、李忠霖、罗琼，黄乙师、杨慧雯贤伉俪，戴英杰、陈小慧贤伉俪，周作民、赵义林贤伉俪，张孝威、许蒙爱贤伉俪，韩家寰、杨郁文贤伉俪等诸位，常年替我加油打气，衷心感谢这些好朋友们的关怀与鼓励。

父亲宋超群先生在我年幼时就不幸因病过世，全赖母亲苏闻礼女士含辛茹苦工作，抚养我与弟弟宋健长大，也全赖外祖父苏忠福先生、外祖母李文淑女士悉心照顾得无微不至，继父雷怀信先生更是待我兄弟如己出；岳母林宝桂女士全家、内子林秋孜女士对于我的博士攻读计划更是全力支持，让我毫无后顾之忧；长辈施继泽先生阖府对我攻读博士学位也一直鼓励、支持有加。

对于我的长辈、亲人们，我的心中只有感恩。在此，我也再一次向关心我、鼓励我、帮助我的所有长辈、师长、亲戚、好朋友们（包括其他未能在此一一提及的诸位）致上最诚挚的谢意。

最后，谨以此书献给先外祖父苏忠福先生、先外祖母苏李文淑女士以及先父宋超群先生。

南开大学出版社网址：http://www.nkup.com.cn

投稿电话及邮箱： 022-23504636   QQ：1760493289
                                           QQ：2046170045(对外合作)
邮购部：   022-23507092
发行部：   022-23508339   Fax：022-23508542

南开教育云：http://www.nkcloud.net

App：南开书店 app

　　南开教育云由南开大学出版社、国家数字出版基地、天津市多媒体教育技术研究会共同开发，主要包括数字出版、数字书店、数字图书馆、数字课堂及数字虚拟校园等内容平台。数字书店提供图书、电子音像产品的在线销售；虚拟校园提供 360 校园实景；数字课堂提供网络多媒体课程及课件、远程双向互动教室和网络会议系统。在线购书可免费使用学习平台，视频教室等扩展功能。